위대한 모험

위대한 모험

이천휘 목사 지음

나침반

감사와 함께

"…밟는 곳은 모두 내가 주었노니…"

사전에 보면 모험은 "위험을 무릎 쓰고 어떤 일을 함"이라는 뜻으로 나와 있습니다. 무엇을 이루기 위해서는 계속 모험에 도전해야 합니다. 그런데, 그 도전을 예수 그리스도 안에서 그분과 함께 한다면 그것은 위대한 모험이 됩니다.

제가 위대한 모험에 도전할 때마다 큰 힘을 주는 말씀입니다.

"…너희 발바닥으로 밟는 곳은 모두 내가 너희에게 주었노니"

(여호수아서 1:3).

이 약속의 말씀이 오늘의 저를 만들었습니다.

부족한 제가 이 책을 준비한 것은 지난 날을 돌아보니 하나님의 은혜와 사랑이 너무 컸기에 그 사랑에 보은하고자 하는 마음에서입니다.

저는 모든 면에서 부족한 사람입니다. 남들보다 학력이 뛰어나거나, 집안이 훌륭했던 것도 아니고, 성격이나 외형적으로도 부족한 것 투성입니다. 인간적으로 생각할 때 저 같은 사람이 목회자가 되는 것도, 그것도 35년간 장기목회를 이어간다는 것은 상상하기 힘든 일입니다.

그래서 저는 이 책이 지금 힘들어하며 목회를 하는, 특히 개척 교회를 하며 어려움 중에 있는 후배들에게 격려와 도움이 되길 바랍니다.

요즘 후배 목회자들을 보면 신앙적으로도 훌륭하고 세상적인 스펙도 훌륭함에도 불구하고 목회를 성공적으로 해 나가지 못하는 것 같아 가슴이 아픕니다. 제 생각에는 딱 한가지, 열정이 더 필요한 것 같습니다. 지금은 우리가 개척할 때 보다 환경은 더 좋다고 생각합니다.

목회자가 되고 진심으로 회심한 뒤 저에게는 열정이라는 선물이 주어졌습니다. 목회에 대한 그 열정은 선교에 대한 열정으로 진화했고, 지금도 불꽃이 활활 타고 있습니다. 그 열정은 내부적으로는 화목한 목회로 이어졌고 외부적으로는 선교라는 열매를 통해 오늘에 이르렀습니다.

특히 우리의 생각과 달리 삼자교회라는 공식적으로 인정된 합법적인 루트로 중국선교의 문을 열게 하신 하나님은 인간적으로는 도저히 불가능할 것 같은 일을 가능하게 하시며 중국 선교의 문을 여셨습니다. 그로인해 중국선교의 새 지평을 여는 동시에 사회주의 국가 선교의 롤모델이 되게 하셨습니다. 이 모두가 하나님이 부어주신 열정의 결과라 생각합니다.

이 책엔 하나님이 '나' 라는 통로를 통해 이루신 35년 목회의 노하우와 중국 선교의 노하우가 가득 담겨 있습니다. 모든 것을 하나님 나라를 향해 비전을 품고 가는 이들과 나누고 싶습니다.

끝으로 부족한 저를 참된 목회자가 될 수 있도록 헌신적인 장로의 모습으로 충성된 일꾼의 본을 보이셨던 천국에 계시는 아버지 이보성 장로님, 지금도 새벽 3시에 일어나 저를 위해 기도하시는 어머니 이선분 장로님, 평생 곁에서 돕는 배필로서 성도들의 조력자로서 신앙의 동지가 되어 준 아내 한순옥 사모와 지혜롭게 잘 커 준 세 자녀(지혜, 지은, 규철)에게 감사를 전합니다. 또한 오늘의 나를 있게 해준 황금어장 부평제일감리교회 성도들과 교회를 섬기는 이들에게 깊은 감사를 전합니다. 그들이 없었다면 나도 없었을 것입니다. 그리고 자료를 잘 정리해준 고수정 작가와 나침반 출판사 김용호 대표의 수고도 기억하고 싶습니다.

지금 이 시간까지, 그리고 앞으로도 열정적으로 사명을 좇아 위험한 모험에 도전하게 하실 하나님께 영광을 돌립니다.

오늘도 약속의 땅을 향하며-

이천휘 목사

차 례

감사와 함께 - "…밟는 곳은 모두 내가 주었노니…" 5
프롤로그 - 새 날을 기대하며! 11

FAITH
1. 끝까지 놓지 않으시는 하나님 17

나를 업고 가시는 아버지 / 차가운 마룻바닥 위에 찾아온 기적 / 신앙이라는 유산 / 너, 목사되라 / 놓지 않으시는 하나님 / 골칫덩이 신학생 / 뜻밖의, 뜻 안의 회심 / 뜨거운 소망의 끓어오름

SINCERITY
2. 이른 비 늦은 비 내리시는 하나님 65

첫 교회를 세우다 / 다듬고 만드시는 시간 / 이른 비 늦은 비로 내리시는 하나님 / 모 교회에서의 전도사 / 풍요로운 가정의 개척 / 황금어장을 찾아 / 주택교회에서 일어난 작은 기적 / 마을의 중심에 교회가 서다

CREATION
3. 황금어장으로 바꿔 주시는 하나님 109

네 입을 크게 열라 / 꿈꾸는 성전 / 담장 너머로 고개를 들라 / 두 렙돈들이 모인 성전 / 적극적인 신앙인 / 흘려보내는 목회 / 두 손 들고 나옵니다 / 요람에서 무덤까지 누리는 3대 축복 / 깊고 넓은 기도의 닻을 내려라 / 살아있는 교회 / 어린이와 청년을 위한 교회 / 본(本)을 꿈꾸다 / 기독교의 황금률 / 울며 씨 뿌리면 기쁨으로 단을 거둔다 / 반석 위에 세워진 35년

MISSION
4. 밟는 곳은 모두 주시는 하나님 209

교회 성장의 좋은 본 / 선포하라! 선교의 해 / 복음이 열리지 않은 곳으로 / 뜻밖의 여정 / 죽으면 죽으리이다 / 사회주의 사회에 복음 뿌리기 / 기꺼이 따르겠나이다 / 더 넓은 이방으로의 Calling / 사명과 확신

OBEY
5. 어디로 가든지 함께하시는 하나님 259

합법적 선교의 문을 열다 / 되는 것도, 안 되는 것도 없는 나라 / 만남과 계획 / 부딪힘 속에서 / 중국 삼자교회에 임한 은혜 / 수금과 비파, 소리나는 악기로 찬양하리니 / 겸손하게 주되 약속을 지키는 선교 / 중국 교회를 향한 마르지 않은 샘 / 내려놓기 / 닳아 없어지는 사람이 되고 싶습니다

에필로그 - 복음이란 푯대를 향해! 326

프롤로그

새 날을 기대하며!

지난해 11월 26일!

부평제일교회가 세워진 지 어느덧 35년을 맞이하게 되었다.

예배당에는 감동이 넘쳤다. 성도들 중에는 34년 전 이 교회가 세워질 때부터 함께 해 온 이들도 있었고 그 이후에 함께 한 이들도 있었지만 그날, 모두는 나와 같은 마음으로 감격에 차올랐다.

사람은 지나간 일들은 정확히 기억하지 못한다. 하기사 모든 걸 기억하며 산다면 삶이 얼마나 피곤할까 … 그렇기에 하나님은 힘들고 고단했던 기억을 슬쩍 잊게 하시고 영광스런 오늘을 더 확실히 기억하게 만드는 현재진행형 기억력을 허락하셨는지도 모르겠다. 어쨌든 그날 우리는 지난 어려웠던 기억은 까맣게 잊고 목사와 성도의 관계가 아닌 하나님의 아들딸로서 은혜를 나눴다. 전날 설교 준비를 하면서 차오른 감격과 기쁨에 한참을 기도드렸던 모습이 떠오르기도 했고, 교회 창립 34주년 행사를 위해 애쓴 손길들의 뒷모습도 교차 되었다.

이 기쁨은 우리만의 축제로 그칠 일은 아니었다. 우리끼리만 즐거워 한다면 그 시간만 잠깐 기쁠 뿐이지만 더 많은 이들과 나누면 기쁨이 두 배 세 배가 된다. 그것은 하나님의 복음을 전파하며 알게 된 불변의 법칙이기도 하다.

"여러분, 오늘은 참으로 좋은 날입니다. 34년 전, 아무것도 없는 이 인천의 불모지에 하나님이 교회를 세우시고 부족한 종을 세우셔서 오늘날의 부평제일교회가 되도록 하셨습니다. 하나님은 무에서 유를 창조하시는 분입니다. 아무것도 없는 곳에 하나님이 교회를 세우시고 34년이 지난 지금 우리는 축복의 통로가 되었고 세계로 복음을 들고 나가는 거점이 되었습니다. 얼마나 감사한지 모르겠습니다. 하나님께서 주신 이 감사 제목들을 우리 함께 나눕시다."

"아멘~!"

예배당에 모인 교인들의 아멘 소리가 우렁차게 울러퍼졌다.

이제는 그동안 창립기념일마다 우리 교인들이 함께 해 온 일을 선포할 차례였다.

"올해 34주년을 기념해서는 우리 교회가 르완다에 사랑을 나누려고 합니다. 그곳엔 우물이 필요합니다. 그래야 우물에서 식수를 길어올릴 수 있고 그곳 사람들이 살아갈 수 있습니다. 그 우물을 파주는 일을 우리 교회가 할까 합니다. 작년에 아프리카에 모기장을 보내주었던 것에 이어 올해는 르완다에 우물 파주는 사업을 창립기념 행사로 하겠습니다. 오늘날의 축복이 있게 하신 하나님께 영광을 돌리는 일은 곧 사랑을 나누고 전하는 일이라는 것을 잘 아실겁니다. 우리 올해는 더욱 감사한 마음으로 동참하십시다."

늘상 창립기념일마다 해 온 행사였지만 그날 34주년 창립 기념 예배는 이웃과 창립의 기쁨을 나누는 일로 더 성황리에 드려졌다.

예배를 마치고 나오는데 우리 교회가 시작될 때부터 함께 해 오셨던, 말하자면 창립 멤버라 할 수 있는 권사님 한 분이 내 손을 붙잡았다. 모든 성도들이 중요하지만 개척 초기부터 함께 신앙생활을 해 온 성도님에겐 왠지 더 정이 가는 것도 사실이다. 말 없이 눈빛만으로도 서로의 의중을 알 정도로 친밀하달까...

"권사님, 감사합니다. 그동안 교회를 위해 기도해 주시고 어려운 길을 함께 해 주셔서 얼마나 힘이 됐는지 몰라요."

"아닙니다. 목사님, 저는 그저 하나님이, 목사님이 좋아 섬겼을 뿐입니다. 그동안 하나님이 주신 소원대로 기도했을 뿐인데 역시 하나님은 기도대로 응답하시네요. 우리 교회도 그렇고 목사님도 그렇구요. 그렇죠?"

노구를 이끌고 연신 허리를 굽히며 말씀을 하시는데 순간 권사님과 관련된 추억거리 하나가 생각났다. 벌써 30년도 더 된 기억인 것 같다.

그 당시 우리 교회는 그 흔한 종도 없고 제대로 된 예배당도 없이 주택을 임대해 사택과 교회를 겸해 예배를 드리고 있었다. 교인이라고 해봐야 목사 부부와 예전에 다니던 교회에서 이사 오신 집사님 두 가정뿐이었다. 달랑 네다섯 명이 드리는 예배였지만 주님은 두셋이 모인 예배에도 함께 하셨고 은혜를 부어주셨다. 적은 인원이지만 예배마다 교인들이 돌아가며 대표 기도를 했는데 지금 권사님이 되신 그 집사님의 기도는 유독 튀었다. 목사인 나를 불편하게 할 정도로 믿음의 박력이 있었다.

"없는 것도 있게 하시는 하나님, 우리 부평제일교회를 사랑해주셔서 인천지역 뿐만 아니라 전 세계에 복음을 전하는 교회가 되게 해주시길 기도드립니다. 지금은 미약하나 앞으로 5천명 이상 모이는 교회가 되게 하시고 우리 목사님은 전 세계를 다니며 복음을 전하는 하나님의 종이 되게 하시옵소서."

뒤에 앉아 집사님의 대표 기도를 듣고 있는데 입으로는 '아멘' 하면서도 마음 속으로는 믿어지지가 않았다. 너무 현실적이지 못한 기도라고 생각했던 것 같기도 하다. 아마 인간적인 눈으로 당시 상황을 바라봤기에 믿음이 부족했을 것이다. 그러나 그 후로도 권사님은 교회를 위해 기도를 하실 때마다 늘상 그 레파토리대로 기도를 하셨다.

그런데 어느 순간 큰 깨달음과 함께 회개기도가 나왔다. 성도도 저토록 큰 꿈을 꾸며 믿음으로 믿고 기도하고 있는데 소위 하나님의 종이라는 자가 인간적인 생각에 사로잡혀 있었던 것이다.

"주여, 회개합니다. 저의 이 작았던 믿음을 회개합니다. 이제부터 제 입을 크게 열어 주님 주실 축복의 은혜를 기대하며 믿음으로 '아멘' 하겠습니다."

그때부터 나는 교회를 위해 큰 꿈을 꾸기 시작했고 세상을 향해 복음을 전하는 상상을 했다. 그 결과 30여년이 지난 지금 성도들과 함께 믿음으로 드렸던 한결같은 기도는 응답되었다. 네 명이서 시작한 교회는 천여 명의 교인의 교회가 되었고 부족한 나는 세계를 다니며 복음을 전하는 주님의 종이 되었다. 정말 멋진 하나님이시다는 고백 밖에는 할 말이 없다.

34주년 기념예배에서 그때의 기억이 떠오른 것은 우연이 아니었을 것이다. 끊임없이 기도해 주신 권사님을 기억하여 감사하는 의미도 있었겠으나 그것보다는 초심을 불러일으키시려는 하나님의 의도가 아니었을까?

'이천휘 목사! 어때? 아무것도 없는 땅에 교회를 세우고 세계를 향해 복음을 전하는 목사가 되게 해달라고 했던 기도를 기억하지? 이젠 그 증거자가 되어 더 큰 사명을 위해 기도해봐. 너는 상상할 수도 없는 큰 계획을 기대해 보라구'

나는 또다시 아멘으로 믿음의 꿈을 꾼다. 34년 전 그랬던 것처럼 '설마 그 일이 될까?' 생각하는 의심스러운 기도가 아닌 아멘으로 하나님이 주신 꿈을 받아들인다. 이미 나는 그 불가능을 가능케 하신 분의 역사를 경험했고 기꺼이 다시 그 역사 속으로 뛰어 들어갈 준비가 되어 있기 때문이다.

새해를 시작하며 나는 다시 복음을 전하기 위해 비행기에 올랐다. 일 년에 수십 번도 넘게 타는 비행기지만 올해는 유난히 감회가 새롭다.

"주님, 올해는 어느 지역으로 복음이 전파되길 원하고 계십니까? 이미 주께서 다 계획해 놓으셨을테니 저는 그저 주님이 준비하신 열방을 향해 기꺼이 나아가겠습니다. 그저 인도만 하십시오."

나는 따르는 자다. 이끄시는 분은 하나님이시니 우리는 순종하기만 하면 된다. 그러니 이 얼마나 즐겁고 평안한 여정인가!! 천국 가는 날까지 그 행복한 여정에 참예할 생각에 지금도 난 가슴이 떨린다.

그 떨침을 가슴에 안고 있을 때 그간의 발자취가 영상처럼 스쳐갔다.

FAITH

1
끝까지
놓지 않으시는 하나님

나를 업고 가시는 아버지

정신이 혼미해진 열 살 배기 아들을 업고 뛰시는 아버지의 등판은 이미 땀으로 흥건했다.

"아버지, 힘드시죠?"

"아니다! 힘은 무슨..."

정신도 혼미하고 어린 나였지만 그럼에도 아버지가 어떤 상태인지는 충분히 짐작하고도 남았다. 쿨럭 쿨럭 멈추지 않는 기침은 나의 작디작은 몸을 쉴 새 없이 울렸다. 딴에는 업고 있는 아버지에게 부담을 주지 않으려 애도 썼지만 작은 힘으로는 불가능한 일이었다.

한번 시작된 기침은 그칠 기미를 보이지 않았다. 어려운 형편으로 인해 꽤 오래 방치한 탓인지 짧은 생각으로도 더 이상 가벼운 병이 아니라는 것을 알 수 있었다.

"천휘야! 조금만 참아라. 병원 다 왔다."

아버지는 아들을 들쳐 업고 쉬지 않고 병원까지 뛰셨다. 거리가 꽤 멀었지만 교통편도 마땅찮고 사정도 여의치 않았기에 뛰셨던 아버지, 그 작은 등 뒤엔 그보다 더 작은 내가 업혀 있었다.

"선생님! 저희 아들 좀 살려주십시오."

의사를 보자마자 나를 내려놓으며 사정하시는 아버지는 눈물이 그렁그렁했다. 교회분의 소개로 알게 된 의사 선생님은 황급히 상태를 체크했다. 헐떡거리며 등에 업혀온 탓인지 가슴이 끊어질 듯 기침을 하던 내게 의사선생님은 청진기를 대셨다.

잠시 뒤 의사는 아버지께 나무라듯 말씀하셨다.

"아니 왜 이제 오셨습니까? 이거 참..."

고개를 갸웃거리며 나무라는 의사의 말투는 나와 아버지에겐 한마디로 절망이었다. 이제 열 살 밖에 되지 않던 나는 계속되는 기침 때문에 거의 실신 직전이었고 아버지는 그 자리에서 주저 앉으셨다. 병원 안은 아픈 사람들로 북적였지만 마치 세상에 홀로 남겨진 것 같은 외로움 같은 것이 밀려왔다.

아버지는 잠시 풀렸던 다리를 억지로 고쳐 세우곤 의사의 흰 가운을 붙잡았다.

"저 때문입니다. 못난 부모 만나서 이제야 병원을 온 탓입니다. 의사 선생님, 제 불쌍한 아들 녀석 좀 살려주십시오. 뭐든 하겠습니다."

바짓가랑이를 붙잡고 애원하는 아버지의 눈에서 굵은 눈물방울이 뚝뚝 떨어졌다. 그때 처음 아버지의 눈물을 보게된 것 같다. 가진 것은 많지 않았지만 맨 손으로 아무것도 없는 땅에서 가정을 일으키셨던 분, 배운 것 많이 없어도 성경으로 하늘의 지식을 배우셨던 아버지였지만 아들을 위해 눈물을 흘리셨다. 태어나서 처음 본 아버지의 눈물은 내 가슴을 아프고 쓰리게 만들었다. 부모님 가슴을 아프게 하는 것이 연약하게 태어난 내 탓인 것만 같아 소리 죽여 흐느꼈다.

"장로님 사정은 정말 안 됐지만 이미 아드님의 기관지는 너무 상한 상태입니다. 저희로서도 더 이상 방법을 취하기가 어려워요. 지금으로선 고통을 덜어줄 약을 처방해 드리는 것이 최선의 방법입니다."

나와 아버지는 의사로부터 거의 사형선고나 다름없는 이야기를 듣고 병원문을 나섰다. 아버지는 들어올 때와 마찬가지로 나를 업으셨다. 다행히 병원에서 진통제가 든 링거를 한병 맞고 나니 한결 숨쉬는 게 편해졌다.

병원에 올 때와는 달리 아버지의 걸음은 느렸다. 천천히 한걸음씩 떼는 아버지의 등은 차가운 공기와는 달리 따뜻했다. 아들 넷에 딸 넷을 두셨지만 딸들을 모두 잃은터라 그 마음에 말할 수 없는 상처가 있었을 터, 아버지는 그 날 말하지 않아도 충분히 알 수 있는 부정(父情)을 쏟아 부으셨다.

"아버지! 저 이제 내려서 걸어도 돼요."

"아니다. 아버지 괜찮다. 그나저나 천휘야! 걱정마라. 아버지가 너 낫게 해줄거다."

"네... 그런데 아버지, 어떻게요?"

"비록 아버지는 별로 힘이 없지만 그래도 하늘에 계신 아버지가 계시잖니."

아버지의 말씀은 확신에 가득차 있었다. 나는 아버지의 확신을 이해할 수 없었다. 어린 내가 보기에도 내 상태는 위중했고 병원에

서조차 고개를 저었으니 속으로는 '틀렸다. 내 인생은 여기까지구나' 생각했던 터였다.

그날 밤, 병원에 다녀온 뒤 집안 분위기는 무거웠다. 하얀 약봉지는 방바닥을 뒹굴었고 그나마 한가닥 희망을 가지셨던 어머니는 연신 눈물 섞인 목소리로 나를 부르셨다. 다행히 진통제 때문인지 기침은 조금 가라앉았다. 의사의 말에 기분은 우울했지만 당장은 상태가 좋아졌으니 죽도 한그릇 먹었다.

"천휘야. 어서 자라."

조금 나아졌다고 방심했다가 다시 증상이 심해질까봐 부모님은 나를 얼른 재우셨다. 참 오랜만에 맛보는 기침 없는 편안한 잠자리였다. 보송보송한 이불을 덮고 누워 있으니 나도 모르게 잠이 들었다. 모르긴 해도 하루 종일 고되었나보다.

그렇게 얼마쯤 시간이 지났을까. 무슨 소리가 들려 어스름히 잠이 깼다. 머리맡에서 남자 어른의 숨죽인듯 굵은 목소리였다. 달콤한 잠이 깨기 싫어 눈을 감고 있었는데 조금 시간이 지나니 누군지 금방 알아차릴 수 있었다. 아버지였다.

거의 새벽 1시가 넘어가고 있을 때였지만 아버지는 두 무릎을 꿇고 기도 중이었다. 아들이 깰까봐 한 손으로 내 이마에 손을 댈 듯 말듯 하시며 흐느끼듯 절절한 기도를 하고 계셨다.

"인간의 생사화복을 주관하시는 아버지 하나님, 당신의 아들 천휘를 기억하여 주시옵소서. 어려서부터 건강이 좋지 못했지만 지금까지 살펴주셨습니다. 그 아들이 기관지염으로 인해 많은 고통 가운데 있습니다. 하나님, 제게 이 아들을 선물로 허락해 주셨으니 이 아들의 건강도 주관하여 주옵소서. 이미 병원에선 손을 놓았으나 이 세상을 창조하시고 지금도 기적을 베푸시는 아버지를 저는 믿습니다. 하나님께서 하고자 하시면 못하실 것이 없으시니 천휘의 기침을 멎게 하시고 연약한 몸을 보혈로 치료하여 주옵소서. 고쳐만 주신다면 이 아들을 기꺼이 당신의 종으로 바치겠나이다."

아버지의 기도가 어찌나 간절하던지 차마 눈을 뜰 수가 없었다. 소변 마려운 것도 꾹 참은 채 아버지의 기도에 귀를 기울일 수 밖에 없었다. 너무 어렸던터라 아버지가 하시는 기도가 무엇을 뜻하는지 알지 못했지만, 한 가지 알 수 있었던 건 아버지의 아들을 향한 사랑과 하나님을 향한 절대적인 믿음이었다.

결국 나는 죽음의 장벽을 넘어 삶을 이어갔고 하나님의 종이 되었다. 지금도 수십년 전의 아버지의 기도를 가끔 생각한다. 과정은 복잡 다단 했으나 아버지의 서원대로 이뤄졌으니 기도의 위력이 얼마나 대단한지 새삼 느끼게 된다. 물론 그 기도 속에는 사랑과 믿음이 녹아져 있었다. 나를 업고 먼 거리를 뛰어 다니시던 뜨끈했던 등은 곧 사랑이었다. 밤이 새도록 아들의 이마를 짚고 하나님 아버지께 아들을 바치겠다며 기도하시던 그 마음은 하나님을 향한 절대적 믿음이었다.

지금도 가끔은 나를 업고 가시던 아버지의 등이 생각난다. 어렸을 때는 땀에 흥건히 젖은 등만 보였지만 이젠 아들을 업고 가신 아버지를 번쩍 들어 안고 가시는 하나님이 보인다. 하나님은 우리 부자의 여린 마음과 연약하지만 간절했던 믿음을 결코 간과하지 않으셨던 것이다. 하나님은 절박할 때에 강한 소원을 갖게 하시고 주저앉을 수 밖에 없을 때 안고 가시는 분이다.

차가운 마룻바닥 위에 찾아온 기적

지금도 많은 교회의 부흥 집회를 다니지만 예전과는 많이 달라진 분위기 속에 격세지감을 느끼곤 한다. 시대가 많이 변했고 발전했다고는 하지만 성령에 대한 갈망이나 열정은 모르긴 해도 수십 년 전 순수하게 신앙생활을 하던 때가 더 컸던 것 같다. 나 혼자만의 생각이라면 좋겠지만 많은 목회자들의 공통적인 의견이다 보니 아무래도 지금의 성도들에게 영적인 각성이 더 필요할 듯 싶다.

이런 순수한 신앙의 열정을 그리워하는 것은 나름대로 분명한 경험이 있기 때문이다. 어린시절 의사의 사형선고나 다름없는 좌절을 안고 한줌의 약만 처방받은 채 방치되어 있던 나였다. 그러나 부모님은 누구보다 강한 믿음을 가진 분들이셨기에 사람의 손으로 해결되지 않는 일이면 하나님은 하실 수 있으시다며 하나님께 매달리셨다.

"천휘야, 교회 가자."

"네에? 교회는 왜요?"

"오늘 부흥집회가 있잖니. 가서 열심히 기도하자꾸나. 분명히 하나님은 널 고쳐주실게다."

"…"

도무지 믿음이 생기지 않았다. 아버지께서 신앙에 매달리시니 따르는 것일뿐 당시 나에겐 교회보단 차라리 따뜻한 아랫목이 훨씬 더 좋았다. 그러나 그렇다고 가지 않겠다며 떼를 쓸 고집도 없었다. 밤마다 머리맡에서 나를 고쳐달라며 눈물로 매일 기도하시는 아버지의 기도를 알고 있었기 때문이다.

그렇게 나는 아버지에게 업혀서 교회에 가 앉았다.

그때가 1960년대였으니 한국 교회에 성령의 바람이 불기 시작하던 때였다. 나라의 경제는 어려운 처지였고 사람들은 의지할 곳이 신앙밖에 없었으므로 오직 하나님께 매달리는 외길 신앙이었다. 때문에 기적도 많이 일어났다.

우리 교회 역시 그런 바람으로 부흥집회를 한 것 같다. 교회 사정이 그리 넉넉지 않았음에도 신앙의 성장과 부흥을 위해 마련한 집회엔 일찍부터 사람들로 가득했다. 수십년 전 부흥집회는 지역의 큰 행사이기도 했다. 문화시설이 있는 것도 아니고 문화 혜택을 받을 기회가 있는 것도 아니었기에 동네 교회에서 부흥회가 있다고 하면 믿지 않는 이들도 모여들었다. 다른 날과 달리 먹을 것과 들을 거리가 풍성한데다 그곳에서 하나님을 믿는 증거들이 나타나는 현장이었기에 자연스런 전도의 장이 되곤 했다.

그 날도 온 동네 사람들이 교회로 몰려들었다. 부지런한 아버지 덕분에 앞자리에 앉게 된 나는 이미 부흥강사가 오기 한참 전부터 찬송과 기도를 드리게, 아니 드릴 수밖에 없었다. 마음 속으론 부정적인 생각만 차올랐다.

'아.. 그냥 집에 누워있고 싶다. 이렇게 한다고 달라질 게 있을까? 그냥 살 때까지 편안하게 나 하고 싶은대로 살다가 죽고 싶다'

어렸음에도 불구하고 큰 병을 앓았던 탓인지 부정적인 생각이 가득 찼다.

얼마쯤 지났을까? 한참이 지난 뒤 부흥 강사가 오셨다고 수군거리는 소리가 들렸다. 그리고 본격적인 부흥회가 시작되었다.

"자, 여러분 오늘 모실 부흥 강사님을 소개하겠습니다. 이 강사님은 죽음을 경험하신 분으로, 특이한 별명이 하나 있으십니다. 일명 개털모자 장로님이신데요, 왜 그 별명을 직접 붙이고 다니시는지 간증을 통해 들어보십시다."

박수소리와 함께 개털모자 장로님이란 분이 단 위에 섰다. 별명이 하도 희한하여 나도 모르게 관심이 갔다. 실로 그 분은 개털로 만들어진 모자를 비스듬히 쓴 채, 단 위에 섰다. 영문을 모르는 사람들은 그 모습을 보고 웃었고 그 장로님 역시 개털 모자를 요리조리 쓰며 관심을 유도하였다.

"여러분에게 하나님의 사랑과 은혜가 함께 하시기를 축원합니다. 저는 개털모자 장로입니다. 왜 개털 모자를 쓰고 다니는지 궁금해 하시는 분들이 많으실텐데요, 오늘 그 궁금증을 풀어드리기 위해 이 자리에 섰습니다. 저는 천국을 경험한 사람입니다."

초반부터 강하게 천국의 경험담을 풀어놓으며 간증이 시작되었다. 그 장로님은 아무나 쉽게 할 수 없는 체험을 하셨다. 그는 불의의 사고로 죽음을 당했단다. 이미 의사는 손을 뗐고 시신은 집으로 모셔졌다. 몸에서 영혼이 떠나 위로 올려지는 것을 경험한 그 장로님은 주님 손에 이끌려 천국으로 향했다. 그런데 이게 왠일, 세상과는 전혀 다른 곳에 이르고 나니 '이곳이 천국이구나' 싶더란다. 가보니 짧은 생을 다하고 올라간 것이 그리 억울할 것도 없었다. 천국은 우리가 알듯 슬픔도 절망도 없는 곳이었기에.
얼마쯤 있다 보니 사람들의 모습이 보이는데 자신과 같이 갑작스레 들림을 받아 온 이들도 있었고 오랜 시간 병상에 누워 천국을 기다린 분들도 있었단다. 신기한 것은 먼저 세상을 떠난 집사님의 모습도 보이더란다. 그 중엔 초등학교 4학년짜리 어린 아이도 있었는데 사정을 들어보니 그 아이는 가족 중에 자기 혼자 하나님을 믿다가 교통사고로 들려왔다고 했다. 신기한 것은 그 어린 아이가 금 면류관을 쓰고 있었다는 것이다.

각기 다른 사정을 안고 천국에 온 사람들과 이야기를 나누고 있는데 좀 이상한 생각이 들었단다. 다른 사람들은 색깔은 다를 뿐 면류관을 쓰고 있는데 자신만 면류관이 없는 것이다. 마침 그 때 천사가 그 장로님의 손을 잡아끌었다. '그럼 그렇지 나도 면류관을 씌어주려고 하나보다' 싶어 천사를 따라 큰 집으로 들어섰다.

집을 들어서니 수많은 금 면류관과 이름표가 보였단다. 장로님 생각에 분명히 그 이름표 중에 자신의 것이 있으리라 여겼단다. 세상에서 장로로서 한 일도 많았다고 여겼건만 안타깝게도 자신의 것은 보이지 않았단다. 실망한 장로님의 손을 천사가 다시 잡아끌더니 작은집으로 인도했다. 그곳엔 은 면류관과 이름표가 붙어 있었다. 장로님은 다시 희망에 사로잡혀 이름표를 뒤지기 시작했단다. 그런데 왠일인가? 은 면류관에도 자신의 이름은 찾을 수가 없었단다.

"이상합니다. 저는 분명히 세상에서 봉사도 많이 하고 교회를 잘 섬겼습니다. 왜 제 면류관은 없습니까?"

그러자 다시 천사는 더 작은 방으로 향했단다. 동 면류관이 있는 방이었다. 크게 실망한 장로님이었지만 그래도 자신의 면류관을 찾아야겠기에 눈에 불을 켜고 찾았지만 끝내 자신의 이름은 찾을 수 없었단다. 그 상실감은 이루 말할 수 없이 컸다. 자기 자신에 대한 실망스러움에 일어날 수 없던 그에게 천사가 다시 손을 잡아끌더란다. 아주 허름하고 보잘 것 없어 보이는 방으로 들어갔는데, 그곳에서 자신의 이름을 발견했단다.

"제가 들어간 방에서 제 이름표를 발견 했는데요 그곳에 무엇이 있었는지 아십니까? 바로 이 개털모자였습니다. 초등학교 4학년짜리 어린 아이도 금 면류관을 받고 주님 곁에서 영광을 누리고 있는데 신앙생활 꽤나 잘 했다고 하던 제가 개털모자라니요… 그 모자를 받는데 얼마나 부끄럽고 송구스럽던지 그 자리에서 엉엉 울었습니다. '주님, 제가 회개합니다. 저는 이대로 안되겠습니다. 이 모자를 쓰고 제가 어떻게 천국에 있겠습니까? 주님, 제게 기회를 주십시오. 하나님과 교회를 더 성심껏 섬기며 상급을 쌓을 수 있도록 기회를 주십시오' 그렇게 한참 울었을 때 주님께서 제 손을 잡으시더니 마지막으로 기회를 줄테니 더욱 충성한 뒤 돌아오라고 하시더라구요."

말씀하시던 장로님은 이미 눈물 콧물로 범벅이 되셨다. 나 역시 처음엔 개털모자에 대한 호기심으로 간증을 들었지만 그분의 천국 경험담을 듣는 과정에서 가슴이 뜨거워지고 있었다. 세상에서는 하나님을 잘 섬기고 있다고 자신해도 하나님이 생각하시는 기준은 완전히 다를 수 있다는 말씀이 큰 자극이 되었다. 또한 가족이 반대에도 불구하고 홀로 신앙을 지킨 11살짜리 친구의 상급은 내게 도전을 주었다. 한 줌 기운도 없던 나였건만 간증 시간 내내 허리를 꼿꼿이 세운 채 말씀을 들었고 정신은 더욱 생생해졌.

"여러분, 저는 그렇게 또 한 번 구원을 받고 관 뚜껑을 열고 일어났습니다. 이제 덤으로 받은 인생을 살아가고 있는 중입니다. 하나님께서 히스기야 왕이 병들어 기도했을 때 15년이란 생을 덤으로 더 주셨던 것처럼 제게도 상급을 받을 기회를 주셨습니다. 개털모자는 신앙이 나태해질 때, 안일한 신앙생활을 할 때 여러분과 제게 건네는 자극입니다. 하나님의 징표인 것입니다. 우리, 이 세상에서 하늘의 상급을 쌓읍시다. 나중에 천국 가서 이런 개털모자가 아닌 금 면류관을 받아야하지 않겠습니까? 안 그렇습니까?"

"아멘!"

나도 모르게 아멘이 나왔다. 가슴은 주체할 수 없이 뜨거워졌고 꼭 쥔 주먹엔 힘이 들어갔다. 나중에 죽어 천국에 갔을 땐 반드시 금 면류관을 받으리라 다짐했다.

그 날의 집회는 어린 나의 인생을 바꿔 놓았다. 워낙 몸이 약해서 죽어도 할 수 없다고 소극적인 마음을 가졌던 내가 완전히 바뀐 것이다. 살리고자 하시면 죽은 사람도 살리시는 주님이 나도 살리실 수 있다는 믿음과, 설령 죽더라도 죽을 때까지 희망을 놓지 않고 면류관을 받기 위해, 상급을 받기 위해 열심히 신앙생활을 하겠단 다짐을 하게 되었다.

열세 살에, 차가운 교회 마룻바닥에서 나는 희망을 향해가는 열차로 바꿔 탔다. 하나님은 너무 어린 나에게 병이라는 짐을 짊어지게 하셨지만 시험당할 즈음 피할 길을 열어 주시며 능히 시험을 감당할 믿음도 주셨다. 그러자 가슴을 죄어오던 고통은 서서히 내게서 떠나갔고 하나님이 친히 의사가 되셔서 내 몸을 만져 주셨다. 그렇게 나는 죽음의 길목에서 회복되었다.

신앙이라는 유산

"아버지, 이거 누구 가져다 드리는 거에요?"
"처음 수확한 거니 목사님 댁 가져다 드려야지."
"네에?"

의아했다. 일 년 내내 부모님이 허리 한번 제대로 펴지 못하고 농사지은 작물이었다. 그 모습을 온전히 지켜봤던 나로서는 도무지 이해가 되지 않았다.

"아버지, 우리가 부자에요?"
"그건 아니지. 너도 알다시피 겨우 겨우 먹고 살잖니? 근데 왜 그러냐?"
"그런데 다 목사님 가져다 드리면 우린 어떡해요?"

어린 나로서는 무척 걱정스러웠다. 그렇다고 식구들 굶길 아버지는 아니셨지만 어쨌든 적지 않은 양이 목사님 댁으로 간다고 생각하니 걱정이 이만저만 아니었다. 그 마음을 아는지 모르는지 아버지는 빙긋 웃으며 대답하셨다.

"천휘야, 아무리 부족해도 첫 열매를 하나님께 십일조로 바치는 것처럼 하나님의 종인 목사님께도 그렇게 하는거야. 그게 모두 섬기는 자가 할 일이란다."

나는 그 마음을 온전히 이해하지 못했다. 마음 한 구석에 아까워하는 마음이 분명히 남아 있었기 때문이다. 그러나 그 날도 난 아버지가 싸 주신 첫 수확물을 한아름 안고 담임 목사님 댁을 찾았다. 목사님은 귀한 작물을 받았다며 내 머리 위에 손을 얹어 안수하셨고 우리 가정을 위해 축복 기도를 해 주셨다.

집으로 돌아와서도 내심 개운치 않았다. 어린 시절부터 내가 기억하는 아버지의 신앙은 조금 유별났었다. 무슨 일이든 교회 일이 제일 먼저였고 목사님이 최우선이었다. 예를 들어 가장 일손이 필요하다는 농번기에도 교회의 일이 생기면 열일을 제쳐두고 교회로 달려가는 분이셨다. 뭔가 좋은 것이 생겨도 교회 먼저, 목사님 먼저 신앙을 고수 하셨던터라 어린 나로서는 갑갑한 면도 있었다. 한 분이 그러시면 다른 한분이라도 조절할 줄 알아야 하는데 우리 가정은 부모님 모두 똑같은 신앙생활을 하셨다.

그래서였을까, 부모님의 무조건적이고 순종적인 신앙생활에 반감이 있었던 것 같다. 지금도 TV에서 어렵던 시절의 보릿고개 이야기가 나오면 저절로 귀 기울여지는 것은 나 역시 전쟁 중에 태어나 힘겹게 살았던 것이 기억나기 때문이다. 일명 꿀꿀이죽이라 불리던 것을 먹으며, 그것도 하루 한 끼 겨우 먹을 정도의 가난을 체험했기에 가난은 무엇보다 시급한 숙제였다. 그랬던터에 십일조에 철저하고 청교도적인 신앙생활을 하시던 모습은 왠지 모를 갑갑함을 주었던 것 같다. 죽을병을 고침 받는 기적의 주인공이 되었지만 나를 살려주신 하나님에 대한 감사와 교회를 섬기는 신앙의 자세는 별개처럼 느껴졌다.

"어머니, 전 나중에 목사도 되기 싫고 아버지처럼 장로도 되기 싫어요."

"아니 왜? 엄마는 우리 천휘가 하나님 사랑을 듬뿍 받았으니 하나님의 종이 되면 정말 좋을 것 같은데.."

"맨날 좋은 건 다 목사님 댁으로 가고 교회로 가고.."

어린 아들의 투정을 웃음으로 받아주며 어머니는 아버지의 지난 시절 이야기를 들려주셨다.

시골에서 꽤나 집안 좋고 재산 많은 집안의 장남으로 태어난 아버지는 청년 시절 운명적으로 복음을 전해 듣게 되었다. 그 당시 장질부사에 걸려 죽음의 문턱까지 가게 된 아버지의 집에 우연히 교회 권사와 속장이 심방을 왔고 열과 성을 다해 병 낫기를 위해 기도해 주었는데 강력한 감동이 오더란다. 자기도 모르게 다 큰 청년이 눈물을 흘리며 아멘으로 받아들인 뒤 전염병이던 장질부사가 깨끗이 나았고 그 기적을 체험한 후 아버지는 하나님을 영접하게 되었다.

전통적인 유교 집안의 장남인 아버지가, 기독교를 받아들이는 일은 굉장한 모험이었다. 아들이 서양 귀신을 믿는다며 인정하지 못한 할아버지는 끝내 아버지를 내쫓았고, 아버지는 재산도 가족도 버리고 하나님을 택하셨다.

빈털터리로 나온 아버지는 그 후 독립을 하셨다. 오로지 하나님만을 믿는 믿음으로 버텼고 특유의 성실함으로 온갖 일을 했다. 그리고 그 모습을 귀하게 여긴 분이 당신의 딸을 기꺼이 내어 주며 부부의 연을 맺게 하셨다. 원래 신앙을 갖지 않았던 어머니의 집안 모두 아버지의 신앙에 감동해 믿음 생활을 시작하게 되었다니 과연 아버지는 탁월한 신앙의 소유자임에 분명했다.

아버진 어머니와 결혼 이후 3km나 떨어진 교회를 다니는 일이 버거워 우리가 나고 자란 인천 갈산동에 갈월교회를 세우셨다. 평신도로서 교회를 세우는 일은 쉬운 일이 아니었을 것이다. 가지고 계신 재산이 있는 것도 아니었지만 그저 뜻을 함께 할 몇몇 성도가 십시일반 물질을 모으고 기도로 매달리자 마땅한 예배 처소가 나왔고 그곳이 갈월교회가 되었던 것이다.

우리 가족은 자연스레 그 교회에서 신앙생활을 시작했다. 교회 마룻바닥이 어린 시절 놀이터였고 예배 처소가 또 다른 집이 되었다.

"애들아, 교회 청소 하자."

"애들아, 눈 왔다. 교회 앞길 쓸자."

지금도 기억에 남는 건 교회가 세워지고 끊임없이 일을 하시던 부모님의 모습이다. 아버지는 생업보다 교회를 섬기는 일이 늘 먼저였고 어머니 역시 교회의 크고 작은 부엌일을 맡아 하셨다. 이른 연세에 장로에 취임하고 난 뒤엔 더욱 숨은 일꾼이 되셨다. 온갖 궂은일에 앞장서셨기에 언제나 작업복 차림으로 교회 안팎을

점검하셨고 기쁨으로 교회에 머물르셨다.

그러나 나에겐 그런 부모님을 보는 일이 즐거운 일만은 아니었다. 장로로서 위치가 있음에도 불구하고 체면은 아무렇지 않게 여긴 아버지에 대한 안타까움이 있었고 교회 일이라면 자식들에게 변변찮은 음식을 먹일지언정 교회엔 쌀을 가져다 주는 어머니에 대한 불만이 있었다. 특히 하나님 말씀에 절대적인 순종을 이유로 목회자에게도 필요 이상으로 섬기는 모습에 격한 감정이 치솟기도 했다. 그 때문에 직분자에 대한 반감도 가지며 교회생활도 점점 멀리했던 것 같다.

그러나 훗날 시간이 흘렀을 때 나의 부모님이 지킨 신앙과 교회와 목회자를 향한 헌신이 얼마나 소중한 것인지를 알 수 있었다. 그 당시 아버지께서 세운 교회의 목사님께서 좋지 못한 상황에 처해 있었다. 꽤 부흥하며 성장했던 교회였건만 목회자의 개인적인 스캔들이 터진 것이다. 성도들은 모두 불같이 일어났고 급기야 사건이 진정되지 못한 채 초대 장로셨던 아버지에게 도움을 청했다.

"장로님, 장로님께서 나서서 일을 좀 처리해 주십시오. 목사님을 내보내야 하지 않겠습니까?"

아버지는 아주 난감한 입장이 되셨다. 온 교인들이 한마음이 되어 움직였기에 섣불리 반대만 할 수도 없었을 것이다.

나는 그때 아버지의 인간적인 고뇌의 과정을 멀리서 지켜볼 수 있었다. 밤잠을 이루지 못하며 고민하고 기도하셨던 모습을. 그리

곧 끝내 결단을 내리셨다.

"성도님들, 저는 결코 목회자를 쫓는 일은 못하겠습니다. 이 교회 주인은 하나님이시고 목사는 기름부음 받은 종입니다. 목사도 인간이기에 허물이 있을 수 있습니다. 그렇지만 우리에게 하나님의 종을 단죄할 권리가 있다고 누가 장담할 수 있겠습니까? 저는 평생 섬겼던 사람으로서 못힐 짓 같습니다. 제게 그런 일을 맡기시면 너무 괴롭습니다."

아버지는 어머니와 상의하고 차라리 그런 일을 하느니 교회를 잠시 떠나겠다며 성도들에겐 함구한 채 다른 지역으로 이사를 단행하셨다. 결국 스캔들을 일으킨 목회자는 교회를 떠났고 일이 진정되었을 때 부모님은 성도들의 요구에 못 이겨 다시 돌아오게 되었다.

아버지는 평생 한 교회를 섬기시며 목회자와 성도들을 섬기셨다. 무엇이든 먼저 하나님께 구하고 성전을 최우선으로 여기셨기에 천국으로 떠나신 지 많은 시간이 지났음에도 아직까지 아버지를 기억하는 성도들이 많다.

지금 나는 아버지께서 그토록 되기를 바라던 목사가 되어 있다. 목사가 되어 보니 아버지의 그 순수한 섬김의 신앙이 얼마나 위대한지 알겠다. 하나님 앞에 무조건적인 절대 믿음과 목회자를 향한 무조건적인 신뢰가 필요함에도 많은 성도들은 그렇지 않다. 토를 달고 변명을 하고 핑계를 만들어 댄다. 그때마다 하나님께 회개하며 무조건적인 믿음과 절대적인 순종의 본을 몸소 평생토록 보이셨던 아버지의 위대한 믿음을 돌아보며 감사한다.

너, 목사되라

나는 키가 작다. 어려서부터 작았던 체구 탓에 늘상 키 번호는 앞에서 첫 번째 두 번째를 면치 못했다. 지금도 여전히 작지만 키에 대한 콤플렉스는 극복했다. 오히려 키가 작아 유리한 점이 무엇인지 백가지도 넘는 장점을 읊을 정도가 되었으니 말이다. 그러나 어린 시절은 그렇지 않았다. 워낙 어려운 시대, 6.25 전쟁의 끝 무렵에 태어나 보릿고개를 몸소 경험한 데다 선천적인 지병으로 잘 크지 못했다. 약을 달고 살 정도로 아팠던 탓에 출석보다 결석이 더 많았던 나는 스스로를 또래 친구들과 비교하며 위축될 때도 많았다. 지금 생각해도 또래 친구들에 비해 한 뼘은 넘게 키가 작았으니 학교 갈 때면 괜히 어깨가 움츠러들기도 했고, 그럴수록 공부로 승부하자는 마음을 키웠던 것 같다. 그 때문인지 학교 성적은 늘 상위권이었다.

하지만 그 영광도 그리 오래가지 못했다. 초등학교 5학년이 되었을 때 병이 악화되면서 학교를 거의 다니지 못했기 때문이다. 학교 수업에만 의존하던 때에 학교에 나가지 못했으니 성적은 당연히 바닥이었고 체력은 더욱 그랬다. 그러다보니 쑥쑥 커가는 친구들과 비교하면 가뜩이나 주눅이 드는데 유일한 자랑거리인 성적마저 받쳐주지 않으니 더욱 움츠러들었다.

그러나 다행히 부흥회가 열리던 교회 마룻바닥에서 하나님을 만나 기도하기 시작했고 치료를 병행하면서 1년 만에 병이 호전되어 일상으로 돌아갈 수 있었다. 그러나 기쁜 마음과 함께 걱정도 살짝 되었다.

'공부는 어떡하지?'

제일 먼저 학업을 따라갈 생각에 걱정이 되었다. 하지만 주님은 그 다음 일까지 계획을 하고 계셨다. 나의 건강회복은 교회의 자랑이요 간증이 되었기에 내게 관심을 갖는 이들 중에 학업에 도움을 주겠다는 사람이 있었던 것이다.

그 형님은 당시 대학생으로 나같이 지역에서 어려운 사정으로 학업이 도움을 필요로 하는 친구들을 가르쳐 주었다. 그 형님은 당시 명지대학교 총학생회 부회장이었고 우리 교회 청년회장으로 잠시 우리 교회를 섬기고 있는 상황이었다.

그는 훗날 구세군 사관학교 교장으로 은퇴한 신문호 사관이다. 그 당시 형편상 과외 공부를 할 형편이 못되었음에도 아버지의 사정을 알았고 장로로서 존경했기에 나서준 것이다.

"천휘야, 이 형님이 공부를 도와 주실게다. 얼마나 다행이냐. 하나님께서 우리의 부족함을 아시고 사람까지 붙여주시니…"

"네."

그렇게 만난 형님은 내 인생에 잊지 못할 멘토가 되어 주었다. 당시 나보다 십 수 년 연장자였던 형님은 어린 내가 보기에도 대단해 보였다. 그땐 대학생이 되는 것도 쉽지 않았지만 게다가 학생들을 대표하는 총학생회 부회장이라니! 그 자리가 어떤 자리인지 정확히 알지 못했지만 아무나 할 수 있는 자리가 아니라는 것은 알고 있었다. 게다가 당시 그 형님은 5.16 혁명에 반대하여 봉기한 대학생들을 이끌고 있었기에 우리 교회로 피신 아닌 피신을 하고 있는 상태였다.

"천휘야, 물론 나랑 공부하는 것도 중요하지만 세상엔 그보다 더 중요한 게 더 많다. 먼저 하나님을 잘 섬기는 것이 제일 중요하고 그 다음에 세상이 바로 자리 잡는 일이야. 그래야. 네가 지금 공부하는 것도 빛을 발할 수 있는 날이 온다."

형님은 5학년을 거의 다니지 못했던 나를 위해 따로 시간을 빼서 전과목을 봐주기 시작했다. 특히 가장 부족한 수학을 잘 잡아주었기에 얼마 안 되는 기간에 5학년 과정을 마스터할 수 있었다. 몸도 회복되고 공부도 따라가게 되니 자신감도 회복되기 시작했다. 형님과 만나는 시간은 학업 보충이란 공통분모도 있었지만 그것보다는 형님으로부터 세상을 넓게 보는 이야기를 들을 수 있었기에 더 좋았다.

"천휘야, 넌 어떤 꿈이 있니?"

"아직은 잘 모르겠어요. 아프기 전에는 되고 싶은 것도 많았는데 지금은 뭘 잘 할 수 있을지도 잘 모르겠구..”

"아니야. 누구나 고난의 세월은 꼭 지나간다. 그걸 잘 받아들이고 넘기면 그만큼 더 성장하는 법이지. 넌 겨우 열 살이 넘었고 앞으로 기회는 더 많으니 좌절하지 마라. 내 보기에 넌 누구보다 똑똑하고 게다가 아버지의 신앙이란 후광도 있으니 더 잘 될거다.”

형님과는 공부도 하며 여러 가지 이야기를 나누었다. 지금 돌아보면 너무 소중한 만남이었다. 딱히 제대로 인생의 조언을 받을 상대가 없었던 나를 교회를 통해 하나님을 위해 헌신하겠다는 형님의 뜨거운 열정과 만나게 하시고 그로 인해 또 다른 자극을 주시려고 했던 주님의 뜻 아니었을까? 또한 병약한 나를 위해 간절히 기도하시던 부모님의 기도 응답이기도 했을 것이다.

그렇게 얼마쯤 지났을까. 어느 날 문호 형님은 나와 이런 저런 얘기 끝에 대뜸 말했다.
"천휘야, 너 목사되라.”
"네?"
나도 모르게 말꼬리가 훌쩍 올라갔다. 실은 어려서부터 목사가 되라는 말은 여기저기에서 많이 듣던 참이었다. 게다가 아버지 등에 업혀 병원에서 돌아오던 길에 머리맡에서 아버지가 하시던 기도 속에도 아들을 종으로 바치겠다는 기도도 이미 들었던 터였다. 그럼에도 목사가 되겠다는 생각을 하지 않았다. 내 눈에 비친 목사의 삶은 거룩했지만 비루해보인 적도 많았고, 아이러니하게도 아버지께서 장로로서 헌신하시는 것을 당연시 여기는 듯한 목사님의 모습 속에서 거부감도 느꼈던 것 같다.

"전 싫어요. 목사 되는 거 싫어요."

"그래? 근데 나는 왜 네가 자꾸만 하나님의 종이 될 것 같지? 내 보기에 넌 아직 어리지만 아무나 체험하지 못한 것을 체험했고 특히 아버지가 끊임없이 기도하고 계시잖니? 왠지 그 기도가 널 하나님의 종의 자리로 이끌 것 같다. 게다가 너 말하는 거나 신앙생활을 지켜보면 목사될 자질이 충분한 것 같다."

형님은 아주 진지하게 목사가 될 것을 권했고 나는 아주 심각하게 아니라고 대답했다. 그리곤 우리의 과외는 1년 정도를 넘기고 그만하게 되었다. 형님도 학교로 돌아가야 했고 나 역시 진도를 따라잡아 6학년으로 진학할 정도의 실력을 갖추게 되어서다. 마음 같아선 형님의 학습 지도가 계속 되었으면 했지만 그 바람은 이뤄지지 않았다.

신문호 사관은 그 뒤 수십년이 지난 뒤 만날 수 있었다. 남다른 신앙과 철학을 지녔던 형님은 구세군사관학교 교장을 하면서 한국의 기독교가 부흥 성장할 수 있도록 큰 공헌을 하셨다. 결국 길을 돌고 돌아 목사가 되었다는 내 말을 듣고 그는 껄껄 웃으며 말했다.

"거봐, 이 목사! 내 그때 알아봤지. 꼭 하나님께서 쓰실 것 같더라니..."

생각해보면 그때 그 형님이 초등학교 시절 내게 강권했던 '목사되라'는 말이 지금의 또다른 초석이 된 것 같다. 나라는 사람을 하나님은 이미 오래 전부터 선택하셨고 찍으셨지만 또 다른 환경과 사람을 통해 이끄셨다. 형님도 그 사람들 중 하나였던 것 같다. 실제로 초등학교 6학년 이후 나는 목사가 된다는 생각을 완전히 접었지만 문득 문득 '너 목사되라. 목사되야지'라고 말하던 형님 말이 떠올라 몸과 마음과 신앙을 추스르곤 하였다.

놓지 않으시는 하나님

"목사님, 목소리 좋으시네요. 성우 하셔도 되겠어요."

한때 이런 이야기를 종종 듣곤 했다. 물론 지금은 강단에 많이 서게 되면서 성대가 망가져 성우 근처에도 가지 못하지만 그래도 사람들이 성우 운운하며 목소리를 칭찬할 땐 기분이 우쭐하기도 했다.

그래서 한 때는 목소리로 인해 특별한 꿈을 꾸던 때가 있었다. 중학교에 진학하게 되면서 나의 성장기는 급물살을 탔다. 몸도 회복 되었겠다 사춘기로 접어 들었겠다 질풍노도의 시기를 겪으며 생각지도 않았던 길을 자꾸만 모색했다.

그때 나를 사로잡은 게 연극이었다. 1960년대 중후반 대중 문화

예술이 막 시작될 즈음이었지만 나의 예술에 대한 열정은 사춘기와 더불어 꽃을 피웠다. 특별한 계기가 있었던 건 아니었으나 중학교 시절부터 시작한 연극반 활동이 하나의 돌파구 같다고 느껴졌다.

연극반에서 맡은 배역은 소소한 것부터 시작해 비중 있는 것까지 이어졌다. 부정할 수 없는 사실은 어린 시절 부터 교회에서 내내 성극을 하며 연극과 친해졌기에 연기하는 것에 부담감이 없었다는 것이다. 요즘 젊은 세대가 말하는 소위 발연기를 할지라도 교회 안에서는 은혜롭게 또 기회를 주었다. 그러니 서당 개 삼년이면 풍월을 읊는다는 말처럼 교회 학생부 수년이면 연극 실력은 배우가 될 정도였다.

그런 과정을 통해 얻은 자신감이 나를 겁 없이 연극 세계로 입문하도록 만들었다. '연극은 가난한 직업이다' 라는 선입견은 그때가 더 심했다. 그러니 취미로 연극을 하는 친구들이 더 많았고 나처럼 심각하게 앞날을 배우로 고민하는 경우는 골치 아파지는 일이었다.

당시의 연극 무대는 크지는 않았어도 소신껏 연기할 수 있는 공간이 되었다. 아주 대작은 아니었지만 소소한 극부터 꽤 규모가 있는 작품까지 소화했다. 그러다보니 프로필에 지나가는 배역부터 시작해서 조연, 주연으로 출연한 작품이 추가되었고, 나의 가야할 길은 연극배우 쪽 길로 정해지기 시작했다.

꿈이 나를 이끌기 시작하니 잘하고 싶은 마음이 더 커졌다. 물론 집에서는 내가 그런 생각을 하고 있는지 알지 못했다. 넷이나 되는 아들과 어렵게 집안을 꾸려가야 했던 부모님은 한 명 한 명 세세한 것까지 살피기는 어려웠다. 그저 알아서 잘 하려니 생각하셨다. 그 바람을 모르지는 않았지만 연극을 포기할 수는 없었다.

그렇게 연극에 열정의 불이 붙은 나는 좀 더 대담해졌다. 당시 '아기별 방송극회'라는 연극 단체에 무작정 찾아가 연기를 지도해 달라고 매달렸고 그런 풋풋한 청소년의 예술에 대한 열정은 그들을 감동시켰다. 연극의 꿈은 고등학생이 되었을 때도 이어졌고 총학생회 총무가 되어 학교 일을 할 때도 연극하는 학생회 임원으로 유명세를 얻기도 했다.

그리고 어느 새 대학 진학을 결정하는 시기가 다가왔을 때 나는 스스럼없이 연극영화과 지원서를 제출했다. 진학을 결정한 곳은 서라벌 예술대학이었고 감격스럽게도 합격장을 손에 넣을 수 있었다.

그러나 문제는 그때부터였다.

학업이나 진로에 대해서는 신경쓰지 않으셨던 부모님이셨기에 당연히 당신들의 서원대로 내가 알아서 진로를 정했다고 생각하셨던 것이다. 그 마음을 모르지 않았기에 자꾸만 가슴 한 쪽이 따끔거렸다. 그래도 언젠가 부딪혀야 할 일이었기에 합격증을 받아 든 그 날 부모님 앞에 앉았다.

"아버지, 이거 대학 합격증입니다."

"오? 그래? 이제 정말 하나님 종으로 살아야한다."

"아니요. 아버지 제가 지원한 곳은 연극영화과에요. 지금 합격증도 받았어요."

"뭐? 연극 무슨과? 거기가 뭐 하는 곳이냐?"

내 말을 듣고 어안이 벙벙해 지신 아버지의 표정을 보니 이만한 불효가 없단 생각이 들었다. 그러나 꿈을 꺾고 싶진 않았다. 뒤늦게 아들이 연극을 하고 싶어 중고등학교 시절 연극에 거의 미쳐 살았으며 장래도 그쪽으로 정했다는 것을 알게 된 뒤 부모님은 펄쩍 뛰셨다.

"아니, 이 녀석아! 너 어렸을 때부터 이 아버지가 귀가 닳도록 말하지 않았냐. 넌 하나님의 종이 되어야 한다고. 근데 딴따라가 뭐냐?"

아버지의 반대는 예상 외로 강력했다. 지금껏 아버지의 그런 엄한 모습은 거의 본 적 없었다. 하지만 나도 할 말이 없는 건 아니었다. 목사가 되게 하겠다는 건 아버지의 뜻이고 서원이었지 내 기도는 아니었다. 그러니 그 기도에 대한 책임은 아버지에게 있는 것일뿐 나 역시 어찌보면 피해자란 억울함이 든 것이다.

"아버지, 아무리 그러셔도 전 신학 안해요."

"뭐라고? 이 녀석이! 내 눈에 흙이 들어가도 연극배우 아들은 안 된다. 내가 나중에 하나님을 어찌볼꼬?"

더 이상 좁혀질 수 있는 일이 아니란 사실을 깨달았을 땐 이미 며칠이 흐른 뒤였다. 옥신각신하는 동안 합격한 대학의 등록일은 이미 지나 버렸다. 마지막 등록금 납입일의 마감 시간이 지났을 때 난 오히려 담담해졌다. 강건히 버티는 부모님에 대한 원망도 사그라 들었고 안타까워하는 가족에 대한 부담도 털어냈다.

배우의 꿈이 좌절된 뒤에 나는 집을 나왔다. 최초의 가출이었다. 누구에게도 말하지 않은 채 집을 나온 난 죽음을 결심했다. 꿈을 잃어버린 상실감이란 말할 수 없이 고통스러웠다. 앞에는 캄캄한 벽이 있고 뒤에는 낭떠러지인 곳에 서 있는 기분이었다.

'그래 살아서 무엇 하나. 이대로 예술처럼 죽는거다'

죽음을 각오하고 한강 다리로 갔다. 그대로 한걸음만 내디디면 예술처럼 생을 마감할 수 있었다. 하지만 하지 못했다. 죽음도 대단한 결심과 결단이 필요한 것이란 사실을 그때 처음 알았다. 생각해보면 그땐 배우라는 꿈이 내 생각만큼 절실하진 않았던 것 같다.

죽음을 포기하고 되돌아 나오는데 한강 다리 위의 바람이 칼날처럼 매서웠다. 표현할 수 없는 자괴감에 눈물이 뚝뚝 떨어지는데 이상하게도 마음 속에서는 '천휘야, 너 목사되라'고 무심히 건넨 신문호 형님의 말씀이 울렸다. '왜 이러지, 도대체 이 대목에서 그 말이 왜 생각나는거지?' 싶으면서도 그 목소리가 머릿 속에서 떠나질 않았다.

그렇게 몇 달이 흘렀다. 결국 대학 진학의 시기는 지나갔고 내가 있는 곳을 물어물어 찾아온 부모님의 강권으로 재수를 하게 되었다. 그러나 이미 학업에 대한 열정은 식은 상태였기에 학업을 포기한 채 신당동 중앙시장으로 무작정 향했다. 차라리 돈을 벌자는 마음으로 장사의 세계로 뛰어들어 닥치는 대로 일했다. 가게는 고무신 총판이었는데 그곳에서 먹고 자며 일을 했지만 현실 세계는 너무나 냉혹했다.

"이군! 물건 정리 확실히 하고 자라."

창고에서 먹고 자며 죽도록 고생했지만 손에 들어오는 수입은 얼마 되지 않았다. 요즘처럼 아르바이트의 최저 임금이 정해져 있는 시절도 아니었던터라 그저 주인의 처분에 몸을 맡겨야 하는 딱한 처지였기에 창고에서 먹고 자는 것도 눈치를 봐야 했다. 그렇게 두어 달 일하다보니 몸은 다시 축났고 차가운 현실에 회의감도 들었다.

그때 다시 아버지가 나를 찾아오셨다.

"천휘야, 사서 고생할 거 없다. 교회분이 얘기 하시는데 너가 갈 수 있는 신학대학교가 있다고 하더라. 일단 입학 하거라. 그 다음부턴 하나님이 알아서 하실게다."

간곡한 부모님의 간청과 현실의 고달픔이 결국 나를 신학대학으로 안내했다. 그렇게 입학한 곳이 장로교 신학교였고 그 후 다시 목원대학교로 편입하여 오늘날 감리교 목사로서의 삶이 펼쳐지게 된 것이다.

지금도 입시철이 되면 수십년도 훨씬 지난 그때의 기억이 떠 오른다. 두 딸과 아들의 입시를 치르며 아비로서 자녀들이 꿈을 찾아가는 모습을 볼 때면 기특하지만 가끔 방황하던 19세의 기억에 뜨끔하기도 하다. 그러나 부끄럽지 않다. 돌아보면 짧았지만 강력했던 방황의 시절이 있었기에 더더욱 나를 놓지 않으신 하나님을 진하게 느낄 수 있었기 때문이다.

하나님은 이미 내가 그런 길을 갈 거란 사실을 아셨을 것이다. 그러나 미리 길목을 차단시켜 돌아가도록 하지 않으셨다. 오히려 정공법을 택하시며 나를 다듬되 놓지 않으셨다. 그래서 훗날 하나님의 사랑을 깨닫고 성령을 받아 진심으로 종의 길을 가고자 헌신했을 때 끝까지 놓지 않고 붙잡으신 하나님께 진심으로 감사할 수 있었다.

'주님, 저를 끝까지 놓지 않고 붙잡고 가 주셔서 감사합니다. 주님, 가끔 제가 주님의 손을 놓더라도 큰 걱정하지 않습니다. 주님께서 다른 손을 꼭 붙들고 계실 것이기 때문입니다. 그래서 전 늘 안심입니다'

골칫덩이 신학생

식당은 학생들로 무척 붐비고 있었다. 점심시간이라 한꺼번에 몰려든 학생들은 너나 할 것 없이 식권을 손에 든 채 줄을 서서 기다리고 있는 중이었다. 그러나 나는 새치기로 매 번 슬쩍 끼어 들었다. 마치 화장실에 다녀온 것처럼 '미안합니다' 너스레를 떨며 줄 사이로 끼어들면 다들 그런가보다 했다.

"아주머니, 밥 좀 많이 주세요."

제법 넉살좋게 말을 건네며 식판을 내밀면 인심 좋은 아주머니는 밥을 수북이 쌓아줬다. 자리를 잡고 밥을 먹고 있으니 같은 과 동기가 다가와 어깨를 툭 치며 말을 건넸다.

"어, 오늘도 성공했네?"

"그러엄. 내가 성경은 잘 몰라도 식권에 대해서는 좀 알잖아? 하하"

사실 나는 그때 두 달 동안 식당에 얹혀 사는 신세였다. 친구가 총학생회 선거에 나가는 바람에 용돈을 털어 선거자금을 댔기에 주머니가 비어 있었다. 식권을 살 돈이 없던터라 날마다 식당에 올 땐 007 작전을 펴며 숟가락 하나만 들고 밥을 타 먹으러 다녔다.

우여곡절 끝에 신학생이 되었지만 대학 캠퍼스는 그저 휴식처에 불과했다. 과 수업은 출석을 위해 겨우 들어갔지만 강의 내용은 자장가였다. 거룩해야 할 신학생이 밤낮 수업은 제껴두고 탁배기 집으로 가는 일이 더 잦았다. 내가 하나님의 종이 된다는 건 있을 수 없는 일이라 여겨졌기에 점점 타락해갔다. 동기들이 기도에 몰두할 때 나는 세상 것에 몰두했고, 동기들이 말씀을 붙잡고 연구할 때 난 유혹에 붙잡혀 있었다.

"천휘야, 이번 방학엔 뭐 할거냐?"

"어이 친구들! 나 이번에 올라가면 내려오지 않을거야."

"어? 그 말 진짜야? 에이, 지난 여름방학 때도 그랬잖아."

"그땐 너희들 보고 싶어 내려온 거구. 이번엔 진짜야."

"정말?"

"그럼, 하나님을 믿는다는 사람이 거짓말해선 안 되지. 잘 있게. 허허허"

매번 방학이 되면 대전에 내려올 때 챙겼던 짐들을 한가득 싸 안은 채 다시는 돌아오지 않겠다고 선언했다. 그만큼 다시 학교에 내려오는 일이 싫었다. 그렇지만 이상하게 개강 날짜가 다가오면 나도 모르게 대전으로 향하고 있었다.

"어? 또 왔네?"

"응. 자꾸만 학교가 날 부르네."

"그래 잘 왔어. 하나님이 자꾸 부르시는 거 보면 뜻이 있으신 것 같아."

"예끼, 그런 말말아."

경건한 것은 둘째치고 제대로 된 학교생활도 하지 않았던 내가 학교의 미운털이 된 사건도 그즈음 일어났다.

두 달 동안 식권 없이 밥을 먹으러 다니다가 딱 걸린 것이다. 식당의 감독관, 식감이 나의 그러한 소행을 알아차렸다. 그 날도 아무 일 없단 듯이 숟가락 하나만 들고 식당 밥을 얻어먹으려던 참이었다. 그때였다.

"이봐, 자네 식권도 없이 도둑 밥을 먹고 있어?"

"네? 아.. 그게.."

"하나님 종 된다는 사람이 이래서야 되겠어?"

식감이 눈을 부릅뜨고 내게 다가와 따져댔다. 식당 안의 시선이 모두 내게로 쏠렸다. 순간 어찌나 부끄럽고 자존심이 상하는지 혈기가 훅 올라왔다.

"에잇!"

순간적으로 식판을 식감 얼굴에 던지고 식당을 나왔다. 식당 안엔 우당탕 식판 쏟아지는 소리와 웅성거리는 사람들의 소리를 뒤로하고 나는 도망쳐 나왔다. 밥그릇 투척사건으로 나는 캠퍼스 안에 유명인사가 되었다. 있을 수 없는 일이라며 학교에서도 일어났고 결국 기숙사 사감이 날 불러들였다. 나가라는 것이었다. 하지만 난 빈털터리인데다 집에는 올라갈 수도 없는 입장이었으니 무조건 버텼다. 사감은 내 이름을 기숙사에서 뺐지만 끈덕지게 기숙사로 들어가 친구 방에서 자기도 하고, 사감 눈을 피해 다니는 일을 몇 달간 이어갔다. 진심으로 하나님을 만나지 않은 상태에서 신학생으로 생활한다는 것은 감옥이었지만 그렇게라도 시간을 보내야 했다.

그렇게 3학년 1학기가 지나갔다. 학기 마칠 즈음이 되자 허랑방탕한 생활도 신물이 났다. 그때 찾은 돌파구가 군대였다. 차라리 군대라도 다녀오면 뭔가 앞날에 대한 가닥이 잡힐 것도 같았다.

군 입대를 앞두고 사감에게 인사를 갔다.

"사감님, 저 군대 갑니다."

"오.. 그래? 언제 가지?"

"며칠 있다가 들어갑니다. 그동안 죄송했습니다."

"음..."

꽤나 걱정을 안겨 드렸던 기숙사 사감님은 나를 한참동안 바라봤다. 그동안 쌓인게 많아서 그런가보다 싶어 가만히 서 있으니 한참 뒤에 말문을 여셨다.

"자네, 정말 하나님의 종이 되려고 여길 왔나?"

"... 잘 모르겠습니다. 아마 아닐 겁니다."

"그래. 그렇지? 내가 이런 말을 함부로 해도 될지 모르겠지만 자네를 위해 말하지. 내 보기에 자넨 목사감이 아니야. 그러니 다른 길을 찾는 게 좋을거야."

그동안 눈빛으로 표정으로 의중은 알았지만 직접 말로 들으니 꽤 충격이었다. 그래도 나름 어린 시절부터 목사되라, 너는 목사가 되어야 한다는 이야기를 숱하게 듣고 컸건만 정작 신학교에 와서 목사감이 아니란 말을 들으니 뒤통수를 맞는 기분이었다.

그렇게 23살이 되던 해, 나는 목사가 되기엔 자질이 부족하다는 사람들의 평가를 듣고 군입대를 했다. 하나님의 종이 되는 길은 더 멀어진 셈이다.

그러나 참 세상사 알 수 없다.

그로부터 5-6년쯤 지난 뒤였다.

첫 교회를 개척하고 얼마 되지 않았을 때 학교 동기 중 한분이 갑작스런 사고로 천국에 갔단 소식을 듣고 급하게 장례식을 갔다. 가 보니 오랜만에 만나는 학교 동기들 모습이 보였다. 엄숙한 분위기 속에 장례식이 치러지는데 가만 보니 장례를 집례하시는 분의 얼굴이 낯이 익었다.

"혹시 저 목사님...?"

동기 목사가 슬며시 웃으며 말했다.

"맞아. 우리 신학대학교에 계시던 그 사감님이 저 목사님이셔. 이 지방 감리사라서 오셨다는구만."

역시 사람의 인연은 신기하다. 장례를 마치고 서둘러 목사님께로 향했다.

"목사님, 저 알아보시겠습니까?"

"네? 아니.. 잘... 누구신지?"

"하하.. 저 이천휘입니다. 기숙사에서 맨날 말썽 일으키고 식당 밥 축내던.. 제게 절대 목사감이 아니라고 하셨잖아요."

"어? 뭐? 그 이천휘?"

그때야 사감님은 나를 알아보았고 목사가 되었다는 말에 더 놀라워했다. 어떻게 그런 일이 있을 수 있냐며 헤어질 때까지 손을 붙잡고는 '다행이다. 나는 지금도 예수님의 기적을 보고 있는 것 같다'는 말을 연신하였다. 비록 몇 년의 세월이 흘렀지만 우린 그렇게 목사의 신분으로 만나게 되었다. 헤어지는 길목에서 그때 목사감이 아니라고 했던 말을 무척 미안해 하였던 사감님, 나는 그분이 생각날 때면 방황했던 신학교 시절이 떠오른다. 그러나 후회하지 않는 건 그 방황의 시절까지도 주님의 계획에 포함되어 있었고 나를 기다려주신 주님의 사랑에 감사하기 때문이다.

뜻밖의, 뜻 안의 회심

"여러분, 지금 하나님께서 한국 교회 한국 성도를 부르고 계십니다. 하나님께서는 여러분이 돌아와 땅 끝까지 복음을 전하는 지상명령을 성취하길 원하십니다. 바로 당신을 부르십니다. 언제까지 모른척 하시겠습니까?"

그날 여의도 광장엔 억수같이 비가 쏟아지고 있었다. 허허벌판 아무것도 없는 여의도 벌판에 모인 군중들은 장대처럼 쏟아지는 빗 속에서 한 사람도 동요하지 않았다. 사람이 내뿜는 열기가 합해져 오히려 후끈후끈 열이 날 지경이었다.

그 속에 나도 있었다. 신학생이란 이유로 우여곡절 끝에 군종사병이 되었고 군종사병이란 이유로 어쩔 수 없이 참여하게 된 행사에서 주님의 계획이 시작되고 있었다.

'당신을 부르신다고? 그게 나인가?'

마음속에서 이상한 꿈틀거림이 시작되었다. 강단에 서신 김준곤 목사님의 카랑카랑한 목소리가 마이크를 통해 전달되는데 말씀 하나하나가 칼날이 되더니 폐부를 찔러대기 시작했다.

"여러분, 한국은 지금 복음화를 위해 성시화 운동을 펼쳐야 합니다. 전교회가 전 시민에게 완전한 복음을 전하는 3전 운동을 하며 살 때 한국에, 또 여러분께 축복이 다가옵니다."

"아멘."

모르긴 해도 수십만은 족히 될 듯한 어마어마한 사람들의 복음에 대한 결단은 대단했다. 그들은 교회를 초월하고 교파를 초월한 하나님의 자녀로 모였고 오로지 회개하며 기도에 힘써 복음에 앞장서겠다는 선포를 하고 있었다. 군복을 입고 앉아 있는 나 역시 연신 아멘을 외쳤다. 지금껏 그렇게 많은 인원이 모여 기도하는 것을 한번도 접하지 못했는데 군중이 합심하여 기도하는 힘은 엄청났고 파워풀했다.

"여러분, 민족의 가슴 속에 피 묻은 십자가를 심어 이 땅에 푸르디푸른 예수의 계절이 오게 해야 합니다. 예수 한국! 세계 선교!"

말씀을 듣고 있는데 알 수 없는 뜨거움이 밀려 들어왔다. 기분이 이상했다. 여태껏 교회 문턱을 닳고 닳도록 밟았고 소위 신학생으로 신학교를 들락거리면서도 한 번도 느껴보지 못한 감정이었다. 강단에 서신 목사님이 입으로 선포하는 말씀 하나에 세포가 반응했고 나도 모르게 입술이 움직여지며 기도가 터져 나왔다.

"아.. 하나님! 죄송합니다. 이제야 왔습니다. 주님..."

그동안의 허송세월이 주마등처럼 지나가며 주체할 수 없는 눈물이 쏟아졌다. 어린 시절 죽을 만큼 아플 때도 그렇게 울지는 않았다. 그런데 그땐 체면 따윈 신경 쓸 새도 없이 눈물 콧물을 다 쏟아냈다.

"그저 그저 죄송합니다. 잘못했습니다. 이제 주님 위해 살겠습니다. 이젠 정말 주님의 복음을 전하며 살겠습니다."

이미 나의 생각 같은 것은 멀리 사라진 뒤였다. 입술을 열어 기도 하는데 그 기도는 사람의 이성에 따른 것이 아니라 내 안의 누군가 움직이는 대로 행하고 있다는 강한 확신이 생겼다. 성령이었다. 성령은 급하고 강한 불처럼 내렸다. 솔직히 집회에 오면서도 올까 말까 망설였고 군종사병이었기에 할 수 없이 참석한 데 대한 불만도 있었던 가장 안 좋은 시기 가장 안 좋은 상황에서 갑자기 성령이 임한 것이다. 역시 말씀처럼 그 때와 시기는 아무도 알 수 없다더니 내 경우가 꼭 그랬다.

1974년 8월, 폭염이 내려쬐던 그 해에 여의도에서 치러진 엑스플로 74대회는 내 인생을 송두리째 바꿔 놓았다. 허랑방탕하며 인생의 푯대 없이 흘러가는 인생을 살았던 내게 하나님은 한줄기 빛으로 다가왔다. 성령의 체험을 하고 나니 기도하는 시간이 너무 즐겁고 그동안 죄에 가로막혀 있던 신앙의 담벼락이 회개와 동시에 무너져 내림을 체험했다. 그러고나니 하나님이 만세 전에 이미 나를 택하셨고 나로 인해 당신의 일을 하고자 하신다는 분명한 계획을 들을 수 있었다.

'주님.. 이젠 정말 예수님께서 제 구주가 되신다는 걸 믿을 수 있습니다. 제 구원을 확신합니다. 이전엔 정말 맘대로 살았는데도 절 끝까지 찾으셨군요. 너무 늦게 돌아와 죄송합니다. 그리고 제 손을 붙들고 계셔서 얼마나 감사한지요'

처음엔 한번만 대충 왔다가 땡땡이나 쳐야겠다던 마음이 완전히 뒤바뀌어 며칠씩 계속된 집회에 꼼짝없이 앉아 기도와 찬양을 이어갔다. 때론 폭염이 때론 장대비가 들이쳤지만 문제될 것이 없었다. 하나님과 내가 진심으로 만나는 시간이 가장 소중했고 귀했기에.

엑스플러 74 대회는 한국 복음화에 큰 불을 지핀 사회적인 이슈였다. 대학생선교회의 수장인 김준곤 목사님께서 한국복음화 운동의 일환인 성시화 운동을 펼치며 초교파적으로 열었던 집회였다. 당시 이 집회에 참석한 인원은 공식적으로 집계되지 않았지만 거의 100만 명이 넘는 인파였고 철야기도에만 30만명이 넘는 인파가 몰려드는 사상 초유의 복음의 현장이었다. 그만큼 복음을 향한 열정은 한국 사회를 들썩이고 있었다. 이 대회를 통해 100만 명이 넘는 사람이 복음을 받아들였다고 하니 한국 교회의 성장과 부흥의 원동력이 되었음은 두 말할 필요가 없다.

또한 개인적으로 볼 때도 인생의 판도를 바꿔놓은 지각변동의 사건이었다. 세상 것에 사로잡혀 살아가던 나에게 '주님의 일꾼으로 헌신하며 살라'는 분명한 삶의 목표와 방향이 정해졌고 성령에 사로잡히지 않고는 살아갈 방법이 없음을 알려준 현장이었다.

감리교의 창시자 존 웨슬리 목사의 유명한 회심 사건이 있다. 영국 최고 대학인 옥스퍼드대를 졸업하고 젊은 나이에 교수가 되었고 말씀을 연구하고 섬기는 삶을 살았지만 채워지지 않는 무언가 때문에 갈급해 하던 그에게 한 사건이 생겼다. 어느날 선교를 실패로 마치고 돌아오던 길에 올더스케이트 거리를 거닐다가 한 교회에서 나는 소리를 듣게 되었다. 그들은 루터의 로마서 서문을 읽으며 뜨겁게 기도했는데 그 속에서 웨슬리에게 성령이 임한 것이다. 이를 올더스게이트 체험 혹은 존 웨슬리의 회심이라 하는데, 그날 성령을 체험한 그는 비로소 믿음으로 말미암아 구원을 얻는다는 확신으로 복음에 앞장서게 되었다.

'나는 마음이 이상하게 뜨거워지는 것을 느꼈다. 나는 구원을 얻기 위해 그리스도, 오직 그리스도만 신뢰해야 한다고 느꼈다. 그리고 그 때에 한 가지 확증 곧 그리스도께서 나의 죄, 심지어 내 자신까지도 제거해 버리시고, 나를 죄와 사망의 법에서 구원하여 주신 데 대한 확증을 얻었다'(1738년 5월 24일 존 웨슬리의 일기 중)

웨슬리의 회심은 훗날 감리교를 창설하고 복음을 전하는 데 늘 상 거론되는데 나의 회심 사건과 다르지 않다고 생각한다. 하나님은 누구나 회심하기를 원하신다. 또한 다양한 방법을 통해 사건을 통해 돌이키시지만 회심했을 때 느끼고 체험하는 바는 비슷하다. 하나님이 나를 선택하시고 사랑하신다는 것, 구원의 확신을 얻어 살아가야 할 목표를 분명히 하신다는 것이다. 왜일까? 말씀이 곧 진리이기 때문이다.

어쨌든 나는 74년, 군복을 입은 채 여의도 광장에서 뒤집어졌다. 새사람으로 거듭나 하나님의 종이 되겠다는 결단을 내렸다. 한 번도 내 입으로 하나님의 종이 되겠다는 말을 뱉은 적이 없었던 나는 그렇게 회심했다.

뜨거운 소망의 끓어오름

"아니, 우리가 알던 그 이천휘 맞아?"

한동안 많이 듣고 다닌 말이었다. 군에 입대하면서 마치 다시 보지 못할 것처럼 마지막 인사를 했다가 다시 학교에 나타난 이유도 있었겠지만, 무엇보다 마음가짐이 달라졌음을 먼저 알아차린 것이다.

제대한 뒤 3년 만에 복학한 학교 교정은 그대로였다. 강의실도 동기들도 대부분 그대로 였지만 바라보는 시선이 변한 덕분인지 그토록 학교가 좋을 수 없었다. 속을 썩혀드렸던 기숙사감님이 다른 곳으로 가시는 바람에 달라진 모습을 보여드릴 수 없다는 게 아쉬울 따름이었다.

학교로 돌아와 3학년 2학기를 다닐 때부터는 진짜 신학생의 모습이었다. 웨슬리가 회심한뒤 거룩한 삶을 살며 선교에 헌신했던 것처럼 예전의 모습을 모두 내려놓았다. 가능한 구별되고 선별된 삶을 살기 위해 노력했다. 다른 이들이 나의 회심을 놀란 눈으로 바라보았지만 그런 시선은 하나도 중요치 않았다. 또한 그동안 놓친 것들이 너무 많았기에 누구보다 열심히 공부했고 노력했다.

그러나 외형적인 모습보다 큰 변화는 다른 데서 시작했다. 복음에 대한 열정이 너무 커져있었다. 마음이 너무 뜨거워 견딜 수가 없었다. 전도에 대한 비전을 품었다. 그동안 교회를 다니며 학생부, 청년부를 겪었지만 친구를 데려오는 일은 거의 없던 내가 복음을 전하지 않고는 견디지 못한 상태가 된 것이다. 그러다보니 '전도 = 부끄러운 일'이란 생각이 말끔히 사라졌다.

그 날로 거리로 나갔다. 신학생들이면 누구나 경험해야 하는 노방전도에 앞장섰다. 전도지를 들고 사람 앞에 외쳤다.

"여러분, 예수 믿고 구원받으십시오. 주님은 영혼을 찾고 계십니다."

많은 신학생들이 군중 앞에 서다보면 얼굴이 빨개져서 홍당무가 되는 경우가 많다. 말씀을 연구하고 설교하는 일엔 능숙하지만 정작 복음을 전할 땐 한마디도 못하는 경우고 있고, 기도는 잘해도 전도하려면 입술이 딱 붙어 한마디도 못 건네는 경우도 있다. 나 역시 전도는 힘쓸 생각도 안했고 그런 기회가 있을 땐 늘 뒤로 물러섰다.

그런데 이상한 일이었다. 성령을 체험하고 나니 어려운 일도, 부끄러운 일도 사라져 버렸다. 서울과 대전을 오가는 기차 안에서도 그냥 앉아 가는 시간이 아까웠다. 기차를 탄 승객이 보이면 무조건 다가가 복음을 전했다.

"안녕하세요. 저는 목원대학교 신학생입니다. 잠시 말씀 좀 전하겠습니다. 예수 믿고 구원받으십시오. 예수님은..."

"뭐요? 가뜩이나 바빠 죽겠는데.. 에잇 재수없어."

이렇게 일갈하는 경우도 많이 당했다. 그런 때면 나도 스물다섯의 보통 청년인지라 부끄럽기도 했다. 심한 경우 얻어맞기 일보직전까지 간 적도 있어서 중간 역에서 내린 적도 있다. 하지만 부끄러움은 잠시였고 복음을 향한 열정의 불은 사그라 들지 않았다.

"저.학생, 어디까지 가?"

"서울이요."

"잠시 내가 전할 말이 있는데..."

"무슨 말이요?"

"혹시 하나님에 대해 알고 있어?"

"아니요. 잘 모르는데요."

"그래? 나도 서울까지 가는데 복음을 잠깐 전해도 될까?"

"뭐.. 그러세요."

어떤 날은 동생같은 학생을 만나 예수님을 전할 좋은 기회도 있었다. 그런 날은 어깨춤이 저절로 춰지며 신바람 나도록 전도를 하기도 했다. 어떤 날은 알곡을 만나 그 자리에서 예수님을 영접하겠다는 말을 받아내기도 했다.

"근데요.. 교회가 어딘데요?"

"아.. 그게, 집 가까운 곳에 있는 교회로 나가세요. 하나님은 어디에나 계십니다."

"에이.. 이왕이면 전도하신 분 교회로 가면 좋을텐데.."

이런 날이 잦아졌다. 나 역시 아쉬운 마음이 커졌다.

'주님, 제가 어떻게 주의 일을 할까요?'

나도 모르게 기도가 나왔다. 가슴은 복음으로 뜨거워지고 있는데 뭔가 막혀 있는 기분이랄까? 한 시간이고 두 시간이고 계속 기도하며 하나님의 뜻이 어디에 있을지 물었다. 그렇게 얼마가 지나자 다시금 가슴이 뜨거워짐을 느꼈다. 사랑하시는 이를 위해 생명까지 내어주셨던 주님께서 당신 일을 하러 부르신 사람을 위해 당연히 길을 열어 놓았을 거란 확신이 들었다. 이미 마음 속에서는 뭐든지 하면 다 될 것 같다는 자신감이 흘러 넘쳤다.

그때 확신할 수 있었다. 하나님은 내가 교회를 세우는 일을 원하신다는 사실을! 신학생으로서 그것도 얼마 전까지 제대로 된 신학생도 아니었던 내가 교회를 개척하는 건 불가능한 일일 수도 있었다. 그런데도 계속 개척에 대한 소망이 불일 듯이 일어났고 그 일을 하지 않으면 안 될 것 같은 마음이 들었다.

'주님, 저는 아무것도 가진 게 없습니다. 재력이 있는 것도, 학력이 높은 것도, 집안이 좋은 것도 아닙니다. 그건 주님께서 더 잘 아시죠? 제가 가진 거라곤 이제야 잡은 믿음 뿐입니다. 너무 작아 눈에 보이지도 않겠지만, 이제부터 주님께서 길을 인도하시고 지혜를 주시면 그대로 따르겠습니다'

오히려 소망을 품게 되니 마음이 가벼워졌다. 인간적으로 내 상황을 바라보면 절망적일 수도 있지만 그렇기에 100% 주님을 의지할 수 있었기 때문이다. 이제부터는 살던지 죽던지 모두 주님의 뜻대로 하면 된다는 평안이 밀려왔다.

창세기 15장에 보면 아브라함이 드린 제사에 대한 내용이 나온다. 제사를 드리는 중 제물을 쪼개야 하는데 그때 아브라함이 작은 실수를 한다. 제물 중에 작은 새 한 마리가 있어 우습게 여겨 쪼개지 않고 제사를 드린다. 게다가 어둡도록 하나님의 응답을 기다렸지만 응답이 오지 않자 꾸벅꾸벅 졸게 된다. 그때 이스라엘 백성이 애굽에서 400여 년간 종살이를 하게 될 거라는 말씀이 들린다.

어찌보면 그 작은 새 한 마리 쪼개지 않았을 뿐인데 너무하신 처사라는 생각이 들 수도 있다. 하지만 하나님은 정확하시다. 섬세한 것까지 살피시고 작다고 경시하는 것을 싫어하신다.

반면 오병이어의 기적은 꼬마의 작은 헌신과 그것을 알아챈 제자 안드레의 지혜가 있었기 때문에 일어났다. 꼬마는 주머니 속에 보잘 것 없는 물고기 두 마리와 보리떡 다섯 개를 내놓았고 제자

안드레가 그 작은 것이 있음을 주님께 고백했을 때 멋진 기적이 일어난 것이다.

  주님은 우리가 가진 것의 많고 적음을 보지 않으신다. 작은 것이 있을지언정 진심을 다해 보여드리고 기댈 때 생각지도 못한 일들이 일어난다. 나는 그 기적을 믿는다. 왜? 내가 그 작은 것을 보여드리고 말할 수 없는 은혜를 누린 주인공이 되었기 때문이다.

SINCERITY

2
이른 비 늦은 비
내리시는 하나님

엑스폴로74대회

아내 한순옥 사모

처음교회 / 최초교인

첫 교회를 세우다

"아버지, 개척을 할까 해요."
"너무 이른 거 아니냐? 아직 졸업도 안 했는데.."
"그러니까 시작하려구요."

엑스플로 74 대회를 통해 나는 걸 잡을 수 없이 뜨거워져 있었다. 구원의 확신과 함께 종으로서 쓰시겠다는 하나님의 뜻을 확증한 뒤라 더 뜨거웠던 것 같다. 180도 달라진 아들의 모습에 가장 기뻐하신 분은 부모님이셨다. 겨우 얼르고 달래어 신학대학을 보냈건만 방황만 하던 아들을 바라보는 게 괴로우셨을 것이다. 그렇기에 더욱 나를 위해 밤낮 없이 기도하셨고 마침내 찾아온 나의 변화된 모습에 감사하셨다. 그러나 그럼에도 아직 스물 다섯 밖에 되지 않은 젊은 신학생이 그 힘든 개척을 하겠다고 하니 아들을 향한 부모님의 걱정은 당연한 것이었다.

하지만 그때 나에겐 자신감, 아니 믿음이 넘쳤다. 한창 교회 성장을 성공적으로 이끌어낸 로버트 슐러 목사님의 사례가 무엇보다 큰 도전이 되었다. 특히 그분이 지은 〈성공적 목회비결〉이란 책을 읽은 후로는 더더욱 뜨거운 소망이 흘러 넘쳤다.

감리교에는 목사 청빙제도를 통해 교회로 부임되는 시스템이 있었지만 그 제도에 나를 맡기기 보다는 스스로 개척을 하여 교회를 성장시키고 부흥하도록 하는 것이 더욱 하나님을 기쁘시게 하는 일이란 확신이 왔기 때문이다.

"우리가 뭘 도와주랴?"

"아무래도 개척할 곳은 인천이 좋겠는데 우리 교회가 있는 곳에서 멀리 떨어진 다른 곳에 마땅한 장소를 알아봐 주세요. 저도 알아볼게요."

당시 내가 나고 자란 인천이란 지역은 상당히 낙후된 곳이었다. 1970년내 중반으로 들어서면서 전국적으로 경세개발이 시작되었다지만 그건 중심 도시나 그랬고 인천과 같은 외곽 도시는 거의 불모지나 다름 없었다.

그렇게 개척 준비를 하다보니 어느새 계절은 겨울이 되고 있었다. 겨울이 되면 몸도 마음도 추워지기 마련이지만 그 해 겨울 나는 추위를 느끼지 않았다. 주님이 함께 하실 것을 믿고 있었기에 계절에 상관없이 열정적으로 개척의 불꽃을 피워 나갔다.

"천휘야, 저기 작전동 쪽에 상가 자리가 하나 있다는데..."

"그래요? 한번 가보죠."

가게 된 곳은 순대국집을 하던 조그만 상가였다. 거리도 정비되지 않은데다 춥고 배고픈 서민들이 오고가는 순대국집 건물이었으니 깨끗하지 않았다. 하지만 환경은 중요한 게 아니었다. 그건 우리가 만들어 가면 되는 것이고 하나님의 은혜가 부어지기만 하면 해결되는 것이 환경이기 때문이다. 무엇보다 임대료가 저렴했던 터라 개척 교회를 하는데 적합하단 생각에 기도와 함께 결정을 내렸다.

시온교회, 처음으로 개척한 교회의 이름이다.

우리의 본향인 천국을 향한 강한 바람으로 이름 지은 시온교회는 정말 아무것도 없이 시작했다. 상가 건물에 조그만 이름표를 달아놓아 이곳이 교회라는 사실만 겨우 알릴 정도였다. 강대상과 같은 성구는 생각지도 못했고 성도가 오면 앉을 자리조차 변변치 않았다. 그럼에도 보이지 않는 것이 더 중요하단 생각에 의욕적으로 목회를 시작했다.

그런데 문제는 성도가 한 명도 없었다. 살고 있는 동네와는 좀 떨어진 곳이었기에 아는 사람도 없었고 그렇다고 다른 교회를 이미 섬기고 있는 가족들이 시온교회로 교적을 옮겨 오는건 원하는 바가 아니었다. 물론 이를 안타깝게 여긴 부모님과 형제들이 교회 예배를 마치면 우리 교회로 달려와 예배에 참석하고 자리를 채워주었다.

'교회는 부흥과 성장이 필요하다'

그리고 방법은 전도 밖에 없었다. 일단 교회 주변을 다니며 교회의 존재를 알리는 게 중요했다. 일단 대한성서공회에서 나눠주는 전도지를 받아 무작정 전도를 시작했다. 신학생이라지만 제대로 교육을 받은 시간이 얼마 되지 않은터라 제대로 된 전도의 방법도 제대로 몰랐었다.

"저.. 안녕하세요! 저는 시온교회에서 나왔습니다. 저기 순대국집 있던 곳의 교회에요."

"네? 아하 순대국집? 근데 거기에 교회가 있었어요?"

"네, 얼마 전에 교회를 개척했습니다. 매주일 예배를 드리고 있으니 한번 나와 보세요."

"아휴, 거기 갈 새가 어디 있나? 장사해야지."

이렇게 대꾸라도 하면 그나마 다행이었다. 대부분 먹고 살기조차 힘든 사람들에게 신앙은 사치이거나 전혀 경험할 필요가 없는 세계였다. 그러니 생소한 전도에 거부감을 갖고 대놓고 불편한 심기를 드러내기도 했다.

"어디서 서양 귀신 얘기야? 저리 가요!"

쫓겨나는 건 기본이고 문전박대는 필수였다. 그러나 복음 전하는 일을 멈출 수 없었다. 죽기까지 내가 짊어지고 가야 할 사명이란 생각에 무릎과 다리에 더 힘을 주고 전도지를 돌리며 전도를 이어갔다.

그러다보니 나 혼자 시작했던 교회가 다섯 명이 되고 열 명이 되어갔다. 사람이 모이다보니 자연히 예배와 찬양, 기도가 많아졌고 모두 성령의 충만함을 받아 뜨거워지는 역사가 교회 내에서 이루어지길 기도했다. '모이면 기도 흩어지면 전도하자' 며 성도들을 훈련하자 생각지도 않은 복병이 나타나 괴롭히기 시작했다.

"아니, 이런 데에 왜 교회를 세워서…"

"교회가 너무 시끄러워서…"

"그 젊은 전도사가 맨날 어쩜 그렇게 기도를 시키는지.."

이런 저런 이유로 교회를 훼파하려는 이들이 나타났다. 공통적인 의견은 교회가 있으므로 시끄럽다는 것이었다. 지금 돌아보면 누구나 개척 때 겪는 사단의 영적인 방해였는데도 그 당시엔 속도 상하고 울며 기도도 많이 했다. 상가 주인이 찾아와 교회를 그만하면 안되겠냐며 말할 때는 주저앉아 울 지경이었다.

그렇지만 그럴수록 더 뜨거운 소망이 생겨났다. 주님은 선택하신 자를 끝까지 돌보시고 책임지신다. 방 빼라는 말이 나올 때면 기도하라는 사인으로 생각하며 기도했고, 그 외에는 전도에 매진하며 더욱 확장해 나갔다. 기도를 계속 해나가며 점점 하나님의 지상 명령인 복음 전파는 해야만 하는 일이요 소명을 불태우는 일이라는 사실이 깨달아졌다. 그 사실을 깨닫고 나니 저절로 문 밖을 나서게 되었다.

'하나님 전도를 위해 나갑니다. 지혜를 주셔서 전도할 만한 대상을 찾게 하시고 한 영혼이라도 돌아올 수 있도록 인도해 주십시오.'

한 명으로 시작한 교회는 어느새 70명으로 불어났다. 아무런 기반도 없이 시작한 것을 안 주변 사람들은 믿기 힘든 부흥이라 했지만 주님은 불가능을 가능케 하시는 분이다. 나는 그런 하나님을 굳건히 믿기만 했을 뿐인데 하나님은 그 기적의 현장속에 나를 있게 하셨다.

다듬고 만드시는 시간

지금도 가끔씩 그 옛날 군대 시절이 생각난다.
"이봐 암호!"
"zzz...."
"이 자식들이 지금 잠이 와? 총 들엇!"
"네? 네.. 어? 총 총이 어디갔지?"
"이 자식들! 늬들 총 누구한테 뺏겼어? 어?"

호통이 떨어졌다. 한겨울 매서운 추위가 뼛속까지 스며들었지만 졸음은 이겨낼 장사가 없었다. 하필 제일 쫄병이던 내가 휴전선 철책 앞 벙커에서 졸다가 걸린 것도 문제였는데 총까지 분실했으니 더욱 큰일이었다.

"야, 늬들 지금 당장 중대 OP로 올라와."

무조건 영창감이란 생각에 절망이 밀려왔다. 그런데 총은 어디로 간 것일까? 잔뜩 겁을 집어먹고 상사와 함께 중대장실로 올라가니 서슬 퍼런 중대장이 눈을 부릅뜬 채 쳐다봤다.

"이천휘만 남고 다들 내무반으로 복귀해."

올 것이 왔구나 싶어 마음을 비우고 있는데 중대장님의 목소리가 변했다. 사실 중대장과는 처음 군 입대했을 때 안면이 있었다. 그 당시만 해도 대학을 다니다 왔다고 하면 행정사병으로 차출시켜 가곤 했는데 나 역시 그 케이스로 데려가고 싶어 했다. 마땅한 기회를 봐서 데려가려던 참에 이런 사건에 걸려들었으니 중대장도 난감했을 것이다.

"야! 넌 내려가면 안 돼. 갔다간 영창감이니까 그냥 여기서 근무해라. 그리고 총은 아까 순찰돌다가 군기 한번 잡으려고 내가 빼 갔으니 걱정 말고."

전화위복이 된 셈이다. 까딱하면 영창감이었던 나를 행정사병 보직으로 발령낸 것이다. 그때부터 나에게 군대는 의미있는 곳이 되었다. 처음으로 맡은 일인 중대 당번병부터 시작해 서무계, 인사과 등을 거쳐 대대에서 행정병으로 다양한 경험을 할 수 있었다. 그 뒤 군종사병에 이르기까지 소대에서 연대를 오가며 보직이 아홉 번이나 바뀌었으니 군대에서 해볼 수 있는 행정직은 다 해 본 셈이다.

또한 군종병으로 섬기던 부대 내 교회도 엄연한 교회였기에 교회 내의 행정과 조직에 대해 많이 배울 수 있었다. 당시엔 그저 명령이니 복종한다는 심정이었지만 나중에 돌아보면 그때의 경험이 귀중한 자산이 되었음을 알 수 있었다.

군에서 제대하고 다시 개척하면서 조직을 운영하게 되니 그때처럼 인사와 행정 업무가 모두 나의 몫이었다. 그때 혼자서도 어렵지 않게 해 내는 걸 보며 주변에서 그랬다. '사회생활 한번 하지 않았는데 행정 관련 업무를 잘 하느냐'고. 생각해보니 이전의 군대에서의 경험 덕분이 아니었을까 싶다.

이처럼 경험이 무엇과도 바꿀 수 없는 자산이 된다는 사실은 과거에서 현재에 이르기까지 계속 반복해서 경험하고 있다.

이른 비 늦은 비로 내리시는 하나님

믿음의 조상 아브라함이 자기 고향을 떠날 때의 일이다.

그는 하나님께서 자신을 높이 들어 쓰실거란 응답을 받았지만 그 응답이 이루어지기까지는 세월이 꽤 많이 흘러야 했다. 그러던 중 아브라함은 조카 롯을 데리고 가나안에 돌아오게 된다. 그런데 그곳에서 위기를 겪는다. 많아진 양을 키울 땅이 부족해지자 아브라함과 롯의 목자들 사이에 다툼이 벌어진 것이다.

"롯, 우리가 이제 헤어질 때가 된 것 같다. 네가 먼저 목자들을 데리고 차지하고 싶은 땅을 말해라."

롯은 푸른 요단 들녘을 가르켰고 아브라함은 젖과 꿀이 흐르는 땅을 양보한다. 그리고 비옥한 산지를 양보한 아브라함에게 하나님이 나타나 그를 더 큰 복과 은혜로 채워주신다.

창세기 13장에 등장하는 이 이야기는 읽을 때마다 아브라함의 사람됨과 인격의 위대함을 느끼게 된다. 자신의 것을 채우기보다 조카에게 양보하는 마음, 그 믿음을 하나님이 아름답게 보셨기에 믿음의 조상이 되는 복의 복을 더하신 건 아닐까? 이 말씀을 대하거나 전할 때면 나도 그와 같은 믿음을 얻기 위해 겸손한 마음이 된다. 수십 년 전 비슷한 경험을 떠올리며…

시온교회를 개척하고 한 1년쯤 지났을 때였다. 동네 구석에 자리 잡고 있던 교회였고 주변으로부터 구박도 많이 받은 교회였지만 끊임없이 성장하고 있었다. 주일마다 새 신자가 찾아왔고 청년들도 많아졌다. 그러는 사이 신학대학을 졸업할 시기도 다가왔고 정식 전도사로서 교회 성장에 더욱 애쓰리라 나름 마음도 단단히 먹었었다.

그런데 생각지도 못한 일이 벌어졌다. 우리 교회와 50미터도 떨어지지 않은 곳에 교회를 짓겠다는 사람이 나선 것이다. 그 분은 K 건설 주식회사 사장님이었던 김 권사님이었다. 그의 처갓집이 있는 곳에 교회를 짓고 싶다는 것인데 어떻게 50미터를 사이에 두고 교회를 짓겠다는 것인지 이해가 되지 않았다.

소식을 듣고는 당장에 그분을 찾아가 만났다. 당시 신학교 4학년생의 새파란 서리 전도사인 나를 보는 권사님의 눈빛이 심상치 않았다. 하지만 당당히 우리 교회 사정을 말씀드렸다.

"권사님, 그래도 이건 안 될 일입니다. 작은 동네인데다 좁은 골목 사이에 두고 교회가 두 개나 되다니요.."

"알고 있어요. 하지만 저희도 어쩔 수 없습니다. 여기 밖에 장소가 없으니.. 어쨌든 우리는 교회를 짓겠습니다."

한마디로 서리 전도사인 내가 교회를 포기하라는 선포였다. 또한 자기에겐 재력이 있으니 우리 교회보다 훨씬 더 좋은 교회를 지을 수 있다는 자랑이기도 했다. 슬슬 화가 나기 시작했다.

"권사님, 말씀 참 쉽게 하시네요. 저희 교회나 권사님의 교회나 모두 하나님께 기도해서 얻은 장소 아니겠습니까? 그러나 하나님께서 동시에 같은 장소를 주시지 않으셨을테니 더 기도해 보시지요."

새파란 전도사라 얕봤던 그쪽에서도 움찔하는 듯 보였다. 몇 마디 하면 기가 죽어 나갈 줄 알았던 것 같다. 시온교회 성도들도 이 같은 사실을 알고 있었지만 오히려 내게 용기를 주며 말했다.

"전도사님, 걱정 마세요. 저희는 6개월 만에 50명이나 모인 교회잖아요. 교회 세우려면 세우라고 하세요. 우리는 우리 하던대로 기도하면 되잖아요."

생각지도 못한 일을 당하게 되자 정신적으로 무척 힘이 들었다. 분명히 하나님의 뜻인줄 알고 시작한 일이었건만 이런 시험을 겪게되니 혹시 하나님의 뜻을 잘못 분별한 것인지 회의도 생겼다. 무거운 마음을 안고 성전에 가면 가족 같아진 성도들이 밝은 모습으로 다가와 신앙 생활 상담을 청했다. 그럼 또다시 힘을 얻고 그들에게 다가서는 날들이 계속 되었다.

하지만 마음은 갈수록 괴로웠다. 하나님은 사랑하는 이에게 마음의 소원을 두고 행하시는데 이처럼 마음이 불편한 건 응답이 아니었다.

'주님, 하나님의 뜻은 평안함을 주는 건데 제 마음이 편치 않습니다. 어찌해야 할까요?'

다음날 일어나 말씀을 묵상하는데 바로 창세기 13장 말씀이었다. 아브라함이 조카 롯에게 먼저 갖고자 하는 땅을 선택하게 하고 그 선택한 땅을 두말없이 양보한 대목이었다. 하필이면 그 말씀을 묵상하게 하신 이유가 무엇일까? 그 생각에 한참을 사로잡혀 있는데 갑자기 아브라함이 그렇게 아름답고 위대해 보일 수가 없었다. 그에게 남은 건 돌로 뒤덮인 산지 뿐이었지만 그 양보로 인격이 깊어지고 하나님의 복을 받을 그릇이 되었던 것이다.

말씀의 깨달음이 온 순간 기도가 나왔다.

"주님, 제가 양보하겠습니다. 아브라함이 롯에게 땅을 양보한 것처럼 저도 그렇게 하겠습니다. 그것이 주님의 뜻이라면 제가 물러나겠습니다."

결심이 서자 가장 먼저 성도들에게 이 사실을 알렸다. 그동안 직접 전도한 열매로 교회에서 양육시킨 성도들이라 애정이 컸는데 반갑지 않은 소식을 전하게 되어 가슴이 아팠다. 예상대로 교회를 그만두기로 했다는 말에 성도들은 심하게 동요했다.

"전도사님, 왜 양보하시는 거에요? 그냥 그 교회 들어오라고 하면 되잖아요. 우린 우리대로 신앙 생활하면 되는데. 저흰 상관없어요."

"맞아요. 교인들이 그쪽으로 가겠다면 보내세요. 대신 저희가 전도하면 되죠."

눈물까지 글썽이며 반대하는 청년들을 일단 진정시켰다.

"그게 그리 간단치 않습니다. 같은 지역에 그것도 교회가 옆옆으로 붙어 있으면 서로에게 좋지 않아요. 하나님의 영광을 가릴 수 있습니다. 그 교회는 다행히 재력도 저희보다 낫고 교회가 성장할 조건이 더 좋으니 양보하려는 겁니다. 저는 여러분도 다들 그 교회로 옮기셔서 새롭게 신앙생활 하셨으면 좋겠습니다. 저는 하나님이 분명히 다른 뜻이 있을 거라 생각하며 좀 물러나 있겠습니다."

시온교회 성도들과는 그렇게 눈물의 이별을 했다. 나를 괴롭게 하던 권사님을 찾아가 양보하겠다는 뜻을 밝히자 그들은 열렬히 환영했다. 겉으로는 위로했지만 마치 그럴 줄 알았다는 듯한 눈빛에 가슴이 많이 아팠다.

6개월의 시간동안 개척 교회에 온 힘을 쏟았고 어느 정도 교회 성장의 가능성을 확인 했지만 결국 원점이 되었다. 허탈한 심정이었지만 그래도 좌절하진 않았다. 내가 알지 못하는 비밀한 뜻이 분명히 있으리란 믿음이 있었기 때문이다. 더욱 낮은 마음으로 하나님께 기도했다. 나는 교만할 조건도 아니었고 그러고 싶은 마음도 없었다. 돈 없는 설움을 이번 사건을 통해 확실히 느꼈지만 그보다 더 큰, 비교할 수 없는 하늘의 재산을 갖고 계신 아버지가 계시기에 위로를 받을 수 있었다.

어찌되었든 첫 개척교회를 양보하게 하심으로 하나님께서 나를 다듬으셨다. 복을 받을 그릇을 만들기 위해 양보와 겸손의 미덕을 깨닫게 하시고 그로인한 인간적인 괴로움을 기도로 승화시키도록 하시는 것, 그것이 뜻이 아니었을까? 하나님은 내가 생각하는 적절한 시기에 비를 내려주시기보다, 당신이 생각하시기에 적절하다고 여기시는 때를 따라 이른 비 늦은 비로 은혜를 베푸셨다.

훗날 시온교회의 양보로 이전해 건축한 그 교회는 처음 기대와는 달리 더 이상 성장하지 못한 채로 머물러 있다. 가슴 아픈 일이다. 그러고보면 하나님의 온전한 뜻이 어디 있는지 지혜롭게 분별하는 일은 우리의 일생 최대의 숙제다. 하나님은 그 뜻을 잘 알고 행하도록 인간에게 자유의지를 주셨는데 그 자유의지를 방종하게 사용해선 안 된다. 겸손하고 낮아진 마음으로 엎드려 언제나 하나님께 맞는지 물어야 하는 것이다.

모 교회에서의 전도사

첫 개척교회인 시온교회를 다른 교회에 양보하고 나올 때 나는 이미 신학교를 졸업하여 전도사가 되었고 또 한번 개척을 해야 하는지에 대해 큰 고민을 하던 시기였다. 가슴은 아직도 뜨거운데 할 수 있는 환경은 열리지 않은, 한마디로 덜 여문 전도사라는 표현이 맞았다. 그러니 가슴 속에 뭔가 풀리지 않은 실타래를 안고 있는 기분이 있었다.

"이 전도사, 나 최 목사야. 요즘 뭐해? 잠깐 만나지."

당시 감리사셨던 최기석 목사님이 연락을 해 오셨다. 목사님은 그간의 있었던 일로 가슴아파 하셨다.

"자네를 추천할까 하는데. 대장교회라고 작은 교회야. 교인이 아주 적고 원래 담임하고 계신 목사님이 계신데 다른 곳으로 보내려고 해. 이 전도사가 가면 좋을 것 같아서. 이미 개척해서 부흥시킨 경험도 있잖아."

그런 사연으로 대장교회로 향했다. 교인이 20여명 되는 교회라지만 그건 중요치 않았다. 그 길이 하나님의 계획이라면 두말 않고 아멘 하는게 옳기 때문이다.

그런데 예상치 못한 일과 마주쳤다. 나를 처음 맞아준 분이 교회를 떠나신다는 담임 목사님이었다. 순간 말문이 턱 막혀버렸다.

"전도사님, 무슨 일로 오셨는데요?"

"아.. 감리사님 소개를 받고 왔습니다."

순간 목사님의 얼굴빛이 변하는 걸 볼 수 있었다. 본인도 교회 내의 문제가 있다는 것을 알고 있었고 조치가 있을 거란 걸 짐작했겠지만 그럼에도 완강했다.

"목사님, 제가 어떻게 하면 좋겠습니까?"

"저는 그만둘 생각이 없습니다. 제가 여길 그만두면 어디로 갑니까?"

담임 목사님은 물러나지 않겠다는 뜻을 분명히 했다. 그 말을 들으니 양심상 머무를 수가 없었다. 교단에선 조치를 하겠지만 어쨌든 그 순간 나는 포기하는 게 맞다는 생각이 들었다. 그래서 그 길로 소개해준 목사님을 찾아가 말씀드렸다.

"목사님, 저를 배려해 주신 것 정말 감사드립니다. 잊지 못할 겁니다. 그런데 제 자리가 아닌 것 같습니다. 저는 일단 좀 쉬면서 길을 찾도록 하겠습니다."

이심전심이었을까? 목사님도 나의 숨은 뜻을 알아주며 등을 두드려주셨다. 언제든 도움을 주시겠다며.

그렇게 내가 다시 선택한 곳은 모 교회였다. 아버지가 성도들과 함께 세우셨던 교회, 나는 교육전도사가 되어 교회를 도우며 잠시 숨을 고르기로 했다. 모 교회에서도 마침 전도사가 필요했던 시기였기에 곧바로 전도사로 교회를 섬겼다. 그때 아마 가장 기뻐하신 분은 우리 부모님이 아니셨을까 싶다. 주의 종으로 하나님께 바치겠다고 했던 아들이 방황을 끝내고 전도사로 왔으니 연신 흐뭇해하셨다.

교육전도사로서 할 일은 참으로 많았다. 어렸을 때부터 다닌 교회였기에 무척 익숙했지만 막상 전도사가 되어 교회 내 신앙 성장과 양육을 위해 교육 프로그램을 짜고 예배를 준비하는 일을 하려니 손이 모자랄 지경이었다. 그러다보니 그간 마음에 받았던 상처들을 꺼내고 슬퍼할 겨를이 없었다.

그런데 얼마 안 있어 더 큰 일이 생겼다. 교회를 담임하고 계신 목사님이 구설수에 시달리게 된 것이다. 교회에서는 큰 파장이 생겼다. 목사의 기본 자질부터 시작해서 결국엔 내보내야 한다는 의견까지 모아졌다. 교회를 세운 장로셨던 아버지는 그 중심에 서서 무척이나 괴로워하셨다. 모든 교인들이 아버지께서 그 일을 맡아 처리해주길 바라고 있었기 때문이다.

교회 내의 잡음은 끊이지 않았고 성도들이 목사님 예배 인도를 거부 하는 일이 벌어졌다. 그러다보니 주일 1부 설교가 내게 맡겨졌고 자연스럽게 1부 예배에 참석하는 인원이 많아지기 시작했다. 생각지도 않게 설교의 기회가 찾아와 개인적으로는 성장하는 계기는 되었지만 교회 전체로 볼 땐 기현상이었다. 성도들 사이에 담임 목사를 미워하는 마음이 전도사에 대한 전적인 신뢰로 전이된 것이다. 심한 경우 전도사를 대신 세우라는 말도 나왔고, 어떤 성도는 꿈을 꾸었는데 우리 교회 옆에 또 교회가 세워지는 꿈을 꾸었다면서 이상한 분위기를 조장하기도 했다. 전도사인 나는 나대로, 총대를 메라고 부추김을 받은 아버지는 아버지대로 고민에 빠졌다.

아버지는 아들인 내게 의논을 하셨다.

"이 전도사, 내가 아들이 아닌 전도사에게 의논하는거야. 난 정말 괴로워. 지금까지 평생을 하나님의 종에게 순종하며 교회에 순종하며 살았는데 이제와서 어떻게 목사를 내쫓을 수가 있어? 성도들은 나를 믿고 있는데 난 도저히 그럴 수 없어."

"아버지, 제가 봐 온 아버지는 목사를 섬길 때 가장 행복해 하시는 분이신데 어떻게 이렇게 큰 일을 감당하실 수 있겠어요? 그리고 목사는 하나님이 기름부은 종이고 죄의 문제는 하나님이 해결해야 할 문제인 것 같습니다."

"그래, 그렇지?"

한결 가벼워진 표정으로 아버지는 사무실을 나섰다. 그리곤 성도들에게 선언하셨다. 아예 다른 곳으로 이사를 가서 이 문제 전면에 나서지 않겠다고. 가족의 이사는 일사분란하게 진행되었고 아예 다른 지역으로 이사를 가시는 일을 감행함으로써 성도들에게 아버지의 뜻을 분명히 전달했다. 그 모습을 지켜보며 나는 아버지의 믿음과 순종의 신앙, 결단하는 자세를 존경하게 되었다.

모 교회의 갈등은 그후로도 계속 이어졌다. 성도들의 뜻을 따라 물러나겠다던 목사는 벼랑 끝에 몰리자 본인의 욕심을 드러냈다. 끝내 물러나게 되었지만 상처입은 성도들을 봉합하는 데에는 시간이 걸렸다. 일이 마무리 되었을 때 성도들의 부탁에 의해 우리 가족은 다시 이사를 오게 되었고 아버지는 다시 장로로서 평생을 교회를 섬기셨다.

그렇게 1년여 시간을 교육 전도사로 지내는 동안 나는 다듬어지고 깎여졌다. 기존의 교회에서 교육 전도사로서 경험을 쌓는 건 성도들과의 관계부터 교회 내의 행정과 운영, 조직하는 일까지 다시 새롭게 배우는 기회였다. 어떻게 성도들을 조직할 것인지, 속회 운영은 어떻게 할 것인지, 성도들의 신앙 성장을 위해 어떻게 교육하고 양육할 것인지, 부흥하고 있는 한국 교회와 걸음을 함께 하기 위해 어떻게 전도하고 교회 행정을 볼 것인지 가닥이 잡힌 시기였다. 또한 교회 내의 문제를 몸소 경험하며 해결해 나가시는 하나님의 방법을 깨닫게 되었고, 문제의 모든 해결의 주권을 하나님께 맡기는 아버지의 지혜도 배운 시간이었다. 그러면서 자연스레 개인적으로 받은 상처 역시 교회 안에서 위로와 사랑을 받으며 조금씩 치유되었다.

역시 하나님은 합력해서 선을 이루시는 분이셨다.

풍요로운 가정의 개척

지금도 해외에 있지 않을 때는 가능한 매일 아내와 운동 삼아 산책을 하곤 한다. 심신의 건강을 위한 일이기도 하지만 각자 할 일이 많다보니 같은 교회에 있으면서도 어떤 날은 아침에 잠깐 얼굴보고 못 볼 때도 있다. 그러다보니 어느 날 이래서는 안 되겠다는 생각에 일부러라도 부부간의 시간을 내어 만나는 시간을 갖기로 했다. 함께 산책 삼아 운동도 하면서 이야기를 나누면 소원했던 관계도 더 좋아지고, 성도들에게도 좋은 본이 되는 것 같다. 나는 목회자로서 영적인 면에서도 본이 되고 싶지만 가정의 본이 되는 것도 중요하다고 여긴다. 그런 면에서 아내를 허락하신 하나님께 감사할 따름이다.

사실 아내와의 만남은 그리 특별하진 않았다. 소위 말하는 가슴 떨리는 만남이 아니었다. 같은 교회에서 함께 성장한 선후배였고 각자 짝을 찾고 있을 때 마음이 흔들렸던터라 더욱 그랬다.

모 교회인 갈월교회 교육 전도사로 있으면서 가족도 나도 가정을 이루길 소망했다. 앞으로 목회를 하기 위해 하루 빨리 안정된 가정을 이루는 건 필수코스였고 그 숙제부터 해결하려는 생각에 사모될 사람을 찾고 있었다. 배우자를 위한 기도를 시작하며 제일 먼저 기도했던 것은 하나님 사역을 잘 도울 수 있는 배필, 가정을 잘 돌볼 수 있는 배필을 달라는 제목이었다.

선도 여러 차례 봤다. 그런데 마음에 확신이 드는 사람이 없었고 대체 짝은 어디에 있는지 답답한 마음이 들었다. 그러던 차에 성탄절이 다가왔다. 한창 찬양대에서 칸타타 연습을 하고 있었다. 전도사로서 행사 전반을 돕고 가끔 지휘도 도와주며 연습도 했는데 그 날도 연습을 마치고 돌아가려는 참이었다.

마침 찬양대원이던 한 자매가 눈에 들어왔다. 오랫동안 모 교회에서 오빠 동생하면서 지냈던 그 자매의 집은 교회와 좀 떨어져 있었다. 꽤 늦은 시간이었기에 내가 바래다주겠다며 함께 나왔다.

여느 날처럼 이런 저런 얘기를 하면서 가고 있는데 자연스럽게 결혼 이야기로 옮겨갔다. 그 친구는 형부가 소개시켜준 남성과 결혼을 진지하게 고민 중이라고 했다. 그 얘길 듣는데 나도 모르게 말이 튀어 나왔다.

"야! 근데 너.. 나한테 시집오면 안되냐?"

"네? …"

사실 내가 더 당황했다. 한번이라도 그 자매와의 이성적인 관계를 생각한 적도 없었는데 생각지도 않았던 말이 나왔기 때문이다.

자매의 긴 침묵이 이어졌다. 당연하다고는 생각했지만 이상하게도 마음이 편했다. 그 날은 그렇게 어색하게 헤어졌다.

그런데 신기한 일이 일어났다. 그 날 이후 나는 그 자매와 급격히 가까워졌다. 매일 저녁 교회에서 만나 칸타타 연습을 했고 다른 사람과 결혼을 생각했던 자매는 나의 결혼 제안을 심각하게 받아들였다. 언제나 여성적이면서도 밝다는 건 알고 있었지만 단둘이 만나 속 깊은 이야기를 나누다보니 따뜻한 가정에서 사랑받고 자란 사람만이 가질 수 있는 감성이 있었다.

얼마쯤 지났을까? 엄청 추운 겨울날 그녀의 집으로 향하는 길이었다. 갑자기 걸음을 멈추고 그녀가 말했다.

"좋아요. 저 오빠랑 결혼하겠어요. 그래야 할 것 같아요."

"…"

우리의 결혼은 전혀 드라마틱하지 않게 이뤄졌다. 지금도 우리 부부의 결혼은 아이러니하고 미스테리한 면이 많다. 아니, 하나님께서 이미 아내를 택하셨고 준비하신 과정이란 생각이 든다. 목회엔 어려움이 있을지라도 배필을 선택하는 과정만은 어려움을 줄여주시기 위한 인도하심이라고 생각한다.

물론 우리가 결혼하겠다는 소식에 처가의 반대가 만만치 않았다. 특히 장모님께서 반대를 많이 하셨는데 가난한 목회자의 사모로서의 험난한 미래를 우려하기도 하셨거니와, 당신네 모 교회에서 담임 목사의 좋지 않은 행실 때문에 시험을 당한 뒤였기 때문이었다. 그러나 하나님은 우리가 부부가 되는 과정에 처음부터 개입하셨고 그 과정을 인도해 주셨다. 장모님의 딱딱한 마음도 결국 녹여 주셨고, 아내로 하여금 사모의 자리를 확신하며 받을 수 있도록 하셨다.

한번은 아내에게 왜 나와 결혼을 결심했느냐고 물은 적이 있다. 그러자 아내는 환하게 웃으며 이런 비하인드스토리를 말해 주었다.

"고등학생 때였던가? 교회에서 무슨 행사를 마쳤는데 오빠네 집으로 학생들과 선생님들을 초대했어요. 그때 어머니께서 나오시더니 교사들과 학생들 식사를 대접 하시더라구요. 그때 인원도 꽤 많았고 오빠네 형편도 그리 좋지도 않았는데 정말 기쁜 마음으로 권사님이 베푸시는 모습을 보고 그런 생각을 했어요. '나도 저런 시어머니가 있는 곳에 시집갔으면 좋겠다' 그랬는데 진짜 오빠가 제 신랑이 되고 권사님이 시어머니가 되셨네요."

그 말을 듣는데 과연 우리 결혼은 하나님의 철저한 계획 가운데 놓여있었음을 확신할 수 있었다. 아내는 우리 교회가 35년 이어오는 동안 돕는 배필로, 현숙한 아내로, 훌륭한 어머니로, 따뜻한 사모로 내 옆자리를 지켜주고 있다.

지금도 가정을 이루던 날 드렸던 기도가 생각난다. 가정을 먼저 개척하게 허락하셨으니 더욱 거리낌 없이 앞만 보고 주님의 사역을 이뤄가겠다고. 가정을 이뤄 한 사람이 한 가정으로 풍성해지게 하신 주님이 앞으로의 사역에도 더욱 풍성케 하리라는 약속을 이루실 것을 기대한다고. 그렇게 가정을 이룸과 함께 또 다른 비전을 향해 달려나갔다.

황금어장을 찾아

"이천휘 전도사, 나 좀 만나지."

평소 아버지와 친분이 있으셨던 오정제일교회의 오지섭 목사님께서 연락을 주셨다. 오 목사님은 감리사가 되시면서 지방회 일을 하고 계셨다. 그런데 평소 아버지와 친분이 있으셨던터라 내 소식을 들으셨나보다.

당시 나는 교육전도사로 지내면서 결혼도 했고 목회자로서 새로운 비전을 품고 있던 때였다. 성공하지 못한 개척교회에 대한 아쉬움도 컸기에 자꾸만 기도 중에 마음이 개척으로 기울고 있었다. 인천 지역의 복음화를 위해 힘을 보태라는 하나님 명령에 순종해야겠다는 생각에 기도에 전력을 다하고 있을 때 받은 연락이었다.

"내가 아버님을 통해 소식을 듣고 가슴이 많이 아팠어. 어떻게 도울 방법이 있어야 말이지.

그런데 이번에 내가 인천북지방회 감리사가 되면서 여러 목사님들과 관계를 맺게 됐는데 얼마 전 중부연회 감리사 회의에 가서 이런저런 얘기 끝에 자네 얘기를 꺼내게 됐거든. 참 좋은 젊은 전도사인데 일이 잘 안 되었다고 했더니 서대문중앙교회 표용은 목사님이 자넬 한번 보자고 하셔. 표 목사님은 자네처럼 젊은 교역자들을 세우는 일에 적극적인 분이시니 만나뵈면 좋은 소식이 있을거야."

"목사님, 정말 감사드립니다."

이게 바로 기도의 응답이 아닐까 싶었다. 그 길로 표 목사님께 전화를 드렸더니 흔쾌히 만나자는 답을 주셨다. 그렇게 찾아간 서대문중앙교회에서 나는 다시 한번 하나님의 놀라우신 계획을 체험하게 되었다.

"얘길 들어보니 이 전도사는 이미 개척을 통해 좋은 경험을 한 상태고 내 보기에 앞으로도 개척해서 목회하는 게 하나님께 영광을 돌리는 일이란 생각이 들어요. 문제는 물질인데… 마침 우리 교회 여선교회에서 선교헌금으로 모아둔 돈이 있어요. 200만 원 정도 되는 돈인데 그중에 100만 원 정도를 헌금으로 내놓았어요. 그걸 전도사에게 헌금하고 싶은데 어떻게 생각하실지.."

목사님의 말을 듣는 순간 아무 생각도 나지 않고 하나님의 뜻이 개척이 있다는 것을 확신하게 되니 그저 감사만이 나왔다. 앞에 목사님이 계심에도 불구하고 눈을 감고 기도를 드렸다.

'쓸 것을 미리 아시고 예비하시는 하나님 감사합니다'

목사님의 흐뭇한 표정과 함께 건네받은 헌금 100만 원은 두 번째 개척 자금이 되었다. 그날 이후부터는 열 일을 제쳐두고 장소 탐색을 시작했다. 당시 우리 동네 땅 1평이 7만 원 정도 하던 때였기에 100만원이면 적지 않은 헌금이었지만 교회를 시작할 장소를 찾기에 빠듯한 금액이었다.

당시 100만 원에 맞는 자리를 알아보러 부동산이란 부동산은 다 돌아다녔다. 처음부터 수도권 중심으로 찾기 시작했는데 당시 목회 선배들이 조언하기를 시골 목회는 젊은 층의 이농현상으로 인구가 감소하고 있으니 교회를 개척해도 자립하기 힘들다고 했다. 이 조언을 따라 나 역시 도시 목회로 방향을 잡았다. 당시는 경제개발 붐을 타고 인구의 도시 쏠림 현상이 높아지고 있었다.

그런데 100만 원은 수도권에 어림없는 가격이었다. 부동산 업자들도 돈이 적다며 무시했고 또 교회를 할 거라는 말에 질색했다. 복음의 불길이 타오르고 있는 시기였음에도 아직도 많은 영혼이 구원받지 못하고 있단 사실을 절실히 깨달았다.

"에이, 이 돈으론 수도권은 턱도 없어요. 저 변두리에 가려고 해도 2-300만 원은 있어야 얻을까 말까 할걸요."

부동산을 100군데를 넘게 다녀도 구하지 못하자 허탈함에 빠지기 시작했다. 집은 많이 지어지고 있는데 개척을 할 수 있는 곳은 없었다. 서러운 생각에 나중에는 거의 울먹이며 개척 장소를 찾아다녔다.

얼마 뒤 서대문중앙교회에서 연락이 왔다. 일이 잘 진행되고 있는지 궁금하셨던 것 같다. 좋은 소식을 전해드리지 못해 송구스런 마음에 그간의 사정을 말씀드리니 목사님이 물으셨다.

"이 전도사, 그럼 내가 얼마 더 도와주면 가능할 것 같아?"

"한 100만원만 더 있으면 제가 50만원 보태서 변두리에는 얻을 수 있을 것 같습니다."

"그래? 그간 세상물정 많이 배웠겠구만. 너무 상심하지 말아. 우리 여선교회와 의논해서 좋은 소식 들려줄게."

한줄기 희망이 다시 생겼다. 그리고 다음날 목사님은 헌금 100만 원을 더 보내주셨다. 할렐루야가 저절로 나왔다. 얼추 금액을 갖췄으니 이젠 다시 주님이 인도하실 약속의 땅을 찾아야 했다.

그때 다시 돌아본 곳이 인천이다. 내가 나고 자란 곳, 넉넉지 않고 발전 가능성도 거의 없는 곳이지만 가장 편안하고 익숙한 곳이다. 80년대 때의 인천은 낙후될 대로 낙후된 지역이었다. 좀 더 성공적인 목회를 바랬다면 어떻게든 중심 도시로 갔겠지만 주님은 나의 걸음을 잡아 두셨다.

'이곳이 너를 위해 준비한 황금어장이다'

예수님께서 베드로에게 깊은 데로 가서 그물을 던지라고 명하실 때 경험 많은 베드로는 그곳이 황금어장이 아니란 것을 잘 알고 있었을 것이다. 그럼에도 순종하고 행했을 때 그물이 찢어지는 복이 임했지 않은가? 나 역시 인천이 그 황금어장이 될 것을 믿었다.

한 해가 두 달 밖에 남지 않았던 때라 마음은 점점 다급해지는데 하루는 부동산 업자가 연락을 해 왔다. 건물은 아닌데 그 가격에 마땅한 주택이 나왔다며 보러가자는 것이다. 주택이라면 더욱 가격이 맞지 않을텐데 이상한 일이었다.

　업자와 찾아간 곳은 작전동이었다. 작전동은 마치 성과 같이 고립된 지역이었다. 외지에서 들어오는 사람들도 없었고 들판이 더 많은 곳, 싸고 싼 집을 찾아 돌고 돌아 어쩔 수 없이 정착하게 되는 곳이 작전동이었다.

「삼우주택」,

　찾아간 곳엔 현판에 글씨가 쓰여져 있었고 얼마 전 지어진 터라 그나마 깨끗해 보였다. 업자가 나를 잡고 중앙을 지나 구석진 곳으로 들어갔다.

　"이 집이 정말 싸게 나왔어요. 원래 그 가격으로 어림도 없는데 워낙 입주한 세대가 없다보니 할 수 없이 내놓는 거래요. 그러니 누가 채가기 전에 얼른 계약하세요."

　동네에는 삼우주택과 풍림주택을 포함한 80세대 정도가 들어섰고 우리가 갔을 땐 집이 나가지 않아 애를 먹고 있었다. 그곳을 둘러보면서 우선 가격에 맞는 집이 있다는 사실에 감사했고 주택이기에 교회로 쓰면서 사택도 겸할 수 있으니 좋은 조건이란 생각이 들었다. 돌아와 그 주택을 놓고 기도를 하는데 시온교회를 개척할 때처럼 평안함이 밀려왔다. 하나님의 응답이 분명했다.

　"좋습니다. 이곳으로 결정하겠습니다."

　그렇게 삼우주택 45호가 지금의 부평제일교회의 전신이 되었다. 교회와 동시에 집이 생긴 셈이니 하나님은 한꺼번에 두가지 문제를 해결하시는 해결사가 분명했다.

한 20여 평 남짓 되는 작은 집으로 이사한 뒤 짐도 풀기 전 아내와 함께 먼저 단을 쌓고 개척 예배를 올려드렸다. 비록 아무것도 없는 가난한 교회였지만 기쁨과 평안이 넘쳤다.

"여기까지 지켜주신 에벤에셀의 하나님! 이제 저희가 부평제일교회를 주님께 바칩니다. 시작은 미약했으나 나중에는 창대하리란 말씀에 의지해 기도를 드립니다. 이 성전이 하나님을 기쁘시게 하는 예배당이 되게 하시고 저로 하여금 사람 낚는 어부가 되어 이 일대가 황금어장이 될 수 있도록 도와주시옵소서. 모든 사역이 하나님의 영광을 드러내길 원하며 주님의 뜻이 이 땅에서도 이루어질 수 있기를 기도합니다."

이제부터 정말 새로운 시작이었다. 이 지역이 사람들의 이동이 거의 없는 고립무원이어도 상관없었다. 그런 지역적 한계로 많은 이들이 부흥이 안 될 것이라고 안타까워하는 것도 나에겐 아무 상관없었다. 하나님께서 불가능을 가능케 하실테고 이곳에 필요한 일꾼들을 보내주실 것을 믿었기 때문이다.

주택교회에서 일어난 작은 기적

부평제일교회는 한 다섯평쯤 되는 마루에서 시작되었다. 전에 사역하던 교회에서 나올 때엔 개척한다는 말을 거의 하지 않았다. 아버지께서도 그 소식이 확대되는 걸 원치 않으셨고 나 역시 마찬가지였다. 이미 교회에서 큰 시련을 겪은 뒤였기에 떠날 때는 말없이 떠나는 게 좋다는 생각이었다.

가진 돈으로 주택을 얻는 데 썼으니 예배에 필요한 물품을 구입하는 건 엄두도 나지 않는 일이었다. 급한대로 책상 위에 보자기를 덮어 강대상을 만들자 예배에 필요한 것이 갖춰졌다. 성도 한 사람 없어도 은혜가 충만했다. 첫 번째 주일 예배를 위해 일주일 동안 준비한 설교를 하는데 나도 눈물이 나고 아내도 눈물을 흘렸다. 슬픔의 눈물이 아니었다. 이 교회를 하도록 인도하신 하나님에 대한 감사의 눈물이었다.

그러나 개척 후 첫 주일 예배는 풍성했다. 우리 부부와 아버지와 형제들, 풍림주택에 살면서 개척교회가 시작된다는 말을 듣고 예배를 드리러 와 준 이길승 김순옥 성도가 모여 예배를 드렸다.

그렇게 한 주간이 흘렀을 때 반가운 분들이 찾아 왔다. 최영숙 집사님이었다. 지금은 장로님이 되신 집사님은 원래 모교였던 갈월교회의 교인이었다. 원래 부모님 집에서 세를 들어 살았는데 나를 찾아온 것이다.

"전도사님, 이제 제가 이 교회를 나올까 합니다."

"집사님, 한 영혼이 천하보다 귀하다더니 집사님이 그렇네요. 저로서는 천군만마 얻은 기분입니다. 교회 부흥을 위해 기도 많이 부탁드립니다."

뿐만 아니라 같은 모 교회에서 또 한 집사님이 우리 교회로 오게 되시어 두 번째 주일 예배엔 여덟 명의 성도로 늘어났다. 어찌나 감사한지, 보자기를 씌워놓은 강대상에서 설교를 하면서 성도들에게 고백했다.

"둘째 주 예배를 드렸는데 이제 여덟 분이 드립니다. 감사의 박수를 올리십시다."

무척 흡족한 마음으로 예배를 올려드렸다. 부모님을 비롯한 가족들 또한 모교를 섬기는 일을 멈추지 않고 동시에 우리 교회도 섬겨 주었다. 아들이 개척했다고 해서 장로가 교회를 나가는 일은 결코 있을 수 없다던 아버지의 결단도 참 존경스럽다. 어찌되었건 우리 교회는 성도 넷과 가족들의 지원으로 개척 교회를 시작해야 했다.

성도는 적었어도 각자 교회를 위해 애써주셨다. 특히 최영숙 집사님은 오시는 주일부터 국수를 끓여 점심을 대접하는 일을 계속해 주신데다 아내의 산후조리부터 지금까지 교회의 세세한 일까지 도맡아주는 일꾼이 되어 주셔서 얼마나 감사한지 모른다. 그렇게 이제 교회 내부의 일이 정리가 되자 다시 할 일을 해야 했다.

"우선 우리가 있는 삼우주택 주민들부터 복음 들고 전도해야 합니다. 작전동이 아무리 인구유입이 적다고 해서 그냥 있으면 부흥은 없습니다. 우리 이제 전도에 힘씁시다."

교회의 사명은 땅 끝까지 복음을 전하는 일이 우선이 되어야 했다. 특히 개척교회는 시작하다보니 남는 건 시간이요 복음에 대한 열정 뿐이었다. 시간과 열정이 있으니 어느 것도 거칠 게 없었다. 지금도 개척교회가 많은 어려움을 겪고 있는데 시대는 바뀌었을 지언정 열정을 잃어버려서는 안된다. 시간과 열정만 있다면 개척교회는 반드시 성공할 수 있으리란 믿음을 다시 재정비해야 한다.

나는 그때부터 시간 날 때마다 혼자 나갔다. 어려서부터 동네 형님으로 알고 지냈던 조병생 목사님이 책상 대신 강대상을 헌물해 주실 정도로 물질이 없었지만 상관없었다. 전도 전단지도 자체 제작할 여력이 없던터라 대한성서공회를 찾아가 무료로 제공하는 전도지를 받아와 우리 교회 연락처를 스탬프로 찍어 뿌렸다.

개척한 날이 11월 26일이었으니 본격적인 겨울 추위가 시작될 즈음이었지만 뜨겁게 전도를 시작했다.

"예수 믿으세요. 예수 믿고 천국 가세요."

"당신이나 믿으세요."

이런 반응이 하루에도 수 차례씩 있었다. 그래도 대꾸해주는 건 관심이 있다는 말이니 그런 사람들은 좇아가 전도지를 보여주며 반드시 말씀을 전했다. 전도지가 구겨져 바닥에 떨어져 있으면 다시 주워들어 펴서 가져왔다.

어떤 날은 대놓고 예수쟁이라 핍박하는 사람과 만나기도 했다. 사람들 앞에서 어찌나 면박을 주는지 아직 혈기왕성한 젊은 전도사의 인내심이 무너지곤 했다. 그럼에도 사람들 앞에 드러낼 수 없는 일이고 성도들에게도 마찬가지였다. 오로지 기도 외에는 해결할 방법이 없었다.

'주님, 주님의 사역을 하는데 걸림돌이 없게 하시고 지혜를 주셔서 복음 전하는 일을 하게 하옵소서'

늘 이 기도를 드리고 전도를 나갔다.

그렇게 몇 주가 지난 주일, 한 할머니가 집을 찾아오셨다.
"여기가.. 예배당이라던데.."
"네, 맞습니다. 어서 들어오세요."
홍산례 성도, 그 분의 성함이었다. 그 당시에 며느리를 보실 정도로 연세가 꽤 있는 분이신데 자발적으로 교회에 온 것이다. 새로운 성도가 들어오니 우리 교인들 모두 고무되었고 온통 기도로 관심을 쏟았다. 자신의 오라버니는 장로교회 장로이지만 신앙생활을 거부해 오던 할머니는 서서히 마음을 열었고 예배에 열심히 참석했다.
"홍산례 성도님, 저희 교인도 부족한데 봉사 좀 해 주세요."
어느 정도 신앙이 자리 잡았다는 생각이 들었을 때 교회 봉사를 부탁하니 손사레를 치시며 말씀하셨다.
"아이구 전도사님, 전 못해요. 너무 나이도 많고... 제 며느리 시키세요. 내일 저희 집 심방하시면서 며느리한테 얘기하세요."

"아, 그럼 그럴까요?"

그리하여 그 집 심방을 가게 되었다. 당연히 며느리 이야기를 하셨기에 신앙생활을 하고 있는 줄 알았는데 그게 아니었다. 며느리는 교회 한번 가본 적 없는 사람이었다. 그러니 심방을 간 나도 갑작스레 심방을 받은 그쪽도 당황스럽기 마찬가지였다.

"뭐, 오늘 심방받고 교회 나가면 되죠. 그리고 저 대신 교회 일도 우리 며느리가 하면 되구. 아가야, 그럴거지?"

뭐라 말도 못하고 앉아 있는 며느리를 보며 뒷통수가 따갑긴 했지만 이내 슬그머니 웃음이 나왔다. '이렇게도 전도하게 하시는구나' 싶어 며느리를 위한 말씀을 드리며 권면했다.

드디어 다음주, 홍산례 성도가 며느리와 함께 교회로 들어왔다. 어찌나 기쁘던지. 설교를 하다말고 내려가 손이라도 잡고 싶었다. 어떤 목사님은 10년 동안 기도하고 권면하던 한 부부가 숱하게 약속을 어기다가 교회에 나오게 되었을 때 설교 하시다말고 뛰어 내려가 얼싸 안았다고 한다. 이처럼 한 영혼을 향한 사랑이 큰데 주님은 어떠실까? 어쨌거나 부평제일교회의 첫 번째 전도열매가 열린 것이다.

감사한 건 그 첫 열매가 35년 뒤 부평제일교회의 장로님이 되신데다 우리 큰 딸의 시부모님이 되셨다는 사실이다.

전도의 첫 열매가 맺어짐으로 나는 더욱 전도에 불을 붙였다.

작전동에만 머물 것이 아니라 어장을 바꿔볼 필요가 있었다. 바로 부평공단이었다. 공단에 나가 전도지를 나눠주자는 소망이 강하게 일어나 홀로 그곳으로 향했다.

과연 공단엔 많은 청년들이 일터를 향하고 있었다 대부분 나보다 어린 나이의 앳된 얼굴들이었다. 그곳에는 일찌감치 생활 전선으로 뛰어든 삶에 찌든 청년들이 있었다.

"안녕하세요 이거 교회 전도지입니다. 예수 믿고 구원 받으세요."

"..."

처음에는 거들떠보지도 않는 청년들이 훨씬 많았다. 그들 대부분 시골에서 올라와 어렵게 생활하며 번 돈을 집으로 부쳐야 할 걱정에 허덕이고 있었다. 그들의 표정을 보는데 이상하게 마음이 짠하고 꼭 구원을 받게 하고 싶은 소망이 커졌다.

"아침부터 고생이 많아요. 근무지가 어디에요?"

"의류 공장이요."

"아, 그렇구나. 하루종일 일하느라 힘들죠?"

"..."

"바쁠테지만 잠깐 이것 좀 읽어보세요. 교회에서 나왔고 저는 전도삽니다."

"아, 네.. 교회가 어딘데요?"

때때로 전단지를 받아든 공원들은 교회를 묻기도 했다. 객지 생활을 하고 있는 그들에게는 육체의 휴식도 필요했지만 그보다는 정신적인 위로가 더 필요했다. 누군가 관심을 보이면 그때를 놓치지 않고 전도의 불을 붙였다.

"고개 넘어오면 작전동이 보여요. 여기 길도 낯설고 서투를텐데 주일날 아침 10시까지 공단 입구에 나와 있어요. 제가 사람을 보낼테니 예배에 한번 참석해요."

물론 약속을 모두 지키는 기적(?)은 일어나지 않았다. 그저 지나가는 약속쯤으로 여기고 나오지 않는 경우가 많았지만 정말 약속을 지키는 경우도 있었다. 그럴 때면 얼마나 고마운지 버선발로 뛰쳐나가고 싶은 심정이었다.

스무 살 초반, 갓 사회생활의 매서운 맛을 보고 있던 그들에게 우리 교회는 따뜻한 집이 되어 주고 싶었다.

그렇게 부평공단은 주요 전도지가 되었고 실제로 그 공단에서 우리 교회까지 찾아다니는 청년들이 나날이 늘어갔다. 그때부터 지금까지 청년들을 위한 목회 사역은 우리 교회의 빼놓을 수 없는 사역이 되고 있는데 아마 개척 초기부터 붙여주신 청년들의 뜨거운 신앙과 순수한 믿음을 보았던 것 때문이 아닐까 싶다. 다들 비슷한 또래의 청년과 전도사까지 우리 교회는 젊은 교회로 성장해 나갔고 함께 뜨거운 신앙을 체험했다. 비록 가정집에서 드리는 예배였고 물질적으로는 늘상 허덕였지만 교회에 오면 서로가 서로를 위로해주고 기도로 중보해 주었기에 그것으로도 충분했다.

마을의 중심에 교회가 서다

"전도사님, 집을 아예 구입하는 건 어때요?"

삼우주택 현장소장이 건넨 말에 순간 움찔했다. 저 분이 어떻게 나의 기도를 아셨을까 싶었다. 집 없는 설움을 잘 아는 나로서는 교회로 드려지는 성전이 온전한 우리의 성전이면 좋겠다는 생각을 하고 있던 참이었다. 또한 교회로 사용하려면 약간의 개조가 필요한데 우리집이 아니니 그것도 불가능했기에 불편했었다. 그래서 더 좋은 곳으로 예비해 달라며 기도하던 중이었는데 하나님께선 생각지도 않은 때에 현장소장을 통해 기회를 주셨다.

그동안 주택 현장소장과 총무와는 잘 지냈다. 고향이 인천이었던 덕에 집 보러 오는 사람들 중 연줄로 아는 사람들이 꽤 되었다. 그럴 때면 삼우주택을 적극적으로 소개하는 등 그로 인해 몇 채를 파는 데 도움을 주었기 때문이다. 당연히 그들은 내게 늘 고마워하고 있었는데 이번에 좋은 기회가 생겼다며 아예 구입해 보라는 권유를 했다.

"내가 이 전도사한테 너무 고마워서 파격적인 조건으로 주려고 해. 원래 여기 분양가가 1350만원인데 900만원만 내요. 어차피 이제 다 팔리고 두채만 남았으니 그냥 남는 거 없이 넘기는 거에요."

하나님은 정말 사람을 붙여서 일을 행하셨다. 그러나 물질 문제가 남아 있었다. 솔직히 손에 쥔 자금이 없으니 결정을 내리기 어려웠다. 그런데 그마저도 하나님의 계획이 있으셨다.

"그건 걱정말아요. 그냥 되는 대로 주시면 돼요. 잔금 지급까지도 기일 넉넉히 드릴께요."

하나님이 하시고자 하신다는 생각 밖에는 안 들었다. 그날부터 성도들을 모아 작정기도를 시작했다. 일을 이루시는 이, 그 일을 성취하시는 이도 하나님이셨기에 모든 것을 맡기고 기도를 해 나가니 차츰 차츰 헌금이 모였다. 그땐 얼마나 열의가 넘쳤던지 얼른 교회를 확장하고 예배 처소를 만들어 교회다운 교회로 올려드리고 싶은 마음이 간절했다. 그 마음을 긍휼히 보셨던지, 조금씩 물질이 모이게 하시더니 잔금일이 되었을 때 그 돈이 채워지게 하셨다.

그렇게 삼우주책 50호는 부평제일교회 간판을 옮겨달았고 온전히 주님의 것이 되었다. 구입한 50호는 담과 처마 사이에 공간이 있었다. 사람들이 집을 구하러 올 땐 ㄱ자 모양의 대지에 지은 집이라 호감을 갖지 않았지만 교회로서는 최적의 조건이었다.

'그래, 담과 처마 사이에 슬레트를 세우면 이 공간이 예배 처소가 되겠구나'

하나님은 그런 지혜도 주셨다. 부평제일교회는 주택과 함께 임시 예배처소를 갖춘 교회가 된 셈이다. 개척 8개월 만에 세 들어 살다가 주택을 사서 이주하게 되었으니 이보다 큰 기쁨이 없었다. 집을 옮긴 뒤에도 부평공단에서 청년들은 끊임없이 예수님을 구세주로 영접했고 교회는 계속 부흥되었다. 이제 전도사 혼자 공단 앞을 떠 돌지 않았고 성도들이 함께 전도에 동참하여 열정을 쏟았다.

그 무렵, 나는 작전동의 부흥을 위해 애썼다.

우스갯소리 같지만 당시 작전동은 그 흔한 우체통도 공중전화도 없었다. 문명의 이기와는 동떨어진 동네였다. 아무리 바깥에서 경제개발 운운하며 도시가 재건설되고 있어도 그 동네는 모두가 외면하고 있었다. 전도의 사명도 컸지만 주민들에게 교회의 역할을 보여주고 본이 되는 것도 중요했다. 원래 감리교를 시작한 웨슬레 역시 회심 이후 구원의 복음을 누구보다 열심히 전하며 많이 전도했지만 개인적인 차원에 안주하기보다 모든 사람을 향한 선포와 섬김의 행위 속에 증언해 나갔다. 그래서 우리의 회심-신앙은 선포-섬김으로 향했다.

우리 교회 역시 선포와 섬김으로 확장되는 사역에 주력해 나갔다. 한마디로 교회가 지역의 중심에 서서 봉사와 섬김을 실천해 나가기 시작한 것이다.

우선적으로 주민들이 가장 불편한 것이 무엇인지 살펴나갔다. 교회 예배가 없을 때에는 주민들과 가능한 자주 만나는 노력을 했다. 교회 전도사로 다가선다기보다 그저 동네 주민으로 다가서니 개인적으로 친분을 쌓는 일도 가능해졌다.

"우리 동네는 뭐든 제일 늦게 들어와요. 어떻게 된 동네에 우체통도 없고 전화도 없어서 어디 연락하려면 큰 일이라니까요."

"없는 걸로 치면 물도 그렇죠."

"아플 땐 또 어떻구? 병원 한번 가려면 버스를 얼마나 타고 가야 하는지 원..."

때는 이미 1980년대였지만 여전히 작전동은 70년대에 머물러 있었다. 나 역시 생활하다 보니 주민들과 비슷한 불편함을 느꼈다. 그때 지혜가 떠올랐다.

'교회가 주민들을 위해 적극적으로 나서면 이웃사랑을 실천하는 일이 되지 않겠는가? 결국 그것이 복음 전하는 일에 연결고리가 될 수 있다'

당시 우리 교회는 출석 교인이 점점 늘어났다. 대부분 공단에서 전도되어 온 청년들이었지만 그 외에 지역 주민들도 늘어나고 있는 실정이었다. 그러나 개척한 지 얼마 되지 않아 재직을 세우지 못하고 있었는데 마침 그때 한 교인이 교회를 찾았다. 사정상 인천으로 이사오게 되시면서 우리 교회를 나오셨는데, 원래 전에 출석하던 교회에서 장로 직분이었으나 내려놓게 되었다는 사정 이야기를 하셨다. 마침 재직을 세우지 못해 고민 중에 있을 때에 김병갑 장로님은 귀한 일꾼이 되어 주셨고 덕분에 임원회도 조직할 수 있었다.

임원회가 조직되면서 제일 먼저 안건을 내걸었다. 당연히 지역 주민을 위한 활동을 교회가 해 나가자는 내용이었다.

먼저 두 가지를 추진하기로 했는데 하나는 우체통 설치였고 다른 하나는 녹색전화를 설치하는 것이었다. 편지와 전화는 기본적인 의사소통 방법이었기에 임원회에서 만장일치로 결의를 하고 추진해 나갔다. 우체통 하나 설치하는 일이 뭐 그리 힘든 일일까 하겠냐만 그 당시에는 예상 외로 복잡한 구석이 있었다. 상부에 연락해서 의견을 전하고 필요성을 인정받고 실사를 나와 설치하기까지 시간이 좀 걸리는 일이었다.

그럼에도 임원회가 움직이며 나 또한 기관을 자주 찾아가 상황을 설명하여 두가지 일을 처리할 수 있었다.

지금도 기억나는 건 그렇게 설치한 빨간 우체통이다. 이제는 잊혀진 20세기의 추억이지만 그때 나는 우체통을 보면서 주민들과 함께 좋아했다.

또 전화기는 어떤가? 그 당시는 집집마다 전화기가 보급되지 않았기에 공중이 함께 사용하는 녹색 전화기가 있었다. 손으로 다이얼을 돌려 전화를 거는 방식인 녹색 전화기는 주민들의 공통된 바람이기도 했다. 그 전화기가 마을로 들어오는 날, 모두가 줄을 서서 한 번씩 돌려봤던 기억이 난다.

우체통과 전화기 설치로 주민들의 편의를 돕게 되자 주민들의 교회에 대한 이미지가 바뀌었다. 교회는 예배만 드리는 곳이라는 선입견을 뛰어넘어 누구나 드나들 수 있는 곳이란 인식이 생겼고 나 역시 그들과 스스럼없이 지내며 마을의 일을 도왔다.

특히 자동펌프로 물을 올려먹고 있는 주민들 사이에 자동펌프는 무척 중요했다. 가끔 고장 날 때가 있었는데 그럴 때면 물이 부족해서 야단이 났다. 그런 불편함을 나 역시 겪고 있던터라 아예 자동펌프에 대해 배우기로 했다. 기술자에게 찾아가 자동펌프 만지는 법을 배워가며 숙지했다.

그 결과 어느 집에서 자동펌프가 고장 났다고 하면 바로 출동해 고쳐주는 일을 도맡아 했다. 그러다가 가물어서 물이 많이 부족해질 즈음이 되었다. 집집마다 사용할 물이 없어 전전긍긍하고 있었다. 그런데 왠일인지 우리집 물은 가물지 않고 펑펑 잘 나오는 게 아닌가? 나눠주라는 뜻인가보다 하여 길 다란 호스를 구입해 부족한 사람은 모두 가져다 쓰도록 하는 등 없는 가운데 주민들과는 더욱 끈끈해졌다.

그러다보니 나는 동네에서 점차 해결사로 인정받기 시작했다. 그렇게 쌓아놓은 인맥은 훌륭한 정보가 되어 사역에 많은 도움이 되었다. 마을을 위해 일하면서도 본업은 전도사임을 잊지 않았기에 그들 모두 잃어버린 영혼으로 생각하며 복음을 전하며 기도해 줬다. 그러는 중 복음을 받아들이는 사람도 생겼고 어떤 분은 내게 도움 받은 것이 미안해 교회를 나오기도 했다. 그럴수록 지역에 대한 책임감이 더욱 강해졌다.

'어떤 일을 하면 좋을까? 내가 무엇으로 저들을 도울 수 있을까?'

그러던 어느 날이었다.

신학교 후배가 찾아왔다. 당시 이곳에서 가까운 군부대에서 근무하던 그는 자신의 선임하사와 함께 외출을 나온 상태였다. 그들은 나의 사역을 지켜보고 고민을 듣더니 이런 제안을 했다.

"전도사님, 저희가 의무대에 있잖습니까? 저희가 부대에서 약품을 취급하는데 그 약품이 남을 때가 많아요. 남은 약품은 거의 폐기 처리하는데 너무 아깝습니다. 듣자하니 이곳 주민들이 병원까지 가려면 고속도로 앞까지 나가 버스를 타고 가야 한다면서요. 약품들을 전도사님께 드리면 간단한 비상약이나 구급약 정도는 교회에서 해결하실 수 있지 않겠어요?"

순간 정신이 번쩍 들었다. 너무 멋진 해결책이 너무도 우연찮게 발견된 것이다. 나는 당장에 그래주면 고맙겠다고 하며 그때부터 약품을 제공받았다. 그들로부터 약에 대한 설명은 철저히 들었고 과용 오용되지 않도록 주의를 기울였다.

"여러분, 저희 교회에 의약품이 조금 구비되어 있으니 병원까지 불편하신 분들은 교회로 오세요. 할 수 있는 한 약을 제공해 드리겠습니다."

그날부터 교회는 동네 약방이 되었다. 수시로 주민들이 교회를 찾아와 약을 요구했다. 간단한 두통약이나 설사 약 뿐만 아니라 어떤 땐 감기약을 지어주기도 했다. 하지만 나는 분명 전문가가 아니었으므로 주의를 기울였다.

'주님, 이 환자분이 몸이 불편하셔서 약을 지어 드립니다. 이 약

은 수단에 지나지 않은 것이니 치료자이신 주님께서 이분을 고쳐주옵소서'

약을 지어주면서 꼭 이런 기도를 함께 드렸다. 그 결과 실제 병이 낫는 일이 일어나기도 하고 귀신 들린 사람에게 귀신이 쫓겨가는 이적이 일어나기도 했다. 사람은 원래 연약한 존재이기에 육신이 연약했을 때 드려주는 기도가 가장 호응이 좋은 법이다. 신유 기도를 받기 위해 오는 성도들도 늘어나면서 나 역시 기도의 깊이도 깊어지고 교회도 성장해 나갔다.

잠깐이었지만 교회는 약국 역할을 하며 이웃 사랑을 톡톡히 해냈다. 감사한 것은 비전문가의 처방이었음에도 단 한차례도 부작용 같은 것이 없었다는 것이다. 부대의 약품 제공이 원칙적으로 법에 어긋나는 것이었기에 후배와 의논하여 그만두게 되었을 때는 서운하기도 했지만 그래도 그간 교회가 지역을 위해 헌신한 일에 박수를 받았다.

그렇게 부평제일교회는 변두리 구석진 가정교회에서 마을의 중심에 서는 건강한 교회로 조금씩 성장해 나갔다.

뜻이 있으면 하나님은 생각지도 못한 길을 내는 분이셨다.

CREATION

3
황금어장으로
바꿔 주시는 하나님

 교회 건축 시작(1981)
 목사 안수식(1982)
 이동 목욕 봉사대

네 입을 크게 열라

"사랑이 많으신 하나님 아버지. 우리 부평제일교회를 사랑해 주셔서 벌써 개척 2주년을 지내게 하심을 감사드립니다. 이 시간에 바라옵기는 우리 전도사님 이제 이 교회를 더욱 부흥할 수 있도록 영권을 허락하여 주옵소서. 지금은 적은 인원이 모이지만 나중에는 창대해져 5000명 이상 모이는 교회가 되게 하시고 우리 목사님 5대양 6대주를 다니며 주님의 복음을 전하는 종으로 삼아 주시옵소서."

괜히 뒤통수가 따끔거렸다. 성경 말씀에 '네 입을 크게 열라 내가 채우리라'는 약속의 말씀이 생각나면서도 '저 권사님 너무 입을 크게 여시는 건 아닌가' 싶은 마음이 들었다. 분명한 뜻에 의지해 개척하고 교회는 성장해야 한다는 확신이 있었음에도 사람의 기준에서 바라보는 연약함이 나에게는 있었다. 그래서 그 권사님의 대표기도 시간만 돌아오면 괜시리 몸 둘 바를 몰랐다.

그런데 아무도 올 것 같지 않던 교회에 한 명 두 명 새로운 성도가 찾아오고 공단의 청년들이 교회로 발걸음을 하면서 교인이 어느새 100명을 넘어섰다.

우리 교회는 연령층이 다양했다. 청년들이 대거 오게 되면서 20대 허리 층이 단단해졌고 4-50대 성도들이 교회 일을 도맡아 해주었으며 6-70대 나이든 성도들이 청년들의 부모 역할을 자처하며 교회는 하나의 공동체로 성장했다.

주일이면 교회 부엌에선 국수 끓이는 냄새가 구수하게 온 동네에 퍼졌고 성도들은 집 앞마당에 빽빽이 둘러 앉아 음식을 나누었다. 비록 김치 하나에 국수 한그릇 뿐이지만 함께 모여 말씀을 나누고 교제하는 시간이 너무 즐겁고 정겨웠다.

하루는 주일 예배를 마치고 바깥에 볼일이 있어서 다녀왔다. 마침 앞마당에 예배 후에 돌아가지 않고 친교를 나누는 성도들의 모습이 들어왔다. 누가 봐도 참 좁은 공간인데 그곳에 끼어 앉아 있지만 즐거워하는 모습이 참으로 귀했다. 그들은 신앙생활에 관한 권면과 인생의 멘토로서 도움 되는 이야기를 나누었다. 어디에서 이런 아름다운 교제를 볼 수 있을까 싶어 눈물 나게 감사가 나왔다. 그리고 그때 더 큰 비전이 생겼다. 이런 좋은 만남을 우리만 누리게 할 수는 없었다.

'주님, 지금껏 현실에 안주하려 했던 제 자신을 회개합니다. 이제 우리 집사님의 입을 크게 여는 기도를 붙잡고 저도 기도합니다. 제 입을 크게 여니 주여 채워주시고 더 많은 이들이 구원의 좋은 소식을 들을 수 있도록 도와주옵소서. 교회에 부흥이 임하게 도와주옵소서'

그제서야 성도 5천명을 품고 기도하시던 권사님의 기도가 내 것으로 받아들여졌다. 그때부터 우리 교회는 전도에 더욱 불을 붙였다. 기도를 드릴 때는 언제나 권사님의 기도를 떠올리며 크게 채워주실 하나님을 기대했다.

한국 교회는 1970년대부터 부흥의 불을 지피기 시작했다. 그러나 길지 않은 역사 때문인지 복음을 전하는 전도 프로그램이 제대로 정착되지 않을 때였다. 그러다보니 목회자들 각자 전도 방법들을 고민하고 지혜를 짜냈다. 프로그램의 부재가 꼭 부정적인 의미만 가진 것은 아니다. 나 역시 5천명의 교회를 꿈꾸며 전도의 다양한 방법을 연구하고 성도들과 실천에 옮기는 등 노력을 했기 때문이다. 그러다보니 축호전도부터 노방전도, 오늘날의 관계 전도에 이르기까지 다양한 방법을 취했다.

"여러분, 교회가 해야 할 일은 딱 한가지입니다. 바로 복음을 전하는 것입니다. 저희 교회가 지금은 열악한 환경이라 선교는 좀 요원하지만 예수님의 제자로서 살면서 복음 전하는 일은 반드시 사명으로 여겨야 합니다. 할 수 있는 한 최선을 다해 복음을 전합시다."

이렇게 전도의 불을 붙여 나가자 작전동 일대 뿐 아니라 공단쪽 너머까지 교인이 찾아오기 시작했다. 부흥의 확신이 생긴 나는 전 성도의 전도모임을 조직해 두 사람이나 세 사람이나 이 짝을 지어 전도하도록 했고 나 역시 함께 복음을 전했다.

전도가 없는 날은 성경을 연구하며 성도들에게 말씀의 꼴을 올바르게 먹이기 위한 노력을 이어갔다. 양적성장과 질적 성장이 균형을 맞추지 않으면 의미 없는 성장이 될 게 뻔했다. 목회자의 기본적 소양은 말씀 연구에 있었기에 주일 설교를 위해 거의 일주

일을 매달릴 정도로 심혈을 기울였다. 그렇게 연구한 말씀을 전할 때면 나도 모를 파워가 전해졌고 그 영향력을 받은 성도들은 누가 말하지 않아도 모여 기도했고 복음을 전하려 애썼다.

그리고 또하나 개척 때부터 시작된 새벽기도는 교회 성장에 빼놓을 수 없는 자양분이 되었다. 어머니로부터 배운 새벽기도는 나의 일상이기도 했고 성도들과 함께 시작한 새벽기도는 하나님의 은혜를 체험하기에 좋은 시간이었다.

하나님은 특히 개척 초기부터 교회에 출석한 최복순 권사님을 통해 무척 귀한 은혜를 경험케 해 주셨다.

막내아들을 따라 이곳으로 이사 와서 우리 교회에 나오게 된 권사님은 무학자로서 시계를 보실 줄 모르셨다. 그러니 새벽기도 시간을 딱 맞춰 오는 일이 불가능했다. 연세 드신 분이라 잠이 없으셨기에 주무시다 깨면 우리 집 문을 두드리곤 하셨다.

"권사님.. 지금 새벽 2시인데 왠일이세요?"

"아이구, 전도사님. 제가 시계 볼 줄 몰라 지금 왔습니다."

"아 그러세요? 들어오세요. 우리 둘이 새벽기도 시작하십시다."

그 권사님 덕분에 나의 새벽기도 시간도 덩달아 늘어났다. 새벽 4시쯤 나오시면 조금 단잠을 잔 뒤 새벽기도를 드리는 것이었고, 일찍 잠이 깨어 새벽 2시쯤 문을 두드리면 자다말고 나와 오전 6시까지 4시간동안 기도했다. 그것도 모자라 초저녁잠을 주무신 날이면 자정이 되기도 전에 찾아오셔서 계속 기도드렸다. 처음에는 시계 보는 방법을 알려드릴까 생각도 했지만 이내 생각을 바꾸었다. 기도는 드린 만큼 성령이 더 충만해진다는 걸 누구보다 잘 알기에 오히려 감사했다. 하나님께 철저히 새벽기도 훈련을 받은 셈이니 이런 좋은 훈련이 어디 있겠는가?

"하나님, 감사합니다. 오늘은 하나님과 더 오래 대화할 수 있겠네요."

그때부터 나의 새벽기도는 결코 빼놓을 수 없는 일상이요 호흡이 되었고 성도들도 함께 새벽기도로 무장하여 성령의 충만함을 경험할 수 있었다. 그것은 교회가 질적으로도 더욱 성장해 나가고 있음을 의미했다.

이미 내 입은 크게 열려 있었다. 매일 꿈속에는 성도들로 넘치는 예배당을 상상했고 말씀과 기도와 체험이 넘치는 교회를 그렸으며, 마당에 앉아 국수 한 그릇을 나눌지언정 사랑이 넘치는 교제를 꿈꿨다. 말씀이 왕성하고 기도의 불길이 타올라 성령의 바람을 일으킨 사도행전에 나오는 초대교회는 기도하며 꿈꾼 부평제일교회의 롤모델이다.

이렇게 한 권사님의 기도로부터 시작된 5천명의 교회, 5대양 6대주를 다니며 복음을 증거하는 비전은 곧 나의 비전이자 사명으로 바뀌었다.

3. 황금어장으로 바꿔 주시는 하나님 115

꿈꾸는 성전

선배 목사님들의 이야기를 듣다보면 언제나 은혜롭다. 전쟁 이후 아무것도 없는 상황에서 천막 하나 치고 교회를 시작했던 목사님, 가마니 떼기 펴놓고 시작한 교회 등 그 분들의 눈물 섞인 개척이 없었더라면 이처럼 한국교회에 복음의 불길은 쉽게 타오르기 힘들었을 것이다. 그래서 개척으로 시작한 초라한 성전을 건축하는 일은 목사의 사명이며 교회의 커다란 숙제다.

1980년 새해가 열렸을 때 성전건축에 대한 하나님의 음성을 들었다. 처음에는 '주님, 조금만 더 있다가요' 하고 미뤄뒀으나 매번 기도할 때마다 더욱 강하게 권하셨다. 속으로는 현실적인 고민을 할 수 밖에 없었다. 현재 교회의 재정상태로는 도저히 가능할 일이 아니었다. 하지만 주택 교회에서 계속 지내는 것 역시 더 이상 불가능하다는 판단이 들었다. 진퇴양난이었다.

'이천휘 전도사야. 뭘 그리 망설이냐? 언제 너보고 하라고 했니? 내가 할 거다'

나의 갈등을 아신 하나님은 성령의 강권하심을 통해 이런 마음이 들게 하셨다. 그러자 나도 모르게 아멘이 나왔다. 입으로 아멘 하며 시인하자 오히려 속은 후련했다.

"성도님들, 하나님께서 교회 건축을 계획하고 계신 것 같습니다. 여러분도 알다시피 이미 성전은 너무 좁고 어떻게든 방안을 찾아야 합니다. 그런데 아예 새 성전을 지으라고 하시니 그 뜻에 순종할까 합니다."

성도들은 성전을 건축한다는 것이 무슨 의미인지 제대로 알지 못했다. 얼마나 큰 헌신이 필요한지 깨닫지 못했다. 하지만 하나님은 이미 선포한 내게 불도저 같은 추진력을 허락하셨고 130평의 교회 부지를 정하고 기도하게 만드셨다.

"전도사님, 임시예배처소도 꾸민 지 얼마 안 됐는데 다시 땅을 사야 한다니요. 너무 무리하시는 거 아니세요?"

교인들 중엔 반대의견을 내는 사람도 있었다. 그도 그럴 것이 대부분 사업에 실패하고 이곳으로 이사 온 가난한 형편이니 교회 건축이 큰 부담이 될 수밖에 없었을 것이다. 그렇지만 계속 교회 건축이란 소원을 두고 성령님이 행하시니 나는 그대로 행할 수밖에 없었다.

그러던 어느 날 새벽이었다. 자꾸만 건축을 밀어붙이시는 하나님께 기도로 지혜를 구하던 중 아이디어 하나가 떠올랐다. 한꺼번에 100평도 넘는 땅을 사자고 하면 서로에게 부담이 되니, 이른바 '땅 한 평 헌신하기'로 시작하는 방법이었다. 목표하는 130평의 땅을 한 평씩 나누어 130개 조각으로 나누고 각자 믿음의 분량대로 섬기도록 하는 방법을 그 날로 실천에 옮겼다.

"성도님들, 하나님께서 솔로몬을 왜 그렇게 사랑하셨습니까? 그가 왕위에 올랐을 때 다른 일보다 성전을 건축하는 일을 제일 먼저 했기 때문에 '네게 무엇을 해 주랴' 물으셨던 겁니다. 하나님의 전을 건축하는 것은 우리의 사명이요 하나님을 기쁘시게 하는 일입니다. 제가 기도 중에 하나님께서 주신 지혜가 떠올라 말씀드립니다. 130평 부지를 130개 구좌로 쪼개놓고 믿음대로 심으십시오. 한 구좌 당 20만원으로 정하겠습니다. 여러분, 인간적으로 생각할 때 어렵고 불가능해 보일지라도 하나님이 함께 하시면 가능한 일이 됩니다. 그 가능성에 함께 도전해 보십시다. 우선 저부터 일단 심겠습니다."

건축계획의 발표와 함께 건축부지 마련 헌금이 시작되었다. 130개 조각에 이천회라는 이름으로 구좌를 먼저 색칠하며 뜨겁게 기도를 해 나갔다. 그야말로 불도저처럼 밀고 나가니 반대하던 성도들도 하나 둘 헌신에 동참해 나갔다. 1구좌를 헌금하시는 집사님부터 한꺼번에 10구좌로 헌신하겠다는 성도까지 구좌가 조금씩 조금씩 채워졌다. 전도사로 사역하며 교회 건축을 지휘해 나가는 일은 만만한 일이 아니었다. 그럼에도 하나님은 그때그때 지치지 않는 힘을 주셨고 확신을 주셨다. 그땐 오로지 성전건축과 성도의 부흥에만 열중하고 있었다.

그러던 중 기도의 응답이 왔다. 하루는 한 남성이 교회로 날 찾아왔다.

"저는 대진건설의 재산을 관리하는 사법서사 사무장입니다. 저도 집사입니다. 제가 아파트에서 아래를 내려다보는데 교회가 보이길래 찾아왔습니다. 전도사님, 지금 건축 헌금 마련 중이지요? 부지는 마련하셨습니까?"

"아닙니다. 아직 적당한 곳을 못 찾았습니다."

"그렇군요. 제가 교회 인근의 땅을 아주 싸게 살 수 있는 방법을 알려드리러 왔습니다."

순간 이 분은 하나님이 보낸 사람이란 생각 외엔 들지 않았다. 그때가 건축 계좌의 30칸 정도 채워질 때였는데 건축헌금이 마련되는 것도 중요했지만 부지 선정도 중요한 시점이었다.

"땅의 면적이 194평정도 되는데요 원래 이 땅은 대진아파트를 지은 대진건설 사장의 땅입니다. 원래 아파트가 지어진 뒤 목욕탕을 지으려고 했는데 아파트 분양이 어려워지면서 이 땅을 담보로 대출을 받았어요. 그런데 대출금을 못 갚게 되면서 이 땅이 경매에 넘어갈 처지가 되었습니다."

이야기를 들어보니 꽤 유리한 조건이었다. 194평이란 말에 눈이 번쩍 띄면서도 건축구좌를 돌아보니 막막했다.

"집사님, 말씀은 너무 감사한데요.. 안타깝게 아직 물질 준비가 덜 됐습니다."

"그래도 전도사님, 놓치기 너무 아까운 기회입니다. 일단 주택은행 부평지점을 찾아가세요. 그리고 경매직전에 넘겨달라고 부탁해 보십시오. 지점장이 승낙하면 그동안 밀린 이자만 내고 대출을 승계하면서 명의를 바꿀 수 있습니다."

그날 저녁부터 194평짜리 땅이 머릿속에서 떠나질 않았다. 기도만 하면 그 땅이 아른거렸고 일면식도 없는 그 집사님이 하나님이 보내신 천사란 생각도 들었다.

다음날 아침, 일단 부딪혀 보자는 심정으로 주택은행 부평지점장을 찾았다.

"지점장님, 저는 부평제일교회 전도삽니다. 저희 교회 근처의 땅이 이곳에 저당잡혀 있다고 들었습니다. 지금 우리는 교회를 지을 땅이 필요한데 마침 그 땅이 있다니 구입하고 싶습니다. 돈이 많이 부족하지만 하나님께서 축복해 주실테니 교회로 넘겨주실 순 없겠습니까?"

결연한 표정으로 이야기를 꺼냈지만 지점장이 난색을 표했다.

"제가 어떻게 생면부지인 사람을 믿습니까? 대출금 1400만원 갚으세요. 그럼 넘겨드릴께요. 그 외엔 방법이 없습니다."

딱 잘라 안 된다는 말에 실망감이 밀려왔다. 대출받은 1400만원을 내지 않으면 방법이 없다는 말을 들으며 터덜터덜 교회로 돌아오는데 어찌나 설움이 밀려오던지 눈물이 앞을 가렸다. 그런데도 그 땅에 대한 소망이 사라지지 않고 기도가 입 밖으로 나왔다.

며칠이 지난 아침, 전화가 울렸다. 그때 만난 주택은행 지점장이었다. 다짜고짜 한번 만나자는 말에 만사를 제껴두고 은행으로 향했다. 탁자를 두고 마주앉자 그 지점장이 슬그머니 웃으며 서류를 내밀었다.

"전도사님, 교회가 원하는 대로 해 드리기로 했습니다."

"네에? 아니 어떻게..."

"말도 마십시오. 고생 꽤나 했습니다. 하하~"

사정을 알아보니 이랬다. 나와 만나고 돌아간 날, 집에서 아내와 이야기를 나누던 중 우연찮게 나와 만났던 이야기를 하게 되었단다. 장로교 권사였던 그 아내는 이야기를 듣더니 다짜고짜 요구대로 해 드리라고 하더란다. 이미 늦었다고 반대했지만, 다음날 하나님은 계속 아내를 통해 기도 중에 부평제일교회를 떠올리게 하셨고 그로인해 아내도 자신에게 강권했다고 한다. 견디지 못한 지점장이 결국 방법을 알아본 뒤 내게 연락을 해 온 것이다. 하나님께서 하시겠다 하면 법도 절차도 비껴가는 법이다.

"지점장님, 저희 교회가 돈이 다 준비되지 못했는데 어떡할까요?"

"그건 방법이 있을 것 같습니다. 우선 빚을 갚지 못한 부분만 먼저 갚아주시면 경매로 넘어가는 것을 유예시키겠습니다. 그 다음에 돈을 마련하시고 구입하시는 걸로 하시죠."

그야말로 할렐루야였다. 우리는 일단 모여진 건축헌금을 이자로 은행에 갚고 나머지 일부로 땅을 구입할 수 있었다. 처음 계획했던 130평이 194평으로 넓어지는 일도 하나님이 하셨고, 마땅한 사람들을 만나 마땅한 가격으로 구입하게 하신 것도 하나님이셨다. 당시 평당 20만 원 정도 하던 땅을 7만원에 샀으니 은혜 중에 은혜였다.

그렇게 130평 조각 그림을 그려놓고 아무것도 없는 상태에서 기도로 시작했던 성전 건축은 기적같이 첫 삽을 뜰 수 있었다.

담장 너머로 고개를 들라

한 교우가 웨슬리를 찾아와 고민을 털어놨다.

"목사님, 저는 지금 살 힘이 없어 쩔쩔매고 있습니다. 어떻게 해야 이 고통에서 벗어날 수 있을까요?"

그러자 웨슬리는 바깥을 내다봤다. 소 한 마리가 담장에 가려 앞이 보이지 않자 고개를 쭈욱 뽑아 돌담장 너머를 바라보는 것이 보였다. 아마 돌담장 너머 풀밭도 있고 물도 있으니 더욱 애타게 바라보는 것 같았다. 그때 웨슬리 목사가 말했다.

"형제님, 저 소를 한번 보세요. 왜 소가 목을 쭉 빼들고 담장 건너편을 보고 있을까요?"

"글쎄요.. 잘 모르겠는데요."

"간단해요. 담장 때문에 잘 안 보이기 때문입니다. 담장보다 키가 커야 건너편에 있는 풀밭도 물도 볼 수 있기 때문에 목을 쭉 뽑는 겁니다. 형제님도 마찬가지입니다. 지금 근심과 걱정 절망이 담장이 되어 앞에 가리워져 있지요. 그런데 그것만 쳐다보고 있으니 죽을 지경이고 앞날이 캄캄한 겁니다. 담장 너머로 목을 쭉 뻗어 하늘을 바라보세요. 그 하나님을 바라보면 염려와 근심이 하나님 은혜 가운데서 녹아집니다."

교회가 건축되는 수차례 과정은 담장 안에 갇혀 근심했던 시기와 같았다. 순간순간 절망과 근심에 휩싸여 살기도 했다. 성전을 건축하는 일은 그만큼 영적인 세계의 방해와 함께 환경적인 공격의 연속이었다.

하나님의 인도하심으로 땅은 매입했지만 덜렁 땅만 있는 상태였지 건물을 올릴 엄두조차 내지 못하는 상황이었다. 성도들이 어려운 가운데 헌신하고 있는 상황인데 이제 교회를 지어 올리자는 말까지 하면 시험에 들지 않을까 겁이 났다.

'주님, 성전을 지어야 하는데.. 어찌해야 할까요...'

노는 땅을 보면 속이 타들어갔지만 결단을 내리지 못하고 있었는데 하나님께서 자꾸만 마음에 교회 건축을 강권하셨다. 당신은 땅을 원하시는 게 아니라 아름다운 성전을 원하신다는 것이다. 다시 마음이 뜨거워졌다. 당장 임원회를 열고 건의했다.

"여러분, 하나님께서 땅을 구입하게 하셨는데 그대로 둔다는 건 하나님의 뜻이 아닙니다. 물론 많이들 힘드시겠지만 이제 교회 건축을 해야겠습니다."

"네에? 아니 전도사님, 뭘 갖고 짓습니까?"

"기왕 빚지고 땅을 샀지만 교회를 부흥시켜서 갚아주실 걸 믿고 시작하십시다."

"전도사님, 너무 몰아치시니 정신이 하나도 없습니다. 몰아쳐도 너무 몰아치십니다."

임원들의 반응이 이렇게 싸늘하니 성도들 반응은 더할 것이었다. 그럼에도 하나님은 교회 건축을 멈추게 하지 않으셨다. 당신의 계획대로 밀고 나가게 하셨다. 교회로 사용하고 있는 삼우주택을 팔아 그 돈으로 건축하자는 의견에 다늘 미적미적 동의하지 못하고 있는데 감사하게도 김병갑 장로님이 동의를 해 주며 교인들을 설득해 주셨다.

이왕 건축하기로 한 일이니 계속해서 밀어부쳤다. 아직까지 주택을 보러오는 사람은 없었기에 죽기 살기로 기도하기로 작심했다. 한참을 기도하다가 아예 기도원으로 들어갈 작정을 하며 짐을 챙기고 있는데 전화벨이 울렸다.

"삼우주택 50호 주인이시죠? 지금 그곳을 사시겠단 분이 나타났어요."

"네에? 아니…어떻게…"

사실 많은 이들이 말하기를 우리 주택은 대지가 ㄱ자 형태이기 때문에 팔리기도 어려울 뿐 아니라 제 값 받는 건 기대하지도 말라고 했다. 그런데 우리 교회에 나오시는 유예숙 권사 친정아버지께서 아는 사람에게 주택을 보여주었는데 그분이 굳이 우리주택을 사겠다고 찾아오신 것이다.

"계약하겠습니다. 저는 이 기억자 대지가 아주 마음에 듭니다. 기억(ㄱ)자 구조여서 방 두 개를 더 들여 세놓으면 되겠네요. 그리고 이 슬레트 지붕의 목재는 자재로 쓸 수 있을 것 같습니다."

하나님은 불리한 조건도 유리한 조건으로 변화시켜 문제를 해결하신다. 1년 전에 1,150만원을 주고 샀지만 부른 가격은 한참 위였다. 무리가 있는 금액이었지만 이 금액이 없으면 공사가 시작도 안 되었기에 눈 질끈 감고 가격을 불렀고 감사하게도 그 분은 한 번에 승낙하시며 1,750만원의 값을 치러주었다.

정말 눈 깜짝 할 사이에 집을 팔고 사는 문제가 해결되었다. 게다가 600만원이란 큰돈의 이익을 남겨주시니 그 돈으로 일단 건축에 착수할 수 있다는 생각에 뛸 듯이 기뻤다.

먼저 교회 건물에 대한 설계 작업에 착수했다. 예산이 빠듯하니 설계사무소에 의뢰하는 일은 불가능했다. 묘안이 없을까 곰곰이 생각하고 있는데 마침 며칠 전에 다녀온 구청 건축과가 떠올랐다.

'아… 그래 일단 구청에 부딪혀보자'

무작정 구청 건축과로 찾아가 건축계장에게 다짜고짜 우리 교회 사정 이야기를 했다.

"그래서 저희가 설계를 먼저 의뢰할까 하는데요… 저희 조건을 맞춰줄 마땅한 설계사를 아실 것 같아서요."

"길을 잘못 찾아오셨습니다. 구청 건축과는 설계사무소에서 하는 일을 감시하는 조직인데 저희가 어떻게 소개를 합니까?"

건축계장은 펄쩍 뛰었지만 나는 그 이면에 도와주고 싶어하는 마음을 읽었다. 몇차례 설득하자 자신과 선후배 사이인 세기 건축의 김철기 소장 이야기가 나왔다. 됐구나 싶어 그 길로 세기건축을 찾아가 김 소장과 만났다. 먼저 구청 건축계장 이야기를 하니 훨씬 만남이 부드러워졌고 끈끈한 연대감이 생겼다. 우리 교회 이야기도 자연스럽게 나왔고 곧 본론으로 들어갔다.

"소장님, 저희 교회 부지가 190평이 좀 넘습니다. 건물은 교인들의 숫자도 있으니 300평 정도로 설계를 해 주시면 좋겠습니다."

"네? 전도사님, 자금 사정도 좋지 않으시다면서 무리하셨다가 큰일 납니다."

"모르는 바 아닙니다만 걱정 마십시오. 하나님이 하십니다."

김 소장은 무작정 밀어붙이는 나를 정신 나간 사람처럼 보면서도 따라 주었다. 그 날로 신축 교회는 건축 설계에 들어갔고 나는 기도방으로 들어갔다.

1981년 교회기공예배를 드렸다.

연건평 160여평 지하 58평, 지상 1층 99평, 부대건설 3평의 꽤 큰 규모였다. 땅을 파고 고르고, 골조를 세우고, 시멘트를 바르는 과정이 이어지면서 예상했던 비용은 이미 훨씬 초과됐다. 지하실 땅 파서 뚜껑을 덮고 보니 돈이 다 떨어졌다. 공사하는 목수에게 공사 설계를 보여주며 외상공사를 부탁하니 그만 끝내겠다며 기둥만 세워놓고 가 버렸다. 어찌나 마음이 아픈지 지하실 바닥에 앉아 울며 기도했다.

기둥만 세워놓은 곳에서 여름내내 예배를 드렸다. 그러다보니 김준성 장로를 비롯한 교인이 자발적으로 공사에 달려 들였다. 공사가 중단된 것을 안 모 교회인 갈월교회 신억균 목사님과 장로님들 몇 분이 건축에 보태 쓰라며 건축비 100만원을 지원해 주셨을 땐 눈물을 흘리며 기쁨의 기도를 드렸다.

감사함으로 돈을 받아들고 그 해 겨울을 나기 위해 성도들과 함께 기둥만 세워진 지하를 벽돌로 쌓았다. 아는 사람들을 총동원해서 겨우 외장공사를 하고 예배를 드리니 눈물이 앞을 가렸다. 하나님께서 이런 연단과 고난을 겪게 하면서 성전을 짓게 하신 이유가 분명히 있을 것이지만 인간적으로 볼 때는 성도들에 대한 미안함과 안타까움, 서러움 등 갖가지 감정이 복 받쳤다.

돈이 생길 때마다 공사를 진행하다보니 중간에 중단되는 일이 잦았다. 하수구도 제대로 못 빼고 그냥 짓다가 물이 들어와 지하에 흥건하게 차는 일도 있었다. 그래도 교인들은 묵묵히 따라주었다. 다들 내 교회를 짓는다는 마음을 가지고 있었던터라 지하실에 물이 차도 물 퍼내는 일을 기꺼이 함께 했고, 여성도들은 밤참까지 해오며 서로 힘을 합해 일을 하곤 했다.

그러나 점점 자금에 대한 압박이 나를 몰아 세웠다. 돈이 생기면 감사하기가 무섭게 건축비용으로 금새 달아났고 어느새 중도금을 치를 날이 가까워오면 하나님 앞에 무릎부터 꿇었다. 울며불며 기도하고 기도를 마치고 나오면 통장을 찍어보며 잔액을 확인했다. 눈물지으며 터덜터덜 교회로 돌아오길 반복했다. 대금일이 닥칠 때마다 업자들에게 사정을 했다. 어렸을 때부터 약속에 대해 철저했던 나로서는 대금 날짜를 지키지 못한 것에 대한 스트레스가 엄청나게 컸다. 했던 말에 대해서는 100% 책임져야 한다는 철칙이 있었건만 그것을 깰 수밖에 없는 현실이 괴로웠다.

"한번만 더 연기해 주세요. 다음 번엔 꼭 지키겠습니다."

사정해서 보름 정도 기한을 연기하면 찜찜했지만 그 날은 그래도 다리 뻗고 잘 수 있었다. 그러다가 다음날 깨면 또다시 15일의 공포가 시작되었다. 이런 애타는 마음을 성도들이 모를 리 없었다. 다들 자기 일처럼 안타까워하며 양껏 헌신하지 못하는 현실에 눈물지었다. 가족들의 재산이란 재산은 다 담보 잡혀 돈을 마련해서 일부를 갚기도 하고, 제2금융권에 대출을 받는 일까지 감행했지만 그마저도 여의치 않았다. 그렇다고 성도들의 집을 담보로 대출을 받는 일은 할 수 없었다. 그런 일로 인해 교회를 떠나는 일이 벌어지면 안 되기 때문이다.

그러나 건축비를 맞추지 못해 업자에게 또한번 사정할 수밖에 없었다. 어느새 세 번째로 약속한 날짜는 다시 코앞으로 다가왔고 나는 거의 포기 상태였다.

"주님, 이대로는 도저히 안되겠습니다. 아는 사람에게 돈을 꾸는 것도 이젠 바닥났습니다. 제가 아는 한 더 이상의 방법은 없습니다. 차라리 저를 데려가십시오. 고통 없고 걱정 없는 천국이 더 좋겠습니다."

이런 기도가 저절로 나왔다. 잠시 뒤엔 교회 건축 다 포기하고 멀리멀리 도망을 갈까하는 생각도 들었다. 벼랑 끝에 다다른 기분이었다. 완전히 내 속의 것들이 부서지고 있었다. 자존심도 오만함도 패기도.

그런데 신기하게도 내 안의 것들이 산산히 부서져 내리는 것을 체험하는 순간 하나님의 손길이 느껴졌다.

헨리 나우웬은 '부서짐이 은혜의 사건임을 깨닫는 것은 복된 깨달음'이라고 말했다.

「어느 날 네덜란드 텔레비전의 저녁 프로그램이 아직 기억에 생생하다. 진행자가 말라서 굳어 버린 흙에 물을 쏟아 부으며 말했다.

"보십시오. 흙이 물을 받아들일 수 없고 아무 씨도 자랄 수 없습니다."

그리고 손으로 흙을 부순 다음 다시 물을 붓고 말했다.

"부서진 흙만이 물을 받아들이고 씨가 자라 열매를 맺게 할 수 있습니다."

이것을 보고 나서 나는 성찬예식을 통회하는 마음으로 시작한다는 것이 무슨 뜻인지 알아들었다. 하나님의 은총의 물을 받아들이기 위해서는 부서져 열린 마음이 필요하다.」

나 또한 가장 힘들고 고통스런 순간 부서졌고 마음이 열렸다. 하늘만 바라보게 되었다.

두 렙돈들이 모인 성전

하루는 건축비 압박에 시달려 은행과 지인을 찾아 다니다 허탕을 치고 돌아오는 길이었다. 땅바닥만 바라보고 걷고 있는데 저 멀리서 교회 집사님 한 분이 헐레벌떡 뛰어 오는 모습이 보였다.

"전도사님, 정용수 권사님이 사라지셨다네요."

"네? 권사님 몸도 불편하신데 어떻게.."

"그러게요. 집에 아직까지 들어오지 않으셨다는데요?"

정 권사님은 개척 초기 우리 집 옆방에 세들어 살며 교회일에 헌신하셨던 분이다. 안타깝게도 중풍으로 쓰러져 거동이 불편하셨는데 가족들도 모르게 집을 나가셨다니 보통 심각한 일이 아니었다. 얼굴이 새하얗게 질려 온 성도가 권사님을 찾았는데 저녁 늦게 돼서야 부평쪽 어느 대로변에 서계시다는 연락이 왔다. 서둘러 권사님을 모시러 가족과 함께 갔더니 그곳에 계셨다.

"권사님, 어떻게 여기로 오셨어요. 다들 얼마나 찾고 걱정했는데요."

"전…도… 사‥ 님, 교‥교회.."

발음이 어눌하신 권사님은 계속 무언가를 설명하셨다. 사연인 즉슨 개척 멤버였던 권사님은 교회 일이라면 열일 제쳐두고 헌신했는데 가정 형편은 넉넉지 않으셨다. 교회는 부흥되고 건축을 위해 다들 애쓰는데 본인은 도움을 주지 못해 그것이 마음에 걸리셨나보다. 그런 이유로 그 날은 작정하고 불편한 몸을 이끌고 집을 나섰다. 주택복권을 사러 나가신 것이다. 그거라도 당첨되어 건축에 보탬이 되고 싶었다며…

어눌한 말투로 복권에 당첨되서 건축 헌금을 내고 싶다던 권사님을 와락 끌어안는데 눈물이 핑 돌았다.

"권사님. 고마워요. 그 마음에 제가 정말 감동받았습니다. 근데 권사님, 꼭 물질로만 헌신할 수 있는 게 아니에요. 권사님께는 누구보다 뜨거운 기도의 열정이 있으시잖아요. 기도해주시면 돼요. 그러니 절대 이런 일 하지 마세요."

이런 성도가 있다는 건 목회자로서 커다란 행복이었기에 얼마나 감사했는지 모른다. 어떤 날은 건축비를 마련하지 못하여 홀로 끙끙 앓으며 기도하고 있으니 어린 시절부터 친숙했던 친구가 성령의 인도하심으로 돈을 놓고 가기도 했다.

뿐만 아니었다. 사정이 여의치 않은 상황에서도 자신의 것 이상을 드림으로 심고 거둠의 법칙을 체험한 분들도 많다. 어떤 성도는 도저히 땅 한 구좌도 못 드리겠다며 울며 쌀봉지를 들고 오기도 했고, 또 어떤 분은 건축 공사 현장에 나와 벽돌을 들어 나르며 일을 돕기도 했다.

"집사님, 교회는 돈으로만 지어지는 게 아니에요. 우리에겐 가장 강력한 기도라는 무기가 있잖습니까. 기도로 헌금해 주시면 됩니다. 전 그게 더 필요합니다."

부모 마음이 잘 되지 않은 자식에게 더 신경이 쓰이는 것처럼, 목회자가 되어 보니 사는 환경이 팍팍한 이들을 향한 애처로움이 더 컸다. 나는 그들이 미안해하지 않도록 더 강력한 헌금인 기도를 제안했고 그로 인해 우리 교회의 새벽기도는 더욱 불같이 타올랐다. 이분들의 기도로 1년여 간의 건축 공사가 큰 사고 없이 무사히 잘 지나간 게 아닐까 싶다.

이렇게 다양한 교인들의 헌신으로 교회가 지어졌기 때문에 새로 지어진 교회는 아름답고 소중했다.

1981년 4월 6일, 허허벌판 위에 건축기공예배를 드릴 때가 엊그제 같은데 벌써 하나님의 전이 세워져 성도들과 감격에 겨워 기쁨의 예배를 드리니 감개가 무량했다. 아무것도 없는 상태에서 땅 조각을 그려 마음에 품고 기도했다. 그러자 생각보다 더 넓은 땅을 선물받았다. 설계도면을 손에 들고 교회의 완성된 모습을 그렸다. 그랬더니 고난과 깨달음 끝에 성전이 세워졌다. 역시 하나님은 꿈꾸는 자에게 분명히 응답하셨다. 주택 목회를 시작한지 2년 5개월 만이었고 나는 여전히 전도사였지만 하나님은 상관없이 역사하셨다.

준공예배는 은혜 가운데 시작되었다.

성전은 모두 150평 규모였다. 이전에 주택에서 예배드릴 때와는 이제 모든 것이 완전히 뒤바뀌었다. 성도들의 얼굴엔 웃음이 만발했고 다들 마치 자기 집을 구입한 듯 설랬다.

"성도 여러분, 오늘은 부평제일교회의 새로운 생일입니다. 그동안 하나님께서 여러 연단도 주셨지만 결국 큰 소망을 이루게 하셨습니다. 저는 담임목회자로서 성도 여러분께 고개 숙여 깊이 감사드립니다. 우리 교회와 함께 성전 건축이란 꿈을 꾸셨고 그 꿈이 이루어지기까지 여러모로 헌신을 해 주셨기 때문입니다. 그 마음이 없었으면 건축은 불가능했을 것입니다. 정말로 감사드립니다."

그 날 준공예배에서 진심을 담아 깊은 인사를 드렸다. 주님은 과부의 두 렙돈을 귀하게 여기셨다. 그녀가 낸 헌금은 자신이 가진 생활비의 전부였고 그건 곧 마음을 드렸음을 의미하기 때문이다. 부평제일교회 건축 과정에서도 두 렙돈의 은혜가 분명히 있었다. 독지가가 후사한 것도 아니요 그저 십시일반 마음을 드리고 물질을 드림으로 하나님께 자신의 사랑을 표현했다. 그건 가장 절절한 하나님에 대한 사랑의 표현 아니었을까? 그래서 더욱 귀하다.

적극적인 신앙인

성처럼 고립된 작전동에 성전이 건축되자 많은 이들이 관심을 가졌다. 제대로 된 교회가 없는 상황에 지어진 것도 놀랍지만, 주택에서 모여 예배드리던 사람들이 예배당까지 짓고 함께 공사에도 참여하여 공동체를 만들어가는 모습에 놀라워했다. 하나님께 헌신하는 것 자체로 신앙의 본이 되었는지, 어려움 가운데 교회를 건축했지만 오히려 그것이 은혜가 되어 교회를 찾아오는 이들도 많아졌다.

교회가 지어졌지만 담임목회자로서 갖고 있는 숙제는 엄청났다. 당장 교회 재정을 안정되게 정립하는 일이 중요했다. 건축으로 인해 교회 내 여유가 하나도 없었고 선축비와 교회 운영 등 머리가 복잡했다. 게다가 100여명이 넘는 교인들을 잘 양육하고 이제 부흥으로 더욱 달려가야 했다.

나도 인간인지라 눈앞에 놓인 재정적인 문제에 목회가 발목 잡힐 때가 많았다. 그럴 때면 나도 모르게 환경을 돌아보게 되었다. 그런데 그때마다 하나님은 개척 초기의 한 사건을 기억나게 하셨다.

삼우주택에서 개척을 시작한 지 얼마 안 되었을 때였다. 교회에 새롭게 등록하겠다며 한 성도가 찾아왔다.

"어서 오세요. 교회 오신 걸 환영합니다. 이젠 하나님의 자녀가 되신 겁니다."

"네… 열심히 다닐께요."

새로 온 교인은 보험회사를 다니고 있다고 했다. 영업 사원이라 그런지 상당히 친화력이 좋았다.

그런데 얼마쯤 지나자 그 집사님이 슬슬 본심을 드러내기 시작했다. 하루는 나를 찾아와 이런 저런 이야기를 나누었는데 문득 보험이 있냐고 물어왔다.

"하하.. 집사님, 보험은 무슨 보험이 있겠습니까? 이 교회 건축하느라 돈 있는 건 전부 써 버렸고 지금도 그렇게 하고 있는데요…"

"그래도 이 보험이라는 것이 지금 당장은 아깝게 생각되도 나중에 큰 도움이 될텐데요.. 그러지 말고 목사님 보험 하나 드십시오."

참으로 난감했다. 당장 들어갈 돈이 줄줄이 서서 기다리고 있는데 매달 보험을 붓는다는 건 대단한 부담이었다.

"집사님, 제가 왠만하면 부탁을 들어드리고 싶은데요. 정말 안 되겠습니다. 도저히 여유가 없습니다. 게다가 지금 사모가 셋째를 임신하고 있는 상황이에요. 아이 셋을 키우려면 돈이 만만치 않게 들어갈 것 같습니다."

김 집사님은 나의 완곡한 거절에 실망감을 감추지 못하고 돌아섰다. 마음은 편치 않았지만 그래도 어쩔 수 없었다. 한번 거절했으니 다시는 보험 이야기는 꺼내지 않겠거니 생각했는데 그게 아니었다. 이번엔 지난번 보다 더 수위를 높여 나를 설득했다.

"전도사님, 그러지 마시고 하나 들어 놓으세요. 이 상품은요…."

나를 붙잡고 상품을 설명하면서 미래를 위해 꼭 들어놔야 한다고 했다. 이번에도 역시 적극적인 반대 의사를 보였다. 이대로 가다가는 서로 얼굴 붉히는 일이 생길 것 같다는 생각 때문이었다.

그러나 김 집사님은 더욱 적극적으로 변했다. 나와 만날 때마다 보험 이야기를 꺼내 나중엔 내가 피하고 싶을 정도였다. 슬그머니 의심도 들었다. 혹시 영업 때문에 교회에 온 건 아닌가…, 나를 너무 우습게 보는 건 아닌가… 등등 마음이 편치 않았다.

집사님은 나중에는 읍소를 했다. 영업 사원은 실적이 우선이고 자신은 한 가정이라고 감정에 호소하며 본인이 1회 보험금까지 납부해 주겠다는 초강수를 두었다.

내가 도저히 거절할 수 없는 상황을 만든 것이다. 새로 지은 교회라 목회자 사례비도 제대로 지급되지 못하는 상황이었지만 울며 겨자먹기로 보험을 들게 되었다. 생전 처음으로 보험증서를 받아들며 기쁘기보다 한숨이 꺼지도록 나왔다. 매달 어떻게 보험금을 낼 지 걱정이 태산이었다.

1회 보험금은 집사님이 대납을 해주어 그냥 넘어갔으나 2회차 대금을 부을 때부터 우려했던 일이 현실로 드러났다. 팍팍한 목회자의 형편에서 매달 들어갈 돈이 있다는 건 대단한 부담이었고, 그로 인해 돈을 낼 때마다 그 집사님이 떠올라 원망스러웠다. 왜 우리 교회에 나와서 나를 곤란하게 만들었을까. 원망스런 마음이 들다가도 이내 회개하곤 했다.

그러다 얼마쯤 시간이 흐른 어느 날이었다.

그날 나는 교회의 부흥을 놓고 울며 기도하고 있었다. 재정적인 부흥도 필요했지만 그보다 교인들을 잘 양육하여 그들을 일꾼 삼아 복음을 전하는 데 앞장서야 했다. 그런데 그것이 잘 되고 있는 것 같지 않아 하나님께 지혜를 달라고 매달렸다. 그때 기도 중에 김 집사님이 떠올랐다. 왜 하필 그분이 떠오르는지 이해가 되지 않아 다시 집중하려는데 집사님이 내게 쓰신 방법이 선명히 그려졌다. 그리곤 깨달음이 왔다.

'너는 그 집사님처럼 적극적으로 복음을 전했니? 보험을 하나 계약하려고 해도 그렇게 안면몰수하다시피 달려드는데 하물며 구

원에 대한 진리를 전하는 일에 그토록 달려들어 봤니?'

이 생각에 미치자 쉴새없이 눈물이 흐르며 회개가 나왔다. 그동안 성전 건축이다 뭐다 해서 다른 곳에 신경을 빼앗기며 살며 힘들다고 했을 뿐, 영혼 구원을 위해 그 집사님 이상 노력을 하지 않았다는 생각이 들었기 때문이다.

성전 건축이 끝난 직후 그 보험 하던 집사님이 생각난 건 하나님의 사인(Sign)이 아니었을까 싶다. 나는 하나님의 복음이라는 선물을 전하는 사람이었다. 영업처럼 이익을 남기는 일은 아니지만 그보다 더 큰 구원이란 축복을 전하는 사람이 아닌가? 그러니 더욱 적극적으로 전하는 게 맞았다.

그렇게 나는 다시 새롭게 건축된 성전에서 무릎을 꿇고 기도했다.

'하나님, 제가 다시 회개합니다. 영혼 구원에 앞장서는 건 그저 맨입으로 하는 것인데도 이평계 저 평계 대면서 사명을 다하지 못했습니다. 사명감이 부족하면 목회자로서 직업의식이라도 철저히 갖게 하여 주옵소서. 노력할 열정을 허락하여 주옵소서'

그때부터 새로 건축한 교회가 안고 있는 물질적 문제는 뒤로 하고 영혼을 구원시키는 사명을 다하기 위해 적극적으로 달려들었다. 시간이 되면 복음을 전하는 게 아니라 하나님의 사역에서 전도를 최우선시하며 모든 제도를 바꿔나갔다. 먼저 복음 전할 일꾼들을 잘 훈련하는 것이 중요했기에 말씀을 연구하는 모임을 만들고 훈련 프로그램을 만들어 기도하는 훈련도 함께 이어갔다. 그렇게 훈련이 된 청년들과 성도들과 매일 복음을 전하러 나갔고 새신자에 대한 교육도 철저히 이어갔다. 그때만 해도 복을 받고자 하는 일종의 기복신앙에 물든 이들이 많았다. 그것이 나쁘다는 건 아니지만 신앙생활이 그것만은 아니라는 걸 교육했다. 그렇게 되다보니 새신자의 정착률이 꽤 높아졌고 그들이 일꾼으로 다시 세워지기까지 오랜 시간이 걸리지 않았다.

"여러분, 하나님의 자녀라면 적극적인 신앙관을 가지세요. 구원을 선물로 받았으니 그 받은 은혜를 더 많은 이들에게 나누는 게 하나님을 기쁘시게 하는 겁니다. 적극적으로 전하고 적극적으로 기도하고 적극적으로 교회 일에 참여하세요. 뜨뜻미지근한 신앙은 입에서 토해 내라고 하셨습니다. 여기서 머무르는 건 하나님의 뜻이 아닙니다. 지금은 100명이 예배를 드리지만 100명이 200명이 되고 500명이 되고 1000명이 되는 날들을 꿈꿔야 합니다. 나아가서 수천명으로 성장하는 모습을 그리십시오. 할 수 있습니다. 두명이서 드린 예배가 100명이 된 지금 이 현실이 그 증거입니다. 우리 함께 꿈을 꿉시다. 적극적인 사람이 됩시다."

부평제일교회 성도들도 처음에는 현실에 안주하고자 하는 마음이 컸다. 그러나 훈련과 양육을 받고 복음을 전하는 일을 거듭하면서 열정을 찾아갔다. 적극적으로 변화하는 건 상당한 노력이 요구된다. 무엇보다 마음을 고쳐야 한다. 복음에 적극적인 신앙은 하나님의 기쁘신 뜻이 어디에 있는지 깨닫게 해 준다. 결국 그건 부흥과 성장으로 이어지고 개개인의 축복으로 용해된다. 우리 교회 역시 성도들이 비전 맵을 그려나가며 적극적인 신앙인으로서 결단을 내렸을 때 교회는 생동감을 찾아갔다.

요즘 개척하며 어려움을 겪는 후배들에게 주고 싶은 말씀이 있다. 마태복음 7장 7,8절인 "구하라 그리하면 너희에게 주실 것이요 찾으라 그리하면 찾아낼 것이요 문을 두드리라 그리하면 너희에게 열릴 것이니 구하는 이마다 받을 것이요 찾는 이는 찾아낼 것이요 두드리는 이에게는 열릴 것이니라"는 말씀을 하나님의 말씀으로 믿는다면 소망이 있다. 대신 온 힘을 다해 열정적으로 복음을 들고 누비며 구하고, 찾고, 두드려야 한다. 그러면 얻게 되고, 찾게 되고, 열리게 될 것이다. 내가 전도사로 개척할 때 나는 부평공단 정문 앞을 아침 출근시간, 저녁 퇴근시간에 꼬박꼬박 나가서 전도했다. 그것이 교회 부흥의 밑거름이 됐고, 그들이 지금 우리교회의 중추적 역할을 맡고 있다.

'그물을 던져야 고기가 잡힌다'는 지극히 평범한 원리를 열정적으로 실천한다면 기쁨으로 큰 단을 거두리라 믿는다.

흘려보내는 목회

목회를 오래 하다보면 가족에게 송구스럽고 미안한 가슴 아픈 일이 있게 마련이다. 내게도 그런 일이 참 많았는데 그 중에서도 특히 기억나는 사건이 하나 있다. 사모에게도 장모님에게도 지금도 송구하고 죄송스러운 일은 첫 아이를 낳았을 때 일어났다.

주택 교회에서 목회를 하던 때였다.

그때 아내는 첫 딸의 출산을 앞두고 있었다. 무거운 몸을 이끌고 교회 일을 돕는 아내를 볼 때면 미안한 마음이 들기도 했지만 고된 훈련 중이라 여기며 신경을 쓰지 않았다. 마음의 여유가 별로 없던터라 그저 가족은 주님께 맡기고 성도들 돌보느라 바빴다. 당시 형편이 뻔하니 전도사 사례비는 거의 없었다. 몇 명 되지 않은 교인으로 교회가 운영되고 있으니 오히려 부족한 부분이 많아 사비로 돈을 마련해 메워놓느라 정신이 없었다.

그러면서 출산일이 가까워졌다. 심성이 고왔던 아내는 아무런 출산 준비를 하지 못한 상태였지만 목회에 조금이라도 영향을 줄까봐 아무 내색도 하지 않았다. 내가 할 수 있는 일은 친구의 어머니가 하고 계시는 조산원에 가서 아내의 출산을 도와달라고 부탁하는 일 뿐이었다. 다행히 친구 어머니는 개척 전도사에게 그 정도는 해 줄 수 있다고 하셨다.

며칠 뒤 교인 심방을 하고 집으로 돌아왔는데 아내가 보이지 않왔다. 한 성도가 급히 알려주길 출산을 했다는 것이다. 급한 마음으로 조산원으로 향했다. 수척해진 아내 곁에 갓 태어난 딸아이가 방긋방긋 웃고 있었다. 이 상황을 어찌해야 할 지 몰라 난감했다.

"걱정 마세요. 엄마 오시라고 했어요."

"그래? 잘 됐네. 수고 많았어요. 그나저나 장모님이 정말 오시겠대?"

"우리 사정 아시는데요 뭐."

사실 장모님은 딸이 사모가 되는 걸 반대 하셨던터라 우리 집에 와보려 하지 않으셨다. 이미 목회가 가시밭길이란 걸 누구보다 잘 아셨던 게다. 그러니 차라리 안 보는게 낫겠다 여기셨겠지만 첫 아이 출산 소식에 오시겠다는 것이다. 사위로서 송구스런 마음이 컸지만 그래도 딸의 형편을 이해해주시는 그 마음에 감사했다.

다시 나가 일을 보고 저녁에 집으로 돌아왔다. 조산원에서 돌아온 아내는 아이와 함께 누워 있었다. 잠시 뒤 문이 열리며 들어오는 장모님이 보였다. 처음 우리의 결혼을 무척 반대하셨지만 어렵게 개척을 하고 있는 사위를 점점 받아들이시며 마음을 여셨던 장모님이었다. 반가운 마음에 달려가 인사를 하는데 왠 쌀 한가마니를 들고 오셨다. 왠 쌀인가 싶어 물었다.

"장모님, 힘들게 왠 쌀을 들고 오셨어요?"

"으음. 그게... 몸도 풀었다고 하고.."

어쩐지 말씀을 얼버무리셨다.

"에이, 집에도 쌀이 있는데 뭘 이렇게 힘들게.. 어?"

쌀통을 여는데 아뿔싸! 쌀통이 텅텅 비어 있는게 아닌가. 순간 장모님도 당황하신 표정이 역력했다. 내 낯빛은 붉어졌고 장모님은 미안해하는 나를 보며 무안해 하셨다. 우리는 쌀통을 사이에 둔 채 말을 잇지 못했다. 사위로서는 정말 부끄럽고 송구스러운 일이었다. 거의 1년 만에 딸네 집을 보러 어려운 걸음을 하신 건데 쌀 한톨 없는 어려운 사정을 보시게 하다니 이만한 불효가 없었다.

"장모님, 죄송합니다. 그저 죄송합니다."

알지 못했다는 변명은 비겁했다. 쌀가마니를 함께 들고 쌀통에 붓는데 촤르르 쌀알이 떨어지는 소리가 참으로 애처로웠다. 장모님은 남몰래 눈물을 삼키셨을테고 나도 죄송함의 눈물을 삼켜야 했다. 누워있는 아내라고 다르지 않았을 것이다. 어떻게든 목회에 도움을 주고자 했던 아내, 가능한 어려운 걸 티내지 않겠다고 마음 먹었던 게 분명했다.

"여보, 미안해. 아이 낳느라 고생 많았을텐데 제대로 챙겨주지도 못하고 내가 정말 미안해. 그리고 형편이 이정도 인줄도 모르고..."

"..."

뜨겁게 손을 맞잡은 그날의 일은 수십년이 지나도 선명한 추억으로 가슴에 남아 있다. 목회자로서 가난은 훈장일 수도 있지만 가족에겐 상처도 된다. 그럼에도 하나님은 그 과정을 통해 훈련하시며 연단하시는 걸 알기에 묵묵이 받아들일 뿐이다.

물질에 있어 하나님의 시험은 철저하시다.
쌀이 떨어질 정도의 궁핍함도 경험하게 하시며 곤고한 가운데 감사하게도 하신다. 때론 이런 과정을 통해 올바른 선택을 깨닫도록 인도하신다.

한참 교회 건축을 하고 있을 때였다. 하루 하루 다가오는 잔금 약속 때문에 일이 손에 잡히지 않았다. 그러다가 하늘에 모두 맡겨버리기로 하고 목양에 집중하고 있었다. 마침 교회에 나오시던 권사님 한분이 생각났다. 주일마다 예배를 잘 나오셨는데 벌써 몇 주째 권사님이 보이지 않았기에 걱정하던 터였다.

그 날 권사님이 일하시는 곳을 가 보기로 했다. 권사님은 과일 장사를 하고 계셨다. 번듯한 가게를 얻어서 장사를 하시는 것도 아니고 거의 노점에서 장사를 하고 계셨는데 막상 장소를 가보니 상황이 더욱 딱했다.

"권사님, 그동안 잘 지내셨어요? 얼굴을 뵐 수가 없어서 직접 찾아왔어요."

"전도사님! 제가 이렇게 살다보니 교회도 못 나가고.."

손을 잡아 드리는데 얼음장처럼 차가웠다. 슬슬 더욱 찬바람이 몰아칠 텐데 바깥에서 장사를 하시면 얼마나 고생스러울까 안타까웠다.

"어떻게.. 장사는 좀 되세요?"

"그럭저럭 입에 풀칠할 정도는 팔렸는데 요즘엔 장사도 안 되고 집안 형편은 더 어려워졌어요. 갑자기 돈 들어갈 일이 생기는 바람에 주일에도 장사를 안 할 수가 없어요."

권사님네 사정은 무척 딱했다. 장사 이외에 다른 수입이 없기에 장사에만 의존해야 하는 형편, 빚이 빚을 낳는 안타까운 상황에 처하셨고 설상가상으로 건강 상태도 좋지 않았다. 목회자는 성도의 아픔을 듣고 있으면 가슴이 아프고 뜨거워져 기도할 수 밖에 없다. 과일 상자들을 앞에 두고 권사님 손을 붙잡고 기도하고 있는데 자꾸만 성령님께서 권사님을 도우라는 음성이 들렸다. 당장 한푼이 아까운 교회 형편을 누구보다 잘 아실 성령님이실텐데 이 와중에 권사님 가정을 도우라니 어이가 없었다. 기도를 하면서 나도 모르게 따를 수 없다는 생각이 들었다.

'그거 있잖니. 그거..'

순간 아내의 패물이 떠올랐다. 결혼하면서 얼마 되지도 않는 패물을 해주었건만 그것 역시 성도의 아픔을 위해 미리 준비하신 물질 이었나보다. 너무나 무거운 마음으로 집으로 돌아왔더니 눈치 빠른 아내가 무슨 일이냐 물었다. 순간 모든 사실을 말할까 말까 갈등을 했다. 내가 입만 다물면 모르고 넘어갈 수 있는 일이었지만 자꾸만 성령님이 강권하시는 바람에 털어놓을 수 밖에 없었다. 어렵게 말을 꺼내는데 자초지종을 다 말해주기도 전에 아내가 조용히 일어나 패물함을 들고 왔다.

"이거 팔아서 권사님 가져다 드리면 되겠네요. 그렇게 사정이 딱하신데 교회가 가만히 있으면 되겠어요? 이거 얼마 안 되지만 그래도 도움이 되실거에요. 얼른 드리세요. 처음부터 이건 내 것이 아니라고 생각했었어요."

패물함을 건네받는데 어찌나 미안한지 고개를 들지 못했다. 그날 패물을 팔아 권사님께 전달해드려 권사님 가정은 다행히 위급한 상황에서 빠져나올 수 있었다. 아내에겐 죽도록 미안했지만 그래도 마음은 편했다. 물질을 정말 필요한 곳에 흘려보내는 결단을 내렸기 때문이다. 권사님네 가정은 그 흘려보내진 물질 덕분에 어려움을 이겨내고 다시 교회에 충성하셨다.

그러고 보면 목회는 현실적인 문제에 철저히 부서짐을 경험하는 과정이다. 특히 물질과 같은 현실적인 것에 연연하지 않기 위해서는 흘려보내는 마음이 필요하다. 그것에 사로잡혔다가는 시험에 빠지기 쉽다. 주님은 내가 목회를 시작하자마자 우리 가족에게 물질로 인한 아픔을 가르치셨고, 주님이 기뻐하시는 곳으로 물질을 흘려보낼 수 있는 연단을 해 나가셨다.

그런 이유에서인지 35년간의 목회를 하면서 물질로 인해 시험을 당하지 않고 물질에 초월할 수 있는 마음을 주셨다. 그래서 35년 내내 신나게 하나님의 꿈에 사로잡혀 주님의 일을 맘껏 해 나갈 수 있었던 것 같다.

두 손 들고 나옵니다

성전의 1차 건축을 마친 기쁨도 잠시, 교회 건축엔 수많은 난관이 줄서서 기다리고 있었다. 모든 것이 하나님의 은혜로 가능했다는 고백을 하면서도 예기치 못한 난관은 계속 되었다. 비용 문제로 공사기간이 계속 지연되다보니 공사기간 중 소방도로 계획이 발표됨에 따라 우리 교회의 1/3을 헐어야 했다.

교회는 이제 막 2차 공사에 들어가려고 하는데 예상치 못한 난관에 부딪히게 된 것이다. 확장은 커녕 유지하는 일도 힘들게 된 것이다. 인천시에 진정을 내어 보상을 요구하니 시에서도 도시계획은 발표했으나 아직 예산이 책정되지 않았기에 보상이 어렵다며 난색을 표했다.

어찌할 바를 몰랐다. 왜 이렇게 고난은 멈추지 않고 나타나는지, 하나님의 나를 향한 뜻이 과연 있기나 한지 회의가 들 때도 있었다.

당시 나는 목사 안수를 앞두고 있었다. 마음이 이러니 목사 안수가 오히려 큰 짐처럼 느껴졌다. 개척과 교회건축이 이렇게 힘든 거라면 그 짐을 내려놓고 싶기도 했다. 사실 이전까지 목회라면 교회를 짓고 교인들을 많이 데리고 있는 것이라고 생각했던 나였다. 아무리 회심을 하면서 이전 것은 버리고 새 사람이 되었다고 해도 목회에 대해서는 아직까지 미숙한 상태였다. 한마디로 진짜 목회가 무엇인지 몰랐다고 하는 게 옳았다.

그 시기에 건축의 어려움과 함께 목회에 대한 회의가 들면서 내 자신에 대해, 아니 목회자로서의 내 자신에 대해 돌아봐야 한다는 위기의식이 찾아왔다. 그래서 결단을 내렸다. 기도원에 올라가 하나님과 담판을 짓고 내려오자는 것이다.

'하나님, 정말로 제가 목회자가 되는게 하나님이 원하시는 일인지 꼭 알아야겠습니다'

그 날로 청계산 기도원으로 올라갔다. 추운 겨울의 기도원이었지만 나의 심정이 더 추웠다. 청계산 기도원엔 많은 분들이 하나님의 뜻을 구하며 애절하게 기도하고 있었다. 나 역시 그 속에 끼어 들었다.

"하나님 아버지, 저 이대로는 목사 못하겠습니다. 건축하는 게 이렇게 어려운 일인지 몰랐습니다. 아무래도 헌신할 수 없을 것 같습니다."

인간적인 고백이 이어졌다. 그곳에서는 아무도 아는 사람이 없기에 하나님과 나와 1:1 대면한다는 마음으로 금식하며 기도했다. 확신을 달라고 기도했다.

그러다가 12월 30일, 한 해를 마무리하는 기도회가 시작되었다.

그날 밤 기도원 원장님이 설교 말씀을 주시는데 '청계산 기도원에 기도하러 올라오셨으니 바로 오늘밤 다들 산에 올라가 소나무 하나씩 붙잡고 그 나무가 뽑힐 때까지 기도 하십시오'라고 하셨다.

그 설교를 듣는데 마음의 소원이 일었다. 그래서 담요 한 장과 성경책을 들고 산으로 올라갔다. 얼마나 추운지 벌벌 떨며 올라가 내가 뽑을 나무를 하나 정했다. 그리곤 나무 밑에 앉아 기도를 시작했다. 어찌나 절실했던지 소나무 하나 뽑고 내려오라는 말씀을 내게 주시는 메시지로 받아들이며 정말 간절하고 뜨겁게 기도했다. 목회의 확신을 달라고, 목사가 될 수 있겠느냐고.

그렇게 한참을 기도하다 보니 점점 마음이 뜨거워지기 시작했다. 그러더니 갑자기 뜨거운 불덩어리가 몸속으로 훅 들어왔다. 어찌나 뜨겁던지 무릎을 품은 상태에서 벌떡벌떡 뛰었다. 모르긴 해도 1미터는 펄쩍 뛰었던 것 같다. 무릎 까지는 건 하나도 아프지 않았다. 성령이 강하게 임하시니 육체적인 문제는 티끌만큼도 신경쓰이지 않았다.

성령의 불이 머리 끝부터 발끝까지 머물렀고 얼마간 계속 하나님 아버지만 찾았다. 뜨거워서 어쩔 줄 모르던 마음은 점점 하나님에 대한 사랑과 감사함으로 변했고, 마침내 하나님은 내게 확신을 주셨다.

'이천휘야. 내가 널 선택했다. 더 이상 의심 말아라. 너는 내가 선택한 나의 종이다'

그 확신이 마음 가운데 떨어지는데 나도 모르게 눈물이 쏟아졌다. 주체할 수 없는 눈물이 쏟아지면서 무거웠던 마음이 새털처럼 가벼워졌다. 바로 얼마전까지만 해도 좌절하고 낙심했던 모습들이 사라졌다. 옛사람이 죽어진 것이다.

새벽이 되어 산에서 내려올 때 소나무는 뽑히지 않았지만 나의 옛사람은 뽑혀져 있었다. 이미 나는 이전의 이천휘가 아니었다. 세상이 다르게 보였고 사람들도 다르게 보였다.

장시간 기도했던 탓인지 화장실을 갔는데, 당시 푸세식 화장실이라 깨끗하지 못했다. 게다가 관리가 잘 이뤄지지 않아 변이 산처럼 쌓여 있었다. 그러나 예전처럼 쌓여있는 오물 더미에 대한 불평이 나오지 않았다. 오히려 다음 분이 오셨을 때 불편하면 어쩌나 걱정이 되었다. 그래서 그 자리에서 무릎을 꿇고 산처럼 솟아 얼어있는 변을 손으로 잡고 꺾었다. 순간 더럽다는 생각은 추호도 들지 않았다. 모든 것을 바라보는 눈을 변화시켜 주신 것이다.

한참을 쌓인 변을 손으로 다 정리하고 편편하게 만든 뒤 화장실을 나왔다. 보이는 사람마다 인사를 나누었다. 마음 깊은 곳으로부터 오는 평안과 기쁨을 나누지 않으면 못 살것만 같았다. 나는 하나님의 선택을 받은 종이고, 보이는 이들은 모두 사랑스러운 형제 자매였다. 얼마나 큰 기쁨인지 하나님을 자랑하고 싶어 견딜 수가 없었다. 또한 근심했던 목회에 대해서도 근심은 티끌 한 점도 없었다. 걱정 근심이 사라지고 기쁨만 가득찼다.

목사 안수를 앞두고 찾은 기도원에서 나는 두 번째로 거듭났다. 엑스플러 74 대회에서 뒤집어지며 구원의 확신을 얻고 종으로서 살아가겠다는 헌신을 했다면, 청계산 기도원에서의 금식기도는 진정한 목회자로서 평생 헌신할 수 있는 결단의 순간이었다.

청계산에서 내려온 나는 더 이상 환경을 바라보는 사람이 아니었다. 물론 현실로 돌아오니 교회는 여전히 문제 가운데 놓여 있었다. 소방도로 공고에도 불구하고 증축을 시작하도록 밀어부쳤고 이 이유로 설계사무소에서 감리를 포기하는 일이 일어났다. 그럼에도 무허가로 2층까지 지으며 소방도로를 없애는 절차를 밟아나갔다. 하지만 그 과정들이 고난으로 여겨지지 않았다. 내겐 무엇하고도 바꿀 수 없는 하나님이 계시니 든든한 빽이 생겼다는 생각에 두려움 없는 목회를 할 수 있었다.

과연 진짜 목사가 될 수 있을까라는 의심에서 시작된 기도원 행은 결국 확신을 얻게 되는 회심의 계기가 되었고, 나는 그날로 그저 교회 크게 짓고 성도 많이 전도하는 것을 목회로만 알았던 목사에서 성도들을 진심으로 사랑하고 교회를 지어 하나님을 기쁘게 해 드리고자 하는 진정한 하나님의 종으로서 변화될 수 있었다.

1982년 감사함으로 목사 안수를 받으면서 다시 하나님 앞에 마음을 가다듬었다.

'하나님 아버지, 목사 안수는 평생 잊지 못하는, 잊을 수 없는 하나님의 상급임에 틀림없습니다. 이제 당신이 저를 선택하셨고 쓰겠다고 하셨으니 하나님이 이끄시는대로 지치지 않고 가겠습니다. 저를 들어 사용하여 주옵소서'

요람에서 무덤까지 누리는 3대 축복

가끔 부평제일교회의 부흥과 성장의 원인을 묻는 질문을 받는다.

대형교회에 비하면 큰 성장이라고 할 수는 없지만 그래도 열악한 지역에서 35년 꾸준히 목회하며 1000배 이상의 성과를 거두었으니 나름대로 성과라 할 수 있을 터, 모든 것이 하나님의 은혜라고 하지만 좀 더 구체적인 답변을 듣기 원하는 이들에겐 우리 교회만의 3대 축복에 대해 답변해 주곤 한다. 그건 바로 요람에서 무덤까지 받는 축복이다.

흔히 요람에서 무덤까지는 사람의 일생을 빗댄 표현이다. 우리 교회는 그 일생동안 흐르는 축복을 꿈꾼다.

하나님의 은총을 충분히 받고 태어나, 사랑으로 양육 받고 풍족한 삶을 누리며, 장수의 복을 받아 천국으로 가는 삶!

이것이 **부평제일교회의 3대 축복**을 말한다. 이 3대 축복은 교회가 성장하는 발판이 되었다.

첫 번째 강조한 복은 하나님의 은총을 충분히 받고 태어나는 복이다.

1981년 성전을 건축하면서 교회는 부흥했다. 입을 열어 선포한 대로 성도가 늘어났고 교회학교 아동부 학생부 청년부가 신설되는 등 점점 조직도 갖춰가기 시작했다. 이미 성도가 적을 때부터 시작한 소그룹 활동인 속회는 두자리 숫자로 늘어났고 각 속회를 이끌어갈 속장이 세워지는 등 중간 일꾼들이 늘어갔다. 그런 와중에 교회를 찾아오는 성도들의 기도 제목들도 다양했다.

"목사님, 저희 집 심방 좀 부탁드려요."

어느 날 심방 요청을 받아 집사님 댁으로 갔더니 그분이 차마 꺼내놓지 못한 고민을 털어 놓았다.

"저희 부부가 6년 동안 아이가 없어요. 그 일로 겪는 스트레스가 이만저만이 아닙니다. TV 보다가도 분유 광고가 나오면 정말이지 쥐구멍이라도 있으면 숨고 싶어요."

집사님은 어렵사리 속내를 털어놓으며 기도를 부탁했다. 나는 그 길로 그분의 머리 위에 손을 얹어 간절히 기도했다. 집사님의 태의 문을 열어 아름다운 가정을 이루게 해 달라고. 그렇게 얼마쯤 지난 어느 주일날 오후에 문이 벌컥 열리며 상기된 표정으로 그 집사님이 들어섰다.

"목사님, 저 임신했어요. 목사님 기도해 주셔서 감사합니다."

그날 우리는 두 손을 부여잡고 감사의 기도를 드렸고 귀한 자녀로 하나님의 영광이 되게 해 달라며 기도드렸다. 집사님 부부가 6년 만에 얻은 그 자녀는 교회의 큰 기쁨이 되었다.

그 기도 이후 유난히 태의 문을 열어 달라는 기도가 많이 들어왔고 그때마다 간절히 기도한 결과 아기를 갖지 못해 눈물로 기도하는 가정에 자녀가 태어나고 아들을 원하는 가정에 쌍둥이 아들이 태어나는 등 다산의 복을 받기 시작했다.

가정의 자녀가 태어남으로써 교회는 더욱 풍성해진다. 양적으로 늘어나는 것도 있지만 그것보다 자녀는 태의 열매요 귀한 선물이기 때문에 기쁨이 된다. 그래서 교회에 살아있는 생동감을 주고 단순히 태의 문이 열리는 복을 받는 것에 그치지 않는다.

바쁜 목회로 세 아이가 세상에 나와 성장하는 과정을 세세하게 들여다보지 못한 아버지였지만, 그래도 아내의 출산과 양육 과정을 지켜보면서 성도들에게 강조한 것은 자연분만과 모유수유였다. 사실 자연분만과 모유수유는 지극히 성경적인 양육 방법이다. 남자 목사가 그런 점을 강조하는 것에 대해 의아하게 여기는 사람들도 있었지만 나는 그렇게 생각지 않았다.

"성도님, 하나님은 여성에게 출산의 고통을 주셨지만 감당할 고통이었기에 주신 겁니다. 이미 출산이 가능한 상태로 창조하셨단 말입니다. 또 엄마가 직접 젖을 물려 아이에게 심장소리를 듣게 하며 사랑을 전달할 수 있도록 지으셨는데 그 권리를 왜 포기하려고 하세요? 그건 전혀 성경적이지 않은 방법입니다."

자녀의 출산 문제로 상담을 하는 경우 무조건 강조했던 점이다. 물론 시대가 좋아지고 의술이 발달하면서 너도 나도 제왕절개다 분유수유다 해서 방법을 택한다지만 나는 동의하지 않는다. 어떤 성도는 진통을 하다가 시간이 너무 오래걸리자 전화를 걸어왔다.

"목사님, 어떡할까요? 병원에선 수술을 하자고 하는데 어떻게 해야 할지.."

"집사님, 그래도 자연 분만이 제일 좋습니다. 아주 특별한 문제가 없는한 할 수 있어요. 이쪽에 아는 병원과 연결해 드릴게요. 모시고 오세요."

분명한 확신이 있었기에 출산을 앞둔 임산부를 아는 병원으로 모셨고 간절히 기도했다. 그 성도는 우리들의 간절한 기도와 함께 건강한 아이를 자연분만으로 낳았다. 이렇듯 오랫동안 자연분만과 모유수유를 강조한 덕분인지 교인들 대부분 출산의 복을 대대에 누리고 있다.

두 번째 강조한 복은 풍요의 복이었다.

태어날 때 받는 복으로 끝나선 안 된다.

하나님의 자녀로 태어났으면 무엇보다 풍요의 복을 누리는 게 당연하다. 믿는 자들은 많이 나누며 사랑을 실천해야 하는데 그러기 위해서는 풍요로운 생활을 해야 한다.

"여러분, 될 수 있는 한 물질을 많이 버세요. 하나님은 풍요를 원하십니다. 가난하게 되는 걸 원치 않으시니 꾸어주되 꾸임 받는 사람이 되지 마세요."

물질은 무척 민감한 것이다. 현혹되어서는 안 되지만 소신만 확고히 정립된다면 풍요로움을 누리고 더 많이 나누면 된다. 특히 우리 교회는 크고 작은 사업을 하는 분들이 많았다. 또한 그리 잘사는 동네가 아닌 곳에 있다 보니 물질로 인해 어려움을 겪는 분들이 많았다. 사업을 하다가 어려움을 겪어 이곳까지 흘러온 분도 계셨고 완전히 망해서 들어오신 분들도 있었다. 그런 교인들이 생겨나면서 동시에 목사로서 책임감도 느꼈다. 저절로 그들을 위한 기도가 나오며 우리 교회가 풍요의 복을 누려 풍요의 본이 되길 기도하기 시작했다. 복의 근원이 되는 교회를 꿈꾸었다.

'하나님, 우리 교회 성도들에게 물질의 복을 허락하여 주옵소서. 30배 60배 100배의 축복을 허락하시되 그 받은 복을 더 많이 나누고 싶어서 하나님께 영광이 드려지길 원합니다'

기도 카드를 들고 기도할 때마다 물질의 복을 받기 위한 기도를 멈추지 않았다. 그뿐만 아니라 사업하시는 분들과 만나 기도하며 이야기하며 지혜를 나누었다. 단 한 번도 사업이나 직장 생활을 한 적이 없는 목사였지만 중요한 건 주님 주시는 지혜였다. 그러다 보니 성경에 있는 하나님의 방법들을 이야기 나누다 보면 그 안에서 분명히 아이디어를 얻고 사업과 접목시키는 경우가 많아졌다.

특히 우리 교회에서 오랫동안 장로님으로 수고하고 계시는 한 장로님은 맨주먹으로 사업을 시작하셨다가 지금은 연매출 수백억에 이르는 기업의 CEO가 되어 하나님 사업에도 충성을 다하고 계신다. 그 장로님은 사업이 부침을 겪을 때면 나와 이야기를 나누고는 번번이 감사의 고백을 하기도 하셨다.

"목사님, 제가 요즘 사업 때문에 힘들었는데 목사님 말씀 듣다 보니 좋은 생각이 떠올랐습니다. 아이디어가 생겼어요."

"아… 그랬습니까. 다행입니다. 저는 그저 말씀을 전할 뿐인데 장로님께서 지혜롭게 잘 받아들이신 덕분이지요."

　장로님은 고비마다 기도로 지혜로 잘 넘기셔서 오늘날 큰 사업체의 수장이 되실 수 있었다.

　장로님뿐만이 아니다. 처음에 교회를 세우면서부터 기도했던 물질의 축복이었기에 많은 분들이 증거가 되셨다. 쫓겨 오다시피 인천으로 오게 된 성도들은 대부분 경제적인 문제에 직면해 있었다. 그 사정을 모두 알았던터라 더욱 물질의 축복이 중요했다. 그들에게 물질은 하나님께 속한 것이고 하나님께 더욱 헌신하고 풍요를 꿈꾸며 기도하면 반드시 축복은 다가온다는 메시지를 전했다. 패배주의에 젖어있던 성도들은 조금씩 일어났고 더 열심히 살려고 노력했다. 사업을 시작할 때나 부침을 겪고 있을 때면 언제든지 만나 하나님의 지혜를 구하고 기도함으로 숙제를 해결해 나갔다.

　감사하게도 물질의 축복은 우리 교회의 자랑이 되었다. 교회에 와서 축복받지 못한 성도가 없을 정도로 주님은 물질의 복을 부어 주셨다. 거기서 그치지 않았다. 축복으로 받은 물질을 흘려보내는 일은 더욱 중요했다. 덕분에 교회가 할 수 있는 구제 사역의 범위도 넓어졌고 교회 역시 풍요를 창조할 수 있었다.

　물론 그 와중에 문제도 있었다. 인천이 서울과는 가까우면서도 질적인 면에서 차이가 있던터라 이곳에 들어온 성도들 중에 웬만큼 자리가 잡히면 서울로 다시 나가려는 분들이 많아졌다. 물질 축복을 받음으로 그 현상이 더 심해져 나름 고민도 생겼다. 신앙이 자리잡힐만 하면 이사를 가겠다는 통에 목회가 제대로 되지 않을 지경이었다.

'주님 이제 어떡합니까? 성도들이 자꾸 이동하는 틈에 목회가 잘 되지 않습니다. 이제 우리 교회가 작전동 지역 뿐 아니라 성도들이 이사 간 지역까지 통합하여 흡수할 수 있는 교회로 성장시켜 주옵소서'

간절한 기도와 함께 노력을 해 나갔다. 사실 먼 지역에서 인천까지 교회를 나온다는 건 쉬운 일은 아니다. 그렇다고 불가능한 일도 아니다. 마음만 있으면 가능한 일이었기에 나 역시 피나는 노력이 필요했다. 이사를 가도 나오고 싶은 교회가 되려면 우선 말씀으로 왕성한 교회가 되어야 하고, 기도로 충만해야 하며, 사랑으로 교제되는 교회가 되어야 했다. 성도들에게도 그런 교회가 될 것을 약속하며 함께 노력해 나갔다. 또한 속회에도 신경을 많이 썼다. 서울로 이사 간 성도들을 위해서는 그들의 시간에 맞춰 나와 사모가 직접 서울로 가서 속회를 인도할 정도로 정성을 쏟았다.

결국 이러한 노력의 결과 타지로 이사를 가게 된 성도들은 자연히 주일이면 인천으로 돌아왔고 그게 당연한 일이 되었다. 지금도 우리 교회 교인의 60% 이상이 타지에서 오시는 분들이고 그분들은 너무도 당연히 교회를 섬기고 계신다.

"목사님, 거리가 뭐 문제가 되나요? 믿음이 문제지요."

2시간도 넘게 걸려 우리 교회로 걸음하시는 성도들을 보면 이것이 바로 풍요로운 믿음의 축복이 아닐까 싶다.

세 번째 강조한 복은 장수의 복이었다.

목회를 하면서 한창 바쁠 때 초상이 나면 그것처럼 힘든 일이 없다. 모든 일을 멈추고 3일을 장례에 집중해야 하니 혼자 목회를 하면서 힘든 점이 이만저만이 아니었다. 게다가 좀 더 교회에 남아 주셨으면 했던 분들이 천국 가시는 일이 생기면 슬픔도 너무 깊었다. 나이가 있으신 성도님들은 목회자의 좋은 동반자가 되었다. 심방을 하러 갈 때도 함께 하기에 좋았고 특히 오랜 신앙생활을 통해 기도의 용사들이 되셨기에 더욱 귀했다. 그분들을 빨리 잃는다는 건 너무도 큰 손해였다. 그래서 노인들의 장수를 위한 복을 기도하기 시작했다.

'주님, 우리 교회가 노인들이 장수의 복을 받는 교회가 되길 원합니다. 모세도 80세에 하나님의 택하심을 받아 120세까지 일을 했는데 우리 교인이라고 못할 게 뭐가 있겠습니까. 제 곁엔 그런 든든한 용사들이 필요합니다. 건강하게 오래토록 신앙생활 하며 교회를 지켜줄 노인 성도들이 많아지길 기도합니다'

그런 기도 덕분인지 우리 교회는 노인 성도들이 많아졌다. 지병을 갖고 계신 분들도 그 병이 더 악화되지 않은 채 신앙생활을 유지해 나가셨고 대부분 건강하게 삶을 영위하며 장수의 복을 누리신 것이다. 그러다보니 교회의 연령층이 다양해지고 든든해지는 축복이 임했다. 많은 아이들이 태어나고 풍요로운 삶을 누리되 오랫동안 건강하게 삶의 축복을 받고 요람에서 무덤까지의 축복을 모두 얻은 셈이다.

지금도 나는 그 3대 축복을 위해 늘상 기도한다. 그리고 그것이 우리 교회의 축복의 전통이 되길 소망한다.

깊고 넓은 기도의 닻을 내려라

"목사님, 한 집사님 댁 심방을 가셔야겠습니다."
"무슨 일이세요?"
"둘째가 집으로 왔대요. 교회에서 전화를 받지 않으셔서 저희 가게로 전화를 하셨더라구요. 빨리 오셔서 유아세례를 해 달라고 하시던데요."
"…"

쌀집을 하고 계시는 집사님을 통해 연락을 해온 남 집사님은 지금 우리 교회 큰 일꾼이 되신 한재룡 장로님의 부인이다. 당시 두 부부는 우리 동네로 오신 뒤 부평제일교회를 섬기셨는데 그 뒤 사업상 서울로 가셨음에도 계속해서 교회를 섬기고 계셨다.

집으로 돌아왔다는 아이는 한재룡 장로님의 둘째 아이였다. 잘 크고 있는 큰 아이에 비해 둘째 아들은 건강에 문제가 생겼다. 태어난 지 보름부터 설사를 하기 시작하더니 설사병이 낫지 않았다. 태어난 지 보름부터 석 달이 될 때까지 연대 세브란스병원 소아과 병동에 있었다. 먹는대로 설사를 거듭하니 가뜩이나 작았던 아이는 더 작아졌고 나중에는 아이 다리가 손에 안 잡힐 정도로 심각한 상태였다. 결국 병원에서도 치료를 포기하고 마음의 준비를 하라는 말을 했다고 한다. 믿음의 일꾼으로 거듭난 그 가정에 하나님이 주신 시험이셨다.

연락을 받고 세례 베풀 준비를 해서 장로님들과 함께 서울로 갔다. 한 집사님은 출장을 가시는 바람에 남 집사님만 아이와 함께 있었다. 병원에서 돌아온 둘째는 숨도 겨우 쉬고 있었다. 차마 아이 얼굴을 쳐다볼 수 없었다.

"목사님, 우리 아이 세례도 못 받고 천국 가면 안 될 것 같아서요. 그래서 오시라고.. 태어나서 제대로 일어서지도 못하고 하나님 품으로 가는데...흑흑"

우리는 서로 손을 붙들고 흐느끼며 울었다. 얼굴에 핏기조차 없는 아이는 겨우 숨만 쉬고 있었다.

그 길로 유아 세례를 베풀었다. 아이의 머리에 세례를 베풀며 기도를 하는데 웬일인지 마음 깊은 곳에서 감동이 왔다.

죽은 나사로를 살리신 예수님의 모습이 생각났다. 회당장 야이로의 딸을 살리신 예수님이 생각났다. 죽은 사람도 살리신 예수님께서 이 아이를 그냥 두실 것 같지 않았다.

'고칠 수 있다. 죽은 자도 살리시는 하나님 아닌가? 하물며 숨이 붙어 있는 이 아이도 하나님은 고치신다'는 강한 믿음의 확신이 오기 시작했다.

아이의 머리 위에 손을 얹고 세례를 베푸는 동시에 기도를 이어갔다.

"이미 죽은 나사로도 잠에서 깨어 일어나라고 하셨던 예수님, 죽은 자도 살리신 예수님께서 오늘 이 아이의 병을 고쳐 주시옵소서. 말씀은 진리라고 하셨으니 그 진리의 말씀 진리의 사건을 붙들고 기도합니다. 반드시 살려주십시오. 하나님 이 아이의 다리에 살이 붙고 호흡이 편안해지며 건강하게 회복될 것을 믿습니다. 믿음대로 된다고 하셨으니 고쳐주실 것을 반드시 믿습니다."

뜨거운 기도를 마쳤다.

심방을 마치고 돌아오는데 마음이 가벼웠다. 반면 함께 심방을 간 다른 장로님은 이러셨다.

"목사님, 기도 잘못 하신 것 같습니다. 그저 편안히 천국 가게 해 달라고 기도하셨어야죠. 그 아이 보셨잖습니까."

혹시 나에게 부정적인 영향이 미칠까 걱정되는 마음에서 하신 말씀이셨다.

"장로님, 그런 말씀 마십시오. 그 아이는 반드시 살 수 있습니다. 우리에게 겨자씨 한 알만한 믿음만 있어도 산을 옮길 수 있다고 했어요. 그 믿음만 가지면 죽은 자도 살 수 있습니다. 저는 확실히 믿습니다. 그러니 장로님도 그 아이가 일어나 걸을 수 있도록 기도하세요."

그날 이후 나는 교회로 돌아와서도 기도를 드렸다. 한 사람이 천을 쫓고 두 사람이 만을 쫓는다는 말씀처럼 성도들의 기도가 질병을 쫓을 수 있다는 믿음이 왔기 때문이다.

다음날 남 집사님께서 전화가 왔다.

"목사님, 우리 애가 어제 목사님이 심방을 하고 가신 뒤부터 설사를 멈췄습니다. 세례를 받고 난 이후부터 편안하게 자기 시작하더니 애가 나았습니다."

이미 그분 마음 속에도 확신이 들었고 성령의 감동하심이 있었기에 선포를 하실 수 있었으리라. 그렇게 그 아이는 사경을 헤매다가 믿음의 기도로 살아났다.

둘째 아이가 나음을 받고 한참이 지났을 때 한 장로님네 가정에는 큰 아이를 잃어버리는 사건이 발생했다. 당시 우리 교회는 교회 버스를 운행하며 성도들을 태워왔는데 부천쪽에서 아이와 함께 탄 아내 집사님이 다른 분과 이야기를 나누다가 아이가 차에서 내린 것도 모르고 온 것이었다.

모두가 사색이 되었다. 일단 전교인을 동원하여 아이를 찾아 나서기 시작했다. 부천쪽부터 부평을 훑어가며 뒤지는데 아이의 행방이 묘연했다. 시간은 계속 흘러가고 해는 슬금슬금 지기 시작했다. 교회는 내일부터 시작될 부흥회로 바빴지만 이 일 때문에 준비가 되지 않았다. 이대로 저녁이 되면 큰일이었다.

그 길로 찾는 것을 멈추었다. 기도 외에는 방법이 없었기 때문이다. 전교인을 모아 기도를 부탁하려는데 문득 한 사건이 생각났다. 얼마 전에 한 목사님으로부터 들은 이야기였다.

사슴 농장을 하시던 성도님이 계셨는데 하루는 사슴 한 마리가 울 밖으로 나갔다고 한다. 사슴이 얼마나 귀했는지 담임목사께 가서 사슴을 찾을 수 있게 기도해 달라면서, 사슴을 찾으면 5천만원을 헌금을 하겠다고 했단다. 헌금 때문이 아니라 그 성도님의 간절함 때문에 교인이 함께 통성기도를 했는데 신기하게도 그 다음 날 잃었던 사슴이 직접 농장으로 찾아왔더란다.

그 사건이 그때 생각난 건 우연이 아니었다. 사슴 한 마리를 찾기 위해서도 간절한 기도하는데 하물며 아이를 찾기 위해 더욱 간절히 기도해야 하지 않겠는가.

"성도 여러분, 지금 우리가 해야 할 일은 기도입니다. 인간적으로 할 수 있는 방법은 했고 이제 결과는 하나님께 맡기는 수 밖에 없어요. 사슴 한 마리를 찾기 위해서도 전교인이 통성기도를 하는데 하물며 우리 아이를 찾기 위해서는 더 기도해야 하지 않겠습니까? 이 저녁, 오로지 아이를 찾기 위한 기도에만 집중해 주십시오. 찾는다는 확신을 갖고 기도하면 반드시 그대로 이루어 주십니다. 기도의 가능성을 믿으세요."

주일저녁예배에 참석한 성도들은 뜨겁게 기도했다. 죽어가는 아이도 살려주신 하나님께서 잃어버린 아이도 찾을 수 있게 해달라는 기도를 드렸다. 온 교인이 뜨겁게 기도하며 눈물로 기도했다. 다시금 확신이 왔다. 어딘가에 아이가 꼭 있을 것만 같았다.

예배를 마치고 사무실로 돌아오는데 전화벨이 울렸다. 파출소에서 걸려온 전화였다.

"지금 저희가 아이를 데리고 있는데요. 실종신고 하신 그 아이가 맞는 것 같습니다."

응답은 즉각적으로 왔다. 정신없이 부개동 파출소로 달려갔더니 저 멀리 한 아이의 실루엣이 눈에 들어왔다. 한눈에 잃어버린 아이라는 확신이 왔다.

"마음아~~"

아이의 이름을 부르니 후다닥 뛰어와 와락 안겼다. 서럽게 우는 마음이를 붙잡고 감사의 기도를 드렸다.

"하나님 감사합니다. 찾아주셔서 감사합니다."

마음이는 잃어버린지 하루 만에 집으로 안전하게 돌아왔다.

목회를 하면서 이런 일들은 숱하게 경험했다. 결코 해결될 것 같지 않던 물질의 문제가 온 교인들의 기도로 풀리기도 하고, 질병으로 인해 고통받는 이들은 치료받고 자유케 되는 은혜도 누렸다. 그런 이유로 어떤 성도는 다짜고짜 문제만 생기면 무조건 기도해달라는 요구를 하기도 했다. 나는 그럴때마다 대답했다.

"하나님은 좋으신 분이라 달라는 기도에도 응답해 주시지만 그것보다 좀 더 성숙한 기도를 원하십니다. 기도는 드리는 것입니다. 나의 마음, 나의 믿음을 드리겠다는 고백을 먼저할 때 반드시 응답하십니다. 먼저 하나님을 기쁘시게 하는 기도가 무엇인지 고민하시고 하나님의 깊고 넓고 위대하신 능력에 믿고 맡기세요."

우리 교회는 지금도 문제에 부딪히면 온 교인이 기도의 힘을 쏟는다. 그러나 응답에 앞서 기도의 내공을 먼저 쌓으려고 노력한다. 얄팍한 기도, 급작스런 기도는 믿음의 유효기간이 짧다. 대신 깊은 기도, 넓은 기도는 조금 느릴지언정 인내와 소망의 깊은 은혜를 체험하게 해 주시기 때문이다. 그래서 성숙한 기도를 위해 더욱 노력해야 하는 것이다.

살아있는 교회

감리교의 기본조직은 속회에 있다.

속회 즉, 소그룹 활동을 중심으로 교회가 조직되고 운영되면 민첩하고 신속하게 움직일 수 있다는 장점이 있다. 나 역시 감리교인으로 신앙생활을 시작하면서 속회에 대해서는 한번도 회의를 가져본 적이 없다. 그만큼 소그룹 활동이 지닌 파급력은 교회에 좋은 영향을 주고 또 가장 성경적인 탁월한 모델이라고 생각한다.

부평제일교회가 조금씩 성장함에 따라 속회도 점차 늘어났다. 처음엔 하나의 속회로 시작했던 것이 열 개를 넘어서고 수 십 개로 늘어나는 과정에서 중요한 것은 속회를 통해 제자로 양육되고 훈련되는 프로그램이었다.

　속회는 작은 교회나 다름없는 교회의 뼈대였기에 이 모임에 무엇보다 심혈을 기울였다. 교회가 성장할수록 큰 조직을 관리하는 게 힘들어지게 마련이다. 특히 양육과 성도 관리 부분에 있어서는 더욱 그럴 수 밖에 없기에 중간 리더를 세워 관리를 하게 되는데 속회는 그 역할을 잘 감당해 주었다.

　특히 우리 교회가 축복을 받으면서 생겨난 현상은 타지에서 오는 성도들이 많아졌다는 것이다. 처음에는 이곳 주변에 계시던 성도들이 다른 곳으로 이사를 가게 된 경우가 대부분이었지만 말씀을 찾아 또는 소개를 통해 타지에서 이쪽으로 오는 분들도 계셨다. 우리 교회 인쇄물을 맡아 작업했던 성도님의 경우, 끊임없이 복음을 전한 결과 27년 만에 온 가족이 서울 마포에서 우리 교회에 나오셨다.

　그러다보니 타지에서 오는 분들에 대한 관리도 필수였다. 거리가 멀다는 이유로 웬만한 일은 빼드리는 일은 오히려 신앙생활을 느슨하게 만들 수 있다. 그렇기에 타지에 계신 성도들에 대한 속회도 빠짐없이 모였다. 대신 지역을 조금 넓게 잡아 한곳으로 묶는 등의 조직 구성을 잘 해야 했다.

　속회가 조직되면 아내와 내가 나누어 속회를 이끌곤 했는데, 세 자녀를 키우고 나중에는 교회 내 어린이집 운영을 하던 아내가 고생을 많이 했다. 외부적인 일로 내가 속회를 인도하지 못할 땐 아내가 책임지고 속회를 이끌어갔다. 그렇게 20년도 넘게 속장으로, 때론 속회원으로 섬겨주었으니 참으로 감사할 따름이다.

어쨌든 이렇게 조직된 속회는 살아있는 조직이 되는 게 중요했다. 그러려면 정기적으로 모이되 유기적으로 움직여야 했다. 특히 속회를 이끌어가는 속장의 역할이 중요했는데, 속장이 되면 그들을 위한 훈련은 필수였고 훈련받은 속장은 속회원 관리에 최선을 다하게 했다. 예배에 충실한 것은 기본이고 성도 관리와 심방 등을 담임목사와 친밀히 의논하며 전 성도의 현황을 파악할 수 있도록 관계를 유지했다.

또한 속회가 생동력을 얻기 위한 방편으로 해마다 바뀌는 방식을 선택했다. 우리 교회는 해마다 속회 조직이 바뀐다. 한번 조직된 속회가 계속 이어지는 것은 일장일단이 있다. 속회원끼리 더욱 가깝고 친숙해지고 관리가 용이하다는 장점이 있는 반면, 익숙해져 새로움이 없으며 그로 인해 익숙함의 슬럼프에 빠진다는 단점도 있다. 우리는 새로움에 중점을 두기로 하고 해마다 조직을 개편했다. 한 해는 지역을 종으로 나누어 속회를 구성하면 다른 해는 횡으로 나누어 구성하는 등 해마다 만나는 속회원들이 달라질 수 있도록 노력했다.

"목사님, 우리 속회는 그냥 놔두시면 안 될까요?"
"우리도 우리끼리 신앙생활 하는 게 좋아요."

이런 이야기를 들을 때면 매번 고민이 되었다. 그대로 두면 수고를 안 해도 되니 나 역시 편했다. 하지만 소조직의 생동감을 위해서는 단행해야 할 일이라 여기고 시험드는 성도들을 위로하며 이 제도를 이어갔다.

그러던 어느날 한 목사님과 자리를 함께 하게 됐다. 어쩌다 속회에 대한 이야기를 나누다보니 그 목사님 역시 속회를 조직하는 것에 대해 고심을 하셨고 이제 좋은 방법을 찾았다고 했다.
"권 목사님, 어떻게 하셨습니까? 저도 방법 좀 알려주십시오."
"이 목사님, 저도 고민 많았는데요 지혜를 주시더라구요. 어느 날 속회를 나누기 전에 찬송을 불렀어요.
'부름받아 나선 이 몸' 이 찬송을 부르고 속회 조직개편을 하면 대부분 수긍하시더라구요. '부름받아 나선 이 몸 어디든지 가오리다' 고백했는데 누가 불순종하겠어요? 하하하"

그 말씀을 듣고 나 역시 무릎을 쳤다. 그리고 다음 속회를 재편성하기 전 많은 기도를 드린 뒤 찬송을 부르자고 했다.
"성도 여러분, 찬송 하나 부르고 속회 조직을 발표하겠습니다. '부름받아 나선 이 몸' 부르실텐데요, 가사를 잘 음미하면서 부르세요."

그 날 부른 그 찬송은 성도들의 마음을 움직였다.
'부름받아 나선 이 몸 어디든지 가오리다.
괴로우나 즐거우나 주만 따라 가오리다'

맡은 자의 구할 것은 충성이라는 말씀처럼 성도들은 찬송을 자신이 부름 받은 몸이고 순종하겠다는 의미로 받았던 것 같다. 그 날 이후 속회로 인해 시험에 들거나 불협화음이 나는 일은 사라졌고 오늘날까지 이어지는 속회는 살아 움직이고 있다.

속회가 늘어남에 따라 교회에도 새로운 인력이 필요했다.
가능한 모든 성도들의 사정을 알고 관리하고 싶었지만 성도가 많아지면서 조금씩 힘에 부쳤다. 그런 이유로 신학교를 갓 졸업한 여자 전도사님들을 교회로 모셔 심방 전도사를 맡겼는데 분명히 도움은 되었지만 가끔 문제가 생기기도 했다.
"목사님, 저희 집 심방은 목사님께서 해 주세요."
"아니, 심방 전도사님이 계시잖아요."
"그래도 목사님이 해 주세요."
나는 경험을 통해 성도의 이런 요청은 문제가 생겼다는 신호임을 알게 되었다. 단순히 담임 목사를 신뢰하는 차원에서 하는 말이 아니었다. 바로 무슨 일인지 물어보았다.
"전도사님이 너무 형식적으로 심방을 하시는 것 같아요. 우리 집 사정은 전혀 모르신 채 와서 그냥 말씀만 전하고 기도만 해 주셔서 상처받았어요. 다른 집사님 댁에 가서는 자신이 이혼을 해서 그런지 잘 사는 가정에 가면 많이 부럽다는 말씀을 하셨대요. 그래선지 저희 가정을 위해서는 축복도 안 해주시고.."
순간 아차 싶었다. 나의 과오였다. 물론 그동안 우리 교회를 섬기신 분들 대부분은 헌신적으로 일하셨지만 그렇지 않은 경우도 생긴 것이다. 성도들의 피드백을 받고 그 길로 전도사를 호출했다. 이런 저런 이야기를 나누며 성도들의 피드백을 솔직히 전달하니 그분도 순순히 인정을 하셨다. 본인의 상황이 평탄하지 못하니 다른 성도들에게도 온전한 축복을 드리지 못했다면서.

그런데 이와 비슷한 일이 두어 번 있다 보니 담임 목사로서 결단이 필요했다. 2-3년 계시다가 다른 곳으로 가실 전도사를 모시는 것보다 담임 목사의 동반자로서 사역을 함께 할 분들을 모시는 게 더 옳다는 생각이 들었다. 그 길로 우리 교회는 부목사 제도를 도입했다. 부목사도 몇 년 있다가 로테이션하는 것이 아닌 가능한 끝까지 함께 할 수 있는 분으로 모시자는 생각이었다.

인사가 만사라는 말이 있지만 특히 하나님의 일을 할 종을 선발하는 일은 무엇보다 중요했기에 많은 기도를 필요로 했다. 새벽마다 목자들을 이끌 수 있는 선한 종을 보내달라는 기도를 드린 결과 훌륭하신 부목사님 두 분을 초빙할 수 있었다. 두 분에게 교회를 반으로 나누어 관리하도록 하되 마치 담임목사처럼 관리할 권한을 주자, 더 이상 심방이나 관리에 대한 이야기가 나오지 않았다. 물론 제직들 사이에서는 부목사의 권한이 커지는 것에 대한 우려의 소리도 나왔다. 어떤 장로님은 교회가 깨질 수 있다며 심히 우려를 표했다. 그러나 내 생각은 달랐다.

"장로님, 그건 걱정하지 맙시다. 교회 나가겠다는 분들은 제가 싫어서 나가는 분들인데 차라리 잘 된 일 아닙니까? 싫어하는 목사와 어떻게 한 교회에서 신앙생활을 합니까? 더 좋아하고 잘 맞는 목회자와 나가는 것도 은혜입니다. 그러니 하나님께 맡깁시다."

이렇게 말하니 다시는 우려의 목소리를 내지 않았다. 적지 않은 교회가 목회자의 권한을 나누지 않아서 마찰이 일어난다. 하나님이 각자에게 주신 달란트가 있고 그 달란트가 모아지면 시너지 효과를 낼 수 있다. 담임목사로서 권한을 제한하기보다 달란트를 자유롭게 효율적으로 활용할 수 있도록 하는 것이 결국 교회를 성장시키는 일이 된다.

교회는 누구의 것도 아니고 주님의 것이기에 소유에 급급할 게 아니라 하나님께 영광 돌리고 기쁘게 하는 일에만 집중하면 된다. 지금도 나는 부목사님들에게 이렇게 말한다. 혹시라도 교인들과 함께 교회를 나가고 싶다면 기도해보고 응답을 받고 나가면 된다고.

지금까지 목회자의 권한을 나누고 책임과 사명을 함께 공유한 시간이 꽤 되었지만 다행히도 단 한번도 마찰이 있거나 얼굴 붉히는 일이 없었던 것은 그 자체가 하나님의 은혜고 축복이었다고 생각한다.

그리고 나는 여기서 한걸음 더 나아갔다. 목회를 하다 보니 분명히 여성의 손길이 필요한 부분이 있었고 개척 초기부터 속회를 이끌었던 아내는 목회에 아주 중요하고 현명한 조력자였다. 어떤 날은 하루에 서 너 개씩 이끌 정도로 정성을 쏟으면서 속죄에 소홀하지 않았던 것은 아내의 교회에 대한 열정과 사모로의 사명감 때문이었을 것이다. 또한 속회원들에게 여성 사모가 주는 안정감과 편안함은 매우 큰 유익이었다. 게다가 사모들은 누구보다 목회를 잘 이해하면서 신앙의 모범이 되는 다재다능한 재원이지 않은가? 그래서 나는 우리 교회 목사님 부부들에게 다음과 같이 말했다.

"목사님, 사모님, 우리 교회는 목사만 사역하는 교회가 되지 맙시다. 성도들에게는 목사도 필요하지만 어머니와 같은 손길도 필요합니다. 저는 그 역할을 사모님들이 해 주시길 원합니다. 사모란 그저 뒤에서 바라만 보는 그런 존재가 아닙니다. 당당히 성도들 곁으로 다가가 그들의 이야기를 들어주고 목회를 보필해 주세요. 사모님들이 일을 도우면 이런 저런 잡음도 사라지게 되고 누구보다 성도들을 잘 이해하게 되니. 얼마나 좋습니까?"

그러다 보니 교회를 섬기며 일할 수 있는 사역자들이 배로 들어났다. 물론 사모들의 직책은 없다. 빛도 없이 이름도 없이 일하지만 그들은 너무도 충성된 일꾼으로 교회를 섬겼고 사모라는 이름 하에 가졌을 괜한 상실감도 사라졌으니 참 감사한 일이다. 사모님들이 신바람 나게 사역하니 교회가 할 수 있는 분야가 늘어가고 프로그램은 더욱 풍성해졌다.

　또한 성도들도 부목사님이 오신 뒤 더욱 안정감을 찾아갔다. 그동안 장로님으로 세워진 열 일곱분의 장로님들과도 단 한차례도 낯붉히는 일이 없었고 덕분에 순종하며 화합하며 교회를 이끌어 올 수 있었다. 재정에 대해서도 인사에 대해서도 제직들은 투명하려고 노력했고 성도들 역시 그 부분을 전적으로 신뢰해 주었다. 그로 인해 목자와 양 사이의 끈끈한 유대감은 단단한 삼겹줄이 되었다.

　미국의 실러 목사는 살아있는 교회 조직엔 몇 가지 특징이 있다고 했다. 먼저는 성경을 모델로 삼아 교회 조직과 영역별로 사역을 조직하며 어떤 은사자는 장기적으로 사역할 수 있도록 한다. 또한 은사받은 사역자들은 누구보다 충성하며 순종하는 본이 되므로 교회는 가능한 많은 일꾼을 확보하여 사역하도록 한다.

　이처럼 살아있는 교회는 특별한 것이 아니다. 우선 예배가 살아있고 목사가 살아있고 성도가 살아있으면 된다.

　그런 의미에서 우리 교회는 그 자리에 머무르지 않기 위해 끊임없이 움직였던 것 같다. 장기적으로 헌신할 수 있는 은사를 받은 자들은 그 자리에서 묵묵히, 빠르게 움직일 수 있는 조직은 신속하고 지혜롭게 움직이며 교회를 섬겼다. 결국은 복음을 위한 사명으로 점철되는 일이었기에 교회의 이런 움직임들이 행복했다.

어린이와 청년을 위한 교회

20여 년 전의 일이다. 어느 날 아침 신문을 읽고 있는데 마침 어린이집 관련 기사가 보였다. 어린이집에서 아이들을 모두 보살필 수 없어서 수면제를 먹여 재운다는 내용이었다. 아이들은 많은데 돌볼 사람은 부족하니 그럴 수밖에 없다는 기사를 읽고 있으니 너무 가슴이 아파왔다. 아이들은 나라의 미래라고 하면서 사정이 안된다고 마구 대하는 현실이 안타까웠다.

'하나님, 이 아이들을 어떻게 합니까? 너무도 안타깝고 가슴이 아픕니다. 제가 능력이 부족하지만 아이들을 돌볼 수 있는 길을 열어 주옵소서'

나도 모르게 이런 기도가 나왔다. 때마침 우리 교회는 교육관을 짓고 있었다. 본당 건물이 협소했기에 짓게 된 건물이었는데 문득 그곳에 어린이집을 운영하면 되겠다는 생각이 떠올랐다. 그때 마음으로는 비록 몇 명이 안되더라도 하나님의 사랑 안에서 보살펴 좋은 인성을 지닌 아이들로 성장하게 하자는 비전이 생겼다.

교육관으로 활용할 건물에 어린이집도 함께 운영하는 게 어떻겠냐는 제안에 다행히 제직들은 수용했지만 사업을 진행하는 예산이 문제였다. 적은 예산이 증가하는 게 아니라 고민이 되는 게 당연했다. 그러나 친구 목사의 이야기 중에 좋은 소식을 듣게 되었다.

"이 목사, 내가 얼마 전에 종교 재단의 땅이 있는 사람이 어린이집 같은 시설을 짓겠다고 하면 구청에서 도와준다고 들었던 것 같은데? 한번 알아봐."

하나님은 이처럼 꼭 필요한 때 사람을 만나게 하시고 정보도 주신다. 그 길로 구청으로 뛰어가보니 과연 친구 목사의 말이 맞았다.

"네, 목사님. 맞습니다. 얼마전에 법이 생겼는데요 종교 재단에서 어린이집을 신설하시겠다고 신청하시면 국가에서 비용을 지원해 주고 정부에서 교사 급여의 50%도 지원해줍니다. 신청하시겠습니까?"

"네, 물론입니다."

정부로부터 1억 6천 여 만원을 지원받게 된 하나님의 은혜에 우리 교인들은 다같이 놀랐다. 그러나 정말 놀라운 일은 얼마 뒤에 일어났다. 새롭게 생겨난 제도가 얼마만에 폐지가 되었다는 것이다. 우리 교회만 유일하게 그 제도에 의해 혜택을 받는 유일무이한 주인공이 되었다. 하나님 은혜에 감사할 뿐이다.

이렇게 극적으로 신설된 어린이집은 백합어린이집이란 이름을 달고 태어났다. 정부에서 인력 지원도 받으니 운영도 수월했고 하나님 사랑 안에서 잘 보살피겠다는 마음이 전해졌는지 어린이집으로 아이들을 보내려는 분들이 줄을 이었다. 나도 어린이집을 시작하게 된 초심을 잃지 않고 우리 어린이집에 오는 아이들은 최대한 집에서 받는 양육과 비슷하게 보살피려고 애썼다.

특히 원장이 되는 과정까지 공부하며 아이들을 맡아준 사모의 역할도 컸다. 아내는 세 아이를 키운 노하우를 발휘해 진심으로 아이들을 돌봤고 무엇보다 열심히 기도했다. 그래서 어린이집을 거쳐간 아이들은 저절로 하나님의 사랑을 깨달았고 감사를 표현했으며 신앙으로 무장했다. 해마다 줄을 서서 입학을 기다리는 명문 어린이집이 된 것은 하나님의 은혜라고 생각한다.

어린이집 아이들은 교회학교의 풍성함으로도 이어졌다. 특별히 강조를 하거나 유도를 한 것도 아니었는데 어린이집 아이들은 우리 교회학교에 출석하며 신앙을 시작했다. 그로 인해 거꾸로 어린이로 인해 부모가 전도되었으니 교회로선 감사한 일이었다.

어린이 사역과 함께 청년들을 위한 사역도 지경을 넓혔다. 사실 부평제일교회가 처음 시작할 때 우리는 청년들이 주축이 된 교회였다. 인천부평공단에서 밤낮없이 일하던 남녀 청년들이 복음을 듣고 교회를 찾았고 그 청년들이 일꾼이 되어 교회를 건축했다고 해도 과언이 아니다. 시간이 흐르면서 그들이 가정을 이루고 때론 다른 지역으로 떠나기도 했지만 청년이 중심에 있는 교회라 역동적이고 젊다.

성전을 건축하고 한 10여 년간은 안정을 위한 기간이었다. 그간 숱한 연단과 고난의 시련도 겪었지만 청년을 위한 교회 비전을 잊지 않았다. 처음에는 조직이 열악하고 인원도 부족하여 장년예배만 드렸던 것을 교회학교 아동부를 만들고 학생부를 만들며 서서히 준비를 이어갔다. 그러면서 청년들도 자연히 늘어갔고 결국 생각했던 꿈을 펼칠 때가 되었다.

"여러분, 청년이 살아야 교회가 삽니다. 여러분의 역동적이고 신앙을 향한 뜨거운 열정을 잘 알기에 이제부터 청년교회를 따로 독립해서 세울 예정입니다."

청년교회를 선포했다. 따로 성전을 짓는 건 아니지만 장년 예배와는 완전히 독립시킨 교회로 조직하자는 생각이었다.

청년들은 이 선포에 아멘했고 교회 내부에서도 그들을 독립시킬 일을 진행했다. 독립적인 청년교회가 되기 위해서는 독립 예산을 편성하는 것이 우선되어야 했다. 그러자 장로님들이 난색을 표했다.

"목사님, 지금 우리 재정도 그리 넉넉한 편이 아닌데 청년교회에 예산을 떼어 주면 힘듭니다. 그냥 재무부에서 예산을 집행하시지요."

"안됩니다. 재정이 자립하지 못하면 완전한 독립이라고 할 수 없어요. 처음 1-2년은 지원하면서 스스로 자립할 수 있도록 도와주면 되지 않겠습니까?"

그리하여 부평제일청년교회가 탄생하게 되었다.

30여명으로 시작한 청년교회는 청년교회만 담임할 부목사님을 모시고 시작했다. 넉넉지는 않아도 1년 예산을 가지고 독립적으로 운영하며 각종 예배와 훈련 프로그램을 마련하는 등 새벽이슬같은 청년들이 일어났다.

매주 주일마다 청년들이 따로 모여 예배를 드렸다. 젊은이들이 함께 하는 예배는 장년들의 예배보다 훨씬 힘이 넘쳤다. 마치 그동안 어떻게 참고 있었는가 싶을 정도로 주님을 향한 뜨거운 열정을 예배로 토해냈다.

30명으로 시작했던 청년교회는 나날이 주변으로 알려져 청년들이 찾아왔고 2년쯤 지났을 때는 완전히 재정적으로 독립했다. 처음에 예산을 넘겨주면서 우려했던 일들은 일어나지 않았다. 사회적인 경험이 많지 않은 청년들에게 예산을 맡겼지만 장년보다 더 꼼꼼히 교회의 예산을 편성했고 가벼운 지갑 사정에도 오히려 더 물질로 헌신하는 등 좋은 본을 보이고 있다.

지금 우리 지역에는 교회가 많이 생겨났지만 특성화된 교회가 거의 없다. 부평제일청년교회가 유일한 창구가 되고 있는데, 청년들이 할 수 있는 사역들은 무궁무진하다. 사회봉사 활동을 갈 때도 단기 선교를 갈 때도 청년들이 나서서 교회를 대표하여 헌신한다. 또 그들은 기존의 틀을 유지하기 보다 더 나은 방법, 새로운 선교 방법을 고민한다. 덕분에 시행착오도 겪지만 그것도 하나의 과정이고 훈련이라고 생각한다.

부평제일청년교회는 새벽이슬같은 청년들의 공동체로 거듭나고 있다. 성경 말씀에 보면 시편 기자는 메시아를 만난 인생들을 새벽이슬 같은 청년으로 표현하고 있다. 왜 새벽이슬같은 청년이라고 표현했겠는가? 새벽이슬은 무엇보다 영롱한 기운을 담고 있다. 하나님을 만난 인생이 세상에 때묻지 않고 누구보다 순수한 믿음으로 하루라는 꿈을 꾸는 청년과 같기 때문이다. 나는 우리 교회의 청년들이 참 좋다. 매 예배마다 하나님을 만나려 애쓰고 영롱한 이슬같은 순수한 믿음을 지켜가려는 것이 자랑스럽다. 그들은 꿈꾸기 힘들 때 꿈을 꾸고 꿈꾸기 싫을 때도 꿈을 꾼다. 그리고 그런 열정이 오늘도 우리를 끊임없이 자극한다.

본(本)을 꿈꾸다

개인적으로 존경해마지 않는 한신대학교 김정준 박사님께서 신학생들에게 이런 말씀을 하셨다고 한다.

"10년간 한 교회에서 목회를 하신 분에겐 머리를 숙여라. 20년간 한 교회에서 목회하신 분께는 허리를 굽혀라. 그리고 30년간 한 교회에서 목회하신 분께 무릎을 꿇어라."

이 말씀을 들었을 때 영성깊은 신학자에게 대한 존경심과 함께 그만큼 장기목회가 얼마나 힘들고 고난스런 과정인지 대변하는 말씀이란 생각이 들어 공감했다.

한 교회를 개척해서 이끌어 오면서 내 자신과 싸워야 하는 부분도 바로 그런 어려움이었던 것 같다. 성도가 늘고 부흥이 되면서도 질적으로도 성숙한 목사가 되길 간절히 기도했던 것도 그 과정이었다.

　불모지인 인천 변두리에서 교회를 성장시킨 점을 인정한 대형 교회에서의 제안도 많았다. 소위 대형교회로 와서 더 큰 날개를 펼쳐보라는 것이었다. 때론 파격적인 제안도 있었고 흔들릴 만한 조건도 내걸었지만 끝내 수용하지 않았다. 처음부터 내가 먹인 양이었기 때문이다. 도저히 그 양들을 두고 떠날 수는 없는 일이었다.

　어렵게 시작한 개척교회인 만큼 가능한 오랫동안 성도들을 돌보는 장기 목회에 성공을 하고 싶었다. 아니, 장기목회의 은혜로운 선례가 되길 기도했다. 교회가 커지고 한국 교회가 부흥함에 따라 때론 좋지 못한 교회의 이면을 보게 될 때면 서면 넘어질까 조심하라는 경고의 말씀을 되새기며 조심했다. 그들도 사람이기에 잠시 교만에 빠지거나 경솔할 수 있다. 그러나 목회자는 양을 먹이는 목자로서 의무가 있기에 시행착오보다는 예방하는 게 중요했다.

　'주님, 교회 일을 추진하는 것에 대해서는 적극적인 신앙과 열정을 보이면서도 목사로서는 겸손한 사람이 되길 원합니다. 무릎을 꿇지는 못할지언정 머리를 숙일 정도는 되는 그런 목회자가 되게 하여 주옵소서. 겸손하되 권위를 잃지 않게 하시고 사랑주고 사랑받는 목사가 되게 하여 주옵소서'

　가장 중요시 했던 부분은 신앙적으로 본이 되는 것과 성도와의 동등한 사랑의 관계를 만들어가는 것이었다. 신앙적으로 성숙하는 것은 나의 영적인 부분에 해당하는 것이었으니 기도하고 간구하는 것이 필요했다. 하지만 성도들에게 인간적인 면에서 본이 되는 것은 노력과 함께 지혜가 있어야 했다.

목회를 하다 보면 당연히 갈등이 생기기 마련이다. 부부가 함께 살면서도 갈등을 겪는다. 나 역시 아내와 결혼하고 난 뒤 성격으로 다툰적도 많다. 뭐든지 용단을 내리고 추진하는 내 성격에 비해 아내는 한번 더 생각하고 세심했다.

시간 약속에 철저하고 급한 나에 비해 아내는 차분하고 느렸다. 좋아하는 취향도 너무 달랐던 우리였기에 신혼 초기에는 스트레스도 받았었다. 어느날 아내와 갈등 때문에 기도하는데 성령님이 깨달음을 주셨다.

'내 아들아. 너와 똑같은 아내를 허락했다면 얼마나 따분한 인생이냐? 이렇게 완전히 다른 사람을 만나니 네가 두가지 삶을 함께 경험해볼 수 있지 않니? 나는 내 아들이 따분한 인생을 살기 원치 않는다'

그날 이후로 난 아내와 나의 다름을 인정했다. 아내가 틀린 게 아니라 나와 다르다는 걸 인정하고 나니 모든 게 이해되기 시작했다. 나와 취향이 다른 것도 개성으로 받아들일 수 있었고 오히려 나의 단점을 가려줄 수 있는 아내의 장점을 찾을 수 있었다. 물론 기본적으로 아내에겐 고마운 마음을 가지고 있지만 말이다.

아내와도 이렇듯 갈등을 조절하는 과정이 필요한데 목회에서는 더욱 그럴 것이다. 교회는 다양한 사람들이 모인다. 빈부귀천, 지위고하, 지식의 유무 등 사람이 나뉘는 기준은 너무도 다양하다. 그만큼 갈등의 요소가 많다는 말이다. 인간적으로 볼 때 깨지지 않는 게 기적일 정도다. 그럼에도 하나님은 목사를 사용하셔서 그들을 융합시켜주신다. 철저히 주님의 사랑으로 주님의 은혜로.

이 과정에서 목회자는 하나님의 도구로 철저히 사용되어야 한다. 하나님께 제대로 사용받기 위해서는 삶의 본이 되는 게 중요하다. 끊임없는 노력이 필요했다. 바리새인처럼 살면 안 되었다. 외식하는 믿음을 보여선 안 되었다. 그러니 철저히 주님 앞에 부서지고 성도 앞에 겸손해야 했다. 그러려면 가능한 신행일치의 삶이 되어야 했다. 흔히 언행일치, 말과 행동이 일치된 삶을 최고로 여기지만 신행일치, 하나님의 뜻과 생활이 일치된 삶은 내가 평생을 노력해야 할 삶이라고 생각했다.

목회 초기부터 생활은 궁핍하고 어려웠다. 주님이 허락하신 두 딸과 아들이 자라는 과정은 교회가 자리를 잡아가는 과정과 함께였다.

아이들이 대여섯살쯤 됐을 때였다. 아이들이 하루는 밥상에서 말했다.

"엄마 아빠! 우리도 치킨 먹고 싶어요."

아마도 동네 아는 친구네 집에 갔다가 후라이드 치킨을 먹었던 것 같다. 고소하고 바삭한 닭 튀김에 아이들이 반하는 건 당연했다. 세 녀석이 옹기종기 모여앉아 치킨 이야기를 하는데 다들 침이 고였다. 그러나 우리 형편에 큰 부담이었기에 밥숟갈만 움직이고 있는데 아내가 달랬다.

"응 그래. 알았다. 엄마가 닭요리 해 줄게."

"와아~~"

아내가 진짜 치킨을 해줄리 없었는데도 그 말 덕분에 그날의 아이들 밥상은 너무 행복했다.

다음날이 되었다. 아이들은 눈을 동그랗게 뜨고 엄마의 치킨 요리만을 기다리고 있었다. 드디어 아내가 접시를 놓았다. 아내가 선택한 요리는 닭똥집이라고 불리는 닭모래집 볶음이었다.

"어? 이게 치킨이야?"

"치킨은 아닌데 이것도 닭고기야. 튀기지 않고 볶은거라 그래."

"아. 그렇구나."

세 아이가 동시에 접시로 돌진했다. 그리곤 한 점씩 집어넣고 씹었다. 그 광경을 지켜보고 있는 나의 마음은 착잡했다. 그렇게 1-2초쯤 지났을까?

"아아앙~ 이거 치킨 아니잖아."

"엄마 거짓말쟁이~~ 이거 치킨 아냐. 치킨~~"

아이들의 울음보가 터져버렸다. 세 아이가 얼마나 서럽게 울어대던지 나도 모르게 눈물이 났다. 사실 아내나 나나 한 끼 즐겁게 먹을 음식값을 지출하는 건 교회와 성도를 섬기는 일에 비해 중요한 것이 아니었다. 그날 우리 다섯 식구는 닭모래집 볶음을 앞에 두고 통곡하며 울었지만 먼저 우리보다 어려운 이웃을 위해 한 푼을 더 사용하는게 주님의 가르침이었기에 참고 따랐다. 또한 가난하지만 나누는 삶을 자양분 삼아 더욱 신앙에 매진하였기에 가정도 잘 세우는 영광이 있었다고 생각한다.

목회자로서 성도들의 가정에 본이 되는 것도 무척 중요하다. 말씀에는 충만하지만 실제 가정의 본이 되지 못하는 안타까운 경우를 많이 본다. 은혜를 깎아먹는 행위이기에 더욱 조심하며 특히 가정을 다스리는 일에 신경을 많이 썼다. 목회를 하다보면 아이들이 자라는 과정을 세심히 살필 수는 없다. 우리 아이가 열이 나도 성도의 가정에 일이 생기면 그곳을 먼저 뛰어가야 하는 게 목사고 우리 아이의 졸업식이 있어도 성도의 경조사에 뛰어 가야 하는 게 목사의 임무다. 그런 이유로 가정을 단단히 세우는 일에 대해서는 아내에게 많이 의존했다.

다행히 하나님의 은혜로 아이들 모두 신앙 안에서 올바르게 성장해 주었고 어떤 일을 하던지 하나님의 뜻을 먼저 묻는 아이들로 컸다. 감사하게도 이런 성장 과정은 성도들에게 긍정적인 영향을 미쳤고 그것이 곧 은혜가 되었다.

신행일치는 목사로서의 삶 가운데 철칙으로 삼는 가치관이다. 100% 말씀대로 살 수는 없지만 그렇게 살려고 노력하는 모습이 내게도, 다른 이들에게도 좋은 영향을 미칠 수 있다면 여한이 없겠다.

　백화점의 왕이라 불리는 워너메이커, 그는 12살 이후 정규교육도 받지 못한 채 살았지만 오직 성경말씀을 통해 배움을 얻고 사업을 경영하여 성공했다. 가는 곳마다 성경이 가르치는대로 행하고 실천했기에 미국 대통령이 그를 체신부 장관으로 임명하려 할 때도 '주일 성수를 하도록 하면 맡겠습니다'라고 과감히 말할 수 있었다. 가는 곳마다 성경을 전하고 말씀대로 살았던 그였기에 믿는 자에게나 믿지 않는 자에게 본이 되었고 하나님을 기쁘시게 하는 위대한 사람이 되었던 것이다.

　이처럼 삶이 곧 전도가 되고 구분되고 성별된 삶으로 살아가는 모습으로 보는 이들에게 감동을 줄 수 있다면 그 인생은 얼마나 귀중한 인생인가? 나는 오늘도 뒤를 돌아본다. 말씀과 행동, 말씀과 언어가 일치된 삶을 살아가고 있는지를 확인하기 위해...

기독교의 황금률

　감리교를 창시한 요한 웨슬리 목사님이 한참 사역하고 계실 때의 일이다. 어느 지방에 가서 연합 집회를 인도하게 된 웨슬리 목사님이 많은 사람들 앞에서 이런 설교를 했다.

　"여러분, 할 수 있는 한 많은 복을 받으십시오."

　"아멘~"

청중들의 아멘 소리를 찢어질 듯 했다. 복 받는 것을 싫어하는 사람은 한 명도 없을테니 다들 그대로 될 것을 믿고 아멘으로 화답했던 것이다.

둘째날이 되었다. 그 날은 복을 구하는 더 많은 이들이 모여들었다. 그 날 집회에서 웨슬리 목사는 이렇게 설교했다.

"여러분, 할 수 있는 한 많이 저축하십시오."

"아멘 아멘~"

더 많은 이들이 설교에 은혜를 받았다.

그리고 마지막 날이 되었을 때 설교를 듣기 위해 모인 사람들로 인산인해가 되었다. 강단에 웨슬리 목사가 서자 사람들은 어떤 메시지를 전할까 궁금해하고 있었다.

"여러분, 여러분의 것으로 줄 수 있는 한 많이 주십시오."

" ... "

왠일인지 사람들의 아멘 소리가 들리지 않았다. 그렇게 설교 중간쯤이 되었을 때 한 사람이 벌떡 일어나 빠져 나갔다. 그는 양조장을 해서 돈을 가장 많이 번 사람이었다. 그 사람이 빠져 나가자 여기 저기서 슬금슬금 사람들이 빠져나갔다고 한다.

복을 받으라고 할 때는 아낌없이 받으려고 하더니 막상 주라고 하니 아까운 생각이 들었던 것이다. 누구라고 할 것 없이 다들 자기 본위의 신앙을 갖고 있다. 아무리 주는 것이 받는 것보다 복되다고 말하여도 사람의 본심은 그것을 넘어서기 힘든가보다.

그럼에도 불구하고 말씀에 따라 나누는 일은 아주 중요한 의무다. 웨슬리 목사가 왜 마지막 날 사람들을 향해 나누라는 이야기를 했겠는가. 복을 받는 것도 중요하지만 나누는 것이 더 중요함을 강조하기 위함이다. 하나님은 움켜쥐는 사람보다 아낌없이 손을 펴서 나누는 사람을 기뻐하신다. 그러나 개개인이 깨달음을 얻어 실천에 옮기는 일은 어렵기에 그 일을 교회가 앞장서서 해야 한다. 그래서 교회의 사역 중 구제와 선교가 가장 중요하다.

우리 교회는 지역과 유기적으로 관계를 맺어왔다. 개척 초기부터 지역 주민들과 만나 지역에서 필요한 일들을 함께 해 나갔던터라 지역을 위한 사랑 실천은 당연한 일이기도 했다. 달라진 점이라면 예전엔 지역 내의 불편한 점을 받은 뒤에 교회가 앞장서서 해결하고 그들을 도왔다면 이젠 지역의 범위를 넓혀 도움이 필요한 이들에게 먼저 다가가 봉사하는 시스템으로의 변화였다.

이에 맞는 어떤 사역이 좋을지 고민하던 때에 한 후배 목사의 사역하는 곳을 방문할 기회가 있었다. 그 목사님은 충남 당진에서 사역하고 계셨는데 그곳에서 전국 최초로 이동목욕 봉사를 시작한다고 했다. 가서 보니 몸이 불편한 장애인들을 위해 직접 찾아가는 목욕 서비스를 훌륭히 하고 있었다. 이동목욕차량과 용품, 인력만 있다면 소외되고 불편한 이웃의 손과 발이 되어 봉사를 할 수 있을 것 같았다.

그 길로 교회로 올라와 제직들과 이동목욕봉사에 대해 의논했다. 교회가 지역 사회를 위해 구제하고 봉사하는 일에 앞장서야 함을 다들 알았던터라 두말없이 사역이 추진되었다. 교회가 안정적으로 들어선 지도 얼마 되지 않았지만 이미 우리는 고난의 길을 걸어오며 하나님께서 필요한 때에 필요할 만큼 물질로 채워주신다는 것을 확증받았기에 무조건 아멘했다.

이동목욕차량은 상당히 고가였지만 그만큼 역할을 충분히 했다. 간단히 설명하면 이 차량은 차 안에 물탱크가 달려 있는데 보일러를 통해 물이 데워지고 호스를 연결해서 아파트의 원하는 곳까지 물을 끌어 올릴 수 있는 만능 차량이었다. 그러니 목욕 서비스를 받는 분는 편안히 집에서 서비스를 받을 수 있다.

"이제부터 일주일에 두 번씩 목욕봉사활동을 할 겁니다. 다들 하나님의 사랑을 전하는 마음으로 봉사해 주십시오."

인천 지역에 인구가 많이 유입되고 워낙 지역이 넓다보니 도움이 필요한 손길도 많았다. 목욕 봉사 날이 다가오면 우리 봉사대원들은 부산하게 움직였다. 각종 목욕 용품을 챙기고 부모님 같은 분, 동생 같은 사람들과 만날 기대에 부풀었다. 제대로 목욕을 하지 못한 분들이라 처음에는 낯도 무척 가리고 부끄러움도 많이 탔다. 하지만 한국 사람은 함께 밥 먹으면서, 함께 목욕하면서 친숙해진다. 아버님같은 분들의 등을 밀어 드리고 비누로 씻겨 드리면서 소리없이 많이 울기도 했다.

"할아버지, 시원하세요?"

"어어.. 고마워, 이거 미안해서 원..."

어떤 분은 당신의 등을 내미는 것을 미안해 하시며 연신 고맙다는 이야기를 하셨고, 또 어떤 분은 사람이 그리워 우리들의 손을 잡고 놓지 않으려 하셨다. 몸이 불편한 사람들은 우리들의 방문을 더욱 반가워했다. 그들은 몸뿐만이 아니라 마음이 더 다쳐 있었다. 사람들의 편협한 시선과 편견에 두 번 상처 입은 그들이었기에 무조건적인 사랑을 받는 데 익숙치 않다. 그 마음을 잘 알기에 시간을 특별히 더 할애하며 이야기를 나누었다.

"제일 하고 싶은 게 뭐에요?"

".. 얘기 하고 싶어요."

"그럼 우리 오늘 실컷 얘기나 해볼까요?"

대화는 원활하지 않았다. 발음도 어눌한데다 한 마디 하려면 몸을 뒤틀어서 해야 하는 경우도 많았기에 많은 이야기를 할 수 없었지만 사람의 체온만으로도 충분했다. 한 1시간 정도 이야기를 듣고 목욕까지 도와드리면 그들은 세상을 다 얻은 듯이 만족한 눈빛을 보냈다.

"다음 .. 또.."

"또 오라구요? 알았어요. 다음에 또 올께요."

이런 짠한 만남이 계속해서 이어졌다. 봉사라는 것은 처음엔 도움이 필요한 이들에게 도움을 준다는 뿌듯함으로 시작하지만 하다보면 오히려 내가 도움을 받고 있다는 생각을 들게 만든다. 더욱 낮아지는 마음과 겸양을 배우게 한다. 나도 그랬고 봉사대로 활동하시는 성도들 역시 그랬다.

이 목욕 봉사를 십수년 이어가며 우리는 지경을 더욱 넓혀 도와드릴 수 있는 범위를 늘려갔다. 어떤 때는 도배도 해 드리고 청소, 이발에 이르기까지 다양한 재능을 기부하자 지역사회를 위한 교회의 역할은 점점 단단해졌다. 당연히 소외된 이웃, 가난한 이웃, 아픈 이웃들과 가까이 할 수 있었고 예수님의 사랑을 실천하는 행동하는 그리스도인으로서 입지도 인천 지역에서 다질 수 있었던 것 같다.

"목사님, 부평제일교회가 봉사대상 수상자가 되셨습니다."
"네? 아니 저희가 왜.."
"그동안 이동목욕 봉사대로 정말 많이 일하셨잖아요. 저희도 하지 못한 일을 교회에서 시작하셔서 벌써 얼마나 많은 분들을 도우셨는데요.. 어쨌든 인천시민 봉사대상을 수상하게 된 걸 축하드립니다."

이 전화를 받고 부끄러운 마음도 있었지만 더 열심히 꾸준히 일하라는 뜻으로 받아들이기로 했다. 그 후 우리 교회는 가능한 지역사회를 비롯한 이웃과 가능한 많은 사랑을 나눌 것을 강조했다.

이동목욕봉사대로 시작한 일은 도서관 사역까지 넓혀갔다. 인천 계양구청으로부터 위탁업체로 선정된 것은 그간의 우리 교회가 쌓은 이웃 사랑에 대한 결과였다.

효성도서관을 우리 교회가 맡아서 운영하게 된 것은 이곳에 공부하러 오는 이들에게 좀 더 나은 서비스를 하되 기독교 정신에 입각한 기관으로 거듭나게 하기 위함이었다. 책을 스쳐가는 모든 지역인들에게 간접적으로 복음을 전하고 교회가 지역을 위해 봉사하고 있음을 알리는 방편이 되고 있어 또 다른 방법의 지역 활동으로 여기고 있다. 물론 수익사업과는 거리가 먼 봉사 활동이지만 이런 일들이 지속적으로 이어짐으로 얻어지는 효과는 더 크다.

특히 도서관 운영에는 교인을 세울 수 있다는 장점도 있다. 우리 교회의 손 장로님은 석사학위를 따고 인천시 공무원으로 은퇴한 분이셨는데 그분께 도서관 운영을 맡기려 하니 사서자격증이 없어서 문제가 되었다. 그분은 자격증을 딴 뒤 효성도서관을 잘 운영하셨다.

교회가 앞장서서 지역사회의 질적 수준을 높이는 일에 일조하는 일도 감사한 일이지만 적재적소에 합당한 사람을 세워 서로에게 좋은 일이 되었으니 뿌듯할 따름이다. 간접적인 영향력을 줄 수 있다는 건 장기적으로 큰 재산이 될 것임에 틀림없기 때문이다. 모두가 하나님이 주신 지혜 덕분이다.

'너희가 받고자 하느냐. 받고자 하는 대로 남을 먼저 대접하라'라는 말씀은 기독교의 황금률이라 불린다. 그만큼 예수님은 받고자 하지 말고 먼저 베풀 것을 권했다. 기독교의 기본적인 진리가 여기에 있다. 그 말씀대로 우리는 행하면 된다.

지금 이 시대에 웨슬리 목사가 다시 와서 '할 수 있는 한 많이 복을 받고, 할 수 있는 한 많이 저축하고, 할 수 있는 한 많이 나누십시오'라고 설교를 한다고 해도 달라지는 건 없을 것이다. 누구나 자기 본위의 신앙을 쉽게 꺾지 못해서다. 다만 교회가 그 일을 대신하여 짊어져야 한다. 기꺼이 먼저 대접하며 할 수 있는 한 많이 나누기를 실천하는 것, 그것은 우리 교회가 세상 끝날까지 짊어져야 할 사명이기도 하다.

울며 씨 뿌리면 기쁨으로 단을 거둔다

성경의 모든 말씀이 은혜지만 개인적으로 특히 좋아하는 구절은 시편 126편 말씀이다.

"울며 씨를 뿌리는 자는 기쁨으로 단을 거두리로다."

이 말씀은 실제로 목회를 하는 동안 절절히 경험하고 진리로 다가온 말씀이었다. 신학을 공부하고 목회 초기에는 그저 표면적으로 받아들이며 고개 끄덕거릴 정도의 말씀이었지만, 진심으로 목회에 확신을 얻고 교회를 섬기면서 이 말씀은 목회의 기준이 되었다. 이 말씀은 곧 울며 기도의 씨를 뿌리고, 울며 복음의 씨앗을 뿌리라는 하나님의 명령이었고 사명이었다.

성전을 건축하고 교회를 섬겨온 성도들과 나는 함께 신앙생활을 다졌다. 그 속엔 분명히 하나님의 뜻대로 행하겠다는 믿음이 있었고 말씀에 의지하여 그대로 되리라는 확신이 있었기에 가능했을 것이다. 목사로서 내가 할 수 있는 최선의 일은 성도들의 마음을 말씀을 통해 위로해주고 하나님의 도우심을 기다리도록 하는 일이었다. 간절한 기도로 기쁨의 단을 거둘 수 있다는 희망을 주는 것이었다. 하나님께서도 나로 하여금 할 수 있는 일이 그것뿐이라는 사실을 일깨워주셨다.

교회를 짓고 얼마 뒤 한 권사님이 나를 찾아왔다. 자신이 김진숙씨란 분을 전도했는데 그분이 오랜 기간 하혈을 하는 바람에 고통당하고 있단 말씀을 하셨다. 목사님이 찾아가 심방을 해 주시면 좋을 것 같다는 말에 바로 달려갔다.

6년간 하혈을 하고 있다는 그분은 얼굴에 핏기라고는 하나도 찾아볼 수 없었다. 집안 곳곳엔 부적이 붙여져 있었는데, 그도 그럴 것이 의사도 못 고친 하혈을 고쳐보겠다며 이곳 저곳 기웃거린 탓이다.

산송장처럼 앉아 있는 김진숙씨를 보는데 가슴 한 쪽이 울컥 올라왔다. 얼마나 고통스러웠을까, 얼마나 힘들었을까 공감이 되었다. 그를 위해 간절히 기도를 하고 있는데 마음 속에 감동이 왔다.

'저 사람은 고침을 받는다. 하나님이 사랑하신다'

강한 믿음과 함께 반드시 나음 받을 수 있다는 확신이 밀려왔다. 하여 처음 심방간 그 자리에서 한 달간 작정하며 함께 기도하자고 권유했다. 바로 며칠 전까지만 해도 굿을 하고 절을 다닌 그녀가 하루아침에 하나님께 기도를 한다고 할까 의심도 되었지만 낫겠다는 절실함에 그러겠다고 했다.

다음날 새벽 예배 시간이 되었다. 새벽 제단을 쌓으러 교회에 나갔는데 눈에 번쩍 뜨였다. 김진숙씨가 허약한 몸을 이끌고 새벽 예배에 나온 것이다. 교회에 처음 나왔다는 사람이 자신의 병고침을 받기 위해 기도하겠다는 선포와 함께 믿음의 결단을 내렸다는 사실이 감동이었다. 그 날 새벽, 어찌나 감동이 되는지 그를 위해 울며 기도드렸다. 그 분은 교회를 생전 처음 나왔으니 어떻게 기도하는지도 몰랐을텐데도 기도시간 내내 앉아 있었다.

그 모습을 보면서 생각했다. 저 분이 미신을 섬길 때도 그렇게 열심히 하였다더니, 예수를 영접한 뒤에도 열심히 신앙생활을 하는구나, 신앙생활도 생긴대로 하는 것이구나.

작정기도는 계속 이어졌다. 김진숙씨 역시 하루도 빠지지 않고 새벽제단을 쌓으러 나왔고 나는 매일 울며 기도의 씨를 뿌렸다.

그렇게 작정기도를 시작한 지 27일 때 되는 날이었다.

여느 때처럼 성도들을 위해 기도를 드리다가 김진숙씨를 위해 기도를 하고 있었다. 그런데 갑자기 단 위로 불덩어리가 훅 들어왔다. 깜짝 놀라 눈을 떠 보니 그 불덩어리가 단 위에 잠깐 머물러 있더니 내 머리로 쑥 들어왔다.

"앗? 뜨거워~"

머리로 들어온 불덩어리는 온 몸을 통과한 뒤 발 밑으로 빠져 나갔다. 그 뜨거움과 고통스러움은 말할 수 없이 컸기에 그 자리에서 정신을 잃고 쓰러졌다.

얼마쯤 지났을까. 눈을 떠보니 그대로 강단 위였다. 얼마나 정신을 잃었는지 정확히는 알 수 없지만 꽤 시간이 지난 것 같았다. 아까 몸을 훑고 지나간 불덩어리의 흔적이 아직도 남아있듯 했다. 정신이 들자 아까 그 불덩어리가 무엇이었을지 궁금했다. 다시 일어나 기도를 하는데, 성령님께서 강하게 말씀하셨다.

"아까 네가 느낀 그 고통이 내 딸 김진숙이 느낀 고통이었다. 그러나 이젠 내가 고쳐주었다."

순간 저절로 무릎이 꿇어졌다. '아, 하나님께서 내게 성도의 고통을 느끼게 해 주셨다'는 감사함과 함께 그 성도가 병고침을 받았다는 응답을 주신 것이다. 과연 울며 기도의 씨를 뿌리니 기쁨을 단을 거두게 해 주셨다는 확신이 왔다.

집으로 돌아와 새벽에 있던 일을 아내에게 하며 김진숙씨에게 가보라고 했다. 분명히 치료 받았을 거라고 말하니 아내가 내일까지만 기다려보자고 하길래 그러마 했다. 한편으론 너무 궁금해 다음날 새벽 예배에 일찍 나갔는데 김진숙씨도 나왔다. 그런데 그녀는 완벽히 다른 사람이 되어 있었다. 핏기 하나 없던 얼굴에 핏기가 돌았고 새 살이 돋은 듯 뽀얀 피부가 눈에 들어왔다. 나병에 걸린 나아만 장군이 요단강 물에 일곱 번 목욕하고 난 다음 피부가 어린 아이의 살처럼 되었다는 성경 말씀이 바로 지금 재현되고 있음을 실감했다.

'아.. 하나님이 고쳐주셨구나. 하나님 감사합니다'

그 날은 꿇어앉아 감사의 기도만 드렸다. 그리고 예배 후 아내가 그녀를 찾아가 물었다. 목사님께서 기도 중에 이런 체험을 하셨으니 당신은 이미 나았다고 말하니 그녀가 깜짝 놀라더란다. 그리곤 그 목사님 용하다는 말을 했다고 한다.

어쨌든 그 초신자의 믿음을 어여삐 보신 하나님, 기도 외엔 아무것도 할 수 없는 목사 그러나 울며 기도의 씨를 뿌릴 수 있는 목사의 사정과 형편을 보신 하나님은 그런 표적을 보이시며 기쁨의 단을 거두게 하셨다. 김진숙씨의 치유는 온 교회의 믿음의 불을 지피는 계기가 되었다.

그런데 병에서 나음을 얻은 그녀에게 또하나 난관이 생겼다. 예수님을 구주로 영접한 뒤 나음까지 입은 그녀는 남편을 전도하려 애썼다. 처음엔 아내가 병에서 나으면 예수를 믿겠다고 했던 남편이 막상 부인이 낫자 아들 욕심을 내기 시작한 것이다. 그리곤 딸 둘만 낳은 아내가 아들을 낳으면 교회에 나가겠다고 배짱을 부렸다는 것이다.

"목사님, 기도하면 아들도 낳을 수 있지요?"

"아, 그럼요. 기도하면 아들 주십니다."

이렇게 확신을 주었지만 한편으론 은근히 걱정도 되었다. 나 역시 딸을 둘 낳고 차마 아들 달라는 기도를 못하고 있을 때였다. 그 믿음은 없었던 것 같은데 김진숙씨는 말씀 그대로를 믿고 있었다. 본인은 무조건 아들을 낳을 거란 선포를 하고 다니니 내 심정도 참 곤란했다. 그분의 배가 불러올수록 걱정도 되었다. 그러니 그분을 볼 때마다 기도의 씨앗을 뿌려주는 것 밖에 없었다.

그렇게 열 달이 흐르고 누구보다 걱정만 기대반으로 기도하며 결과를 기다리는데, 할렐루야였다. 자신의 입으로 선포한대로, 자신이 기도한대로 아들을 낳은 것이다. 남편은 그 뒤 아무런 토를 달지 않고 예수님을 영접하여 우리 교회 장로가 되셨고, 그때 낳은 아들은 지금 장성한 청년이 되었다. 또한 두 딸 모두 목사 사모가 되는 영광을 누렸다.

'아.. 믿음은 믿는대로 되는 것이구나. 믿음 앞엔 서열이 없다'

그때 나는 성도의 순수한 믿음에 더욱 자극을 받았던 것 같다. 차마 내려놓지 못한 걱정의 줄을 내려놓고, 안 될 거라고 약간 포기했던 기도의 줄도 다시 부여잡게 되었다.

지금도 목회를 하면서 '울며 씨를 뿌리는 자는 기쁨으로 단을 거두리로다' 라는 말씀의 위력을 깨닫는다. 하나님은 기도의 씨앗을 하나도 버리지 않으신다. 다만 간절함을 가지고 파종이 되어야 한다. 그래야 기쁨의 단을 위해 주시는 고난을 기쁨으로 받아들인다. 그래야 더욱 간절히 기도하며 기쁨의 단을 기대할 수 있기 때문이다. 주님은 아무것도 없는 작은 종의 기도를 들으셨다. 사역 내내 기도의 위력을 경험케 하시며 은혜를 부어 주셨기에 사역 내내 기쁨의 열매가 가득할 수 있었다.

반석 위에 세워진 35년

헨리 나우웬은 워낙 석학이었고 영적으로도 충만한 분이었지만 무엇보다 그분의 삶이 신행일치적 삶이었고 낮은 자들을 위한 일생을 보냈기에 더욱 감동과 은혜가 된다. 영적으로 깨어진 뒤 헨리 나우웬은 장애인의 공동체인 데이 브레이크에서 오랜 기간 헌신하며 그들의 친구가 되어 하나님의 사랑을 실천했다. 하루는 어떤 기자가 그에게 찾아가 데이 브레이크에서의 생활은 어떤 의미였냐 물었다. 그러자 그가 이렇게 대답했다고 한다.

"저는 그곳에서 할 일이 굉장히 많을 줄 알았습니다. 그곳에 체류하며 저술 활동을 하고, 강의를 할 계획까지 세우는 등 엄청난 스케줄을 가지고 도착했지만 제가 잊고 있었던 것은 그 공동체가 저의 그 모든 계획을 따라올 수가 없다는 것과, 저는 그 공동체의 일원이 되어야 할 책임이 있다는 것이었어요. 그래서 제가 하려던 모든 것을 잠시 내려놓고 공동체에 대해 배우고, 스며들기부터 시작했습니다. 언제나 역동적이고 활동적인 삶을 추구하며 살아온 저에게 다소 지루한 시간이었지만 결과적으로 저의 시각을 그들의 시각으로 낮추고 나니 제가 그 곳에서 정말 해야 할 일 -설거지, 운전, 토스트 굽기- 들이 보이기 시작하더군요. 가끔 사람들은 자신이 이제껏 해왔던 일의 테두리 속에서 벗어나지 못하고 어느 곳에서 어느 직책을 맡든지 이제껏 해왔던 일을 해야 한다고 생각하며 자신을 그 테두리 안으로 밀어놓곤 하죠. 이건 저 역시도 마찬가지였지만, 데이 브레이크는 제가 이 나이 먹어서까지 저도 모르게 갖고 있던 한계를 완화시켜주었습니다. 그곳에 도착하고 나서야 저는 제가 이제껏 살면서 한 번도 토스트를 구워본 적이 없다는 것을 깨달았거든요!"

이 글은 목회의 연수를 더해가는 나에게 도전과 자극을 준다. 젊음과 열정이 과하면 그것이 독단적으로 작용할 수 있는데, 헨리 나우웬은 깊은 영성으로 스스로 느리게, 공동체원들과 함께 걸음하며 스며들어야 함을 깨달았던 것이다.

주님은 너무도 부족한 내게 한 교회를 30년 넘게 맡기시며 목회할 수 있도록 하셨다. 뛰어난 사람도 아니고 가진 것이 없는 사람을 주님께서 쓰셨음에 감사한다. 그 사랑과 신뢰를 느낄 때면 그저 맡은 자의 구할 것은 충성밖에 없다고 생각한다. 주님은 나를 주께서 허락하신 교회에 완전히 스며들어 살게 하셨다. 특히 나 혼자의 능력으로 할 수 있다고 여기는 부분이 혹시라도 있게 되면 그 한계를 분명히 느끼게 하셔서 낮아지게 만드셨다. 때로 인간적으로 뾰족한 부분이 생기면 절대적으로 회개하게 하셨고 기도하도록 하셨다. 그로 인해 성도의 눈높이에서 생각하고 동등한 사랑을 주고받도록 하셨다.

특히 성도를 향한 사랑이 지금껏 식지 않게 하신 건 큰 은혜라 생각한다. 성도 한 사람 한 사람이 소중하고 귀하게 여겨지는 건 아마 아무것도 없이 오로지 하나님만 믿고 시작한 개척 초기부터 함께 해온 성도들의 의지와 의리, 순수한 믿음이 있었기 때문이다.

그 덕분인지, 교회에서 인연을 맺게 된 성도가 부모를 여의고 힘들어할 때면 방황할 때는 그의 아버지가 되어 주겠다며 약속했고 교회 일을 돕는 사무원으로 세우며 앞길을 도모하게도 하셨다.

안소영 집사는 6년간 사무원으로 사역을 돕다가 하나님의 축복으로 좋은 가정을 이루어 지금까지 우리 교회를 아낌없이 섬기고 후원해주고 있다. 지금까지 안소영 집사를 비롯한 이난미 집사, 서경희 권사 등 세 명의 사무원 모두 사랑으로 보듬게 하시며 귀하게 쓰셨다. 그 중 개척 초기부터 옆에서 오른팔같이 도와준 이난미 집사는 안타깝게도 건강이 좋지 않아 신장투석으로 투병 중에 있기에 마음이 많이 아프다.

열손가락 깨물어 안 아픈 손가락이 없다는 옛말 틀린 것 없다. 성도들을 향한 사랑은 간혹 그들이 아픔을 겪을 땐 더 큰 사랑으로 아픔이 승화되기도 한다. 하나님께서 그 마음을 나와 다른 성도들도 알게 하셨기에 35여 년 간 목회를 이어오면서 단 한번도 성도들을 통해 시험당한 일을 겪지 않게 하심을 감사한다.

하나님은 교회를 반석 위에 세우셨다. 소위 성도가 많은 큰 교회로 성장하는 것도 좋지만 그보다 성령이라는 은혜의 바다 위를 뛰놀게 하심에 더 행복하다. 하나님의 종이 되고자 했을 때부터 성령의 충만함은 목회 사역의 방향이었다. 성령 충만의 반석 위에 세워달라는 기도와 함께 성도들도 양육하며 훈련한 결과 이제는 우리 교회의 성도상인 성령 충만한 성도가 넘쳐났다. 컵에 물이 찰랑찰랑 차는 것에 그치지 않고 가득 차서 넘쳐흐르는 성령의 은혜를 사모하라고 했더니 언제나 성령 충만을 부르짖는 성도가 되었다.

흔히 기독교를 체험의 종교라 부르는 것은 그만큼 성령에 의한 경험을 강조하기 때문이다. 성령의 경험은 하나님과 인격적인 관계를 맺는 것을 의미한다. 그렇기에 말씀에 근거하되 기도로 성령의 역사를 느끼고 그로 인해 성령의 열매를 맺어 하나님의 사랑을 실천하면 그것이 바로 성령이 충만한 삶이다. 우리 성도들은 그런 삶을 지향했기에 구분되고 성별된 삶을 살아가며 살아계신 하나님을 함께 경험해갔다.

어떤 가정에 갑작스런 문제가 생겨 고통을 받고 있을 때 자발적으로 모여 뜨겁게 기도하며 성령을 간구했다. 성령이 임함과 동시에 사람의 마음을 감동시켜 물질 문제를 함께 해결하도록 하셨고, 어쩔 땐 성령이 친히 해결사가 되어 문제가 해결되는 놀라운 역사가 일어났다. 질병에서 치유함을 받았고 마음의 막힌 담이 허물어졌다. 모든 것들이 성령 충만을 기도하면서 받은 성령의 체험이며 역사며 은혜였다. 그러니 문제가 생기면 모여 기도하는 일이 너무 당연한 일이었고 그것이 곧 반석 위에 신앙으로 가는 지름길이 되었다.

그러나 더욱 감사한 것은 35년의 목회 사역을 통해 우리 교회에서 배출한 주님의 종, 종의 사모가 많다는 것이다.

가깝게는 막내 동생인 이철휘 목사가 있다. 그는 개척 당시 중학교 2학년이었는데 우리 교회에 나오며 하나님의 종으로 비전을 가졌고 선교사가 되어 베트남에서 6년 8개월 사역을 잘 감당하다가 현재는 우리 교회 부목사로 섬기고 있다.

또한 고등학교 1학년생이었던 김락규 목사, 감리교신학대학에 재학을 하며 우리 교회에 출석했던 방재석 목사, 청년부에서 열심히 신앙생활을 하던 송순석은 군대에 다녀온 뒤 신학교를 나와 주님의 종이 되었다.

교회에서 사무를 보던 딸 같던 박성현 역시 선교사로 소명을 받고 준비하며 목사로 부르심을 받았다. 기도대장 홍우경 권사님의 딸인 강귀자는 청년부에서 함께 신앙생활을 하던 위홍수와 결혼하여 장로교에서 목회를 하고 있다

부자가 나란히 목사로 부르심을 받은 경우도 있다.

제일은행 지점장을 지내시던 최만수 장로님은 성령의 감동을 받고 신학을 공부한 뒤 목사가 되었다. 그런데 그 아들인 최요섭 역시 최근 신학을 졸업하고 개척을 시작하여 우리 교회 출신의 부

자가 나란히 목회자의 길을 걷고 있으니 얼마나 큰 축복인지 모르겠다.

뿐만 아니라 사모들도 많이 배출되었다.

딸 둘만 두셨던 장계진 권사님이 기도로 아들을 낳게 되자 남편 되시는 박진영씨도 예수님을 구세주로 영접하고 권사가 되었으며 큰 딸 계영이는 인천성산교회 부목사인 황창수 목사의 사모가 되었고, 아내의 형부 그러니까 손 윗 동서도 신앙생활에 슬럼프에 빠지셨다가 우리 교회 나오게 되면서 신앙을 회복하셨다. 그 결과 그 딸 아란이가 한선종 선교사와 결혼하여 사모가 되어 현재 캄보디아에서 사역하는 등 우리 교회는 기도하는 교회, 성령 충만한 교회로 인도하심을 받으며 하나님께서 기뻐하실 사역자들도 많이 세웠다.

교회의 재정이나 인사에 관련한 일도 하나님이 질서를 잡으셨다. 특히 교회 재정에 대해서는 누구보다 투명성을 유지하는 게 중요하다는 생각이다. 오늘날 교회 내부에 문제를 일으키는 많은 부분이 재정적인 부분이다. 그 안에는 담임 목사와 제직간의 소통 부재, 제직들의 실수, 과욕 등이 헝그러져 있다. 그 부분에 있어서는 교회를 개척할 당시부터 확고한 철학을 세웠었다.

'교회 건물과 재산은 무조건 교회의 것이고 모두 사역을 위한 도구에 불과하다. 목사는 청지기에 불과하므로 투명하게 재정에 참여하되 제직과 동등하게 운영한다. 재정을 움직이는 제직은 무조건 2년마다 교체하여 연임하지 않도록 한다. 또한 교회에 필요한 재정은 하나님이 친히 감당하실 것이니 하나님께 맡기되 교회가 먼저 할 일을 세워두고 예산을 짜되 예산의 30% 이상은 무조건 선교를 위해 쓴다. 또한 목사나 제직이나 공적인 일 외에는 절대 재정에 손대지 않는다'

이런 원칙을 세워두고 재정을 운영했다. 목사가 예산을 세울 때 참여하지 않는 예가 많다. 재정에 관여하지 않겠다는 좋은 의미가 있지만 나는 좋게 생각하지 않는다. 민감한 부분이지만 청지기 역할만 숙지하고 있다면 재정에 대해서도 잘 알아야 목회를 잘 해나갈 수 있다고 생각한다. 애초부터 예산을 세울 때 담임목사가 들어가 직접 사회를 보며 회의를 진행했다. 대신 그들이 가장 불편해 할 목회자 사례 부분에 대해 아예 공지해서 투명하게 했다. 괜히 서로 눈치보는 것보다 공무원 월급 인상에 맞추어 사례금을 책정하자는 권유를 하자 그제서야 예산위원들 모두가 편안해졌다. 그렇게 목사가 함께 예산회의에 들어가게 되니 한 해 동안 교회의 재정이 어떻게 운영되고 목회 계획은 어떻게 짜야할 지 분명히 정할 수가 있었다.

또한 우리 교회는 들어오는 수입을 미리 예상하고 일하려 하지 않았다. 어찌보면 무모해 보일 수도 있겠으나 원래부터 없는 가운데 채우시는 하나님을 경험 했던터라 먼저 교회가 할 일을 정하고 그 다음에 채워주실 하나님을 믿고 그대로 따랐다.

"자, 올해는 우리 교회가 할 일이 많습니다. 선교지에 여러가지 사역을 하는 선교헌금이 필요하고 선교사 파송도 있습니다. 그러니 한 해 동안 지출할 재정부터 짜봅시다. 우리 성도들이 피땀흘려 낸 헌금은 생명과도 같습니다. 보람있게 쓰여지고 헛되게 쓰여지지 않도록 지혜를 짜냅시다."

처음에는 지출 예산을 먼저 짜는 것에 대해 우려하는 시각도 있었다. 그러다가 수입이 부족하면 어쩌나 하는 걱정과 염려였다. 하지만 하나님이 필요하신 일이라면 채워주신다고 설득했다. 그리고 감사하게도 하나님은 반드시 필요한 사업엔 필요한 만큼 채워 주셨다. 어떤 때는 생각지도 않은 특별 헌금으로, 또 어떤 때는 생각지도 않은 수익을 얻게 하심으로. 그러니 이제는 제직들과 예산을 짤 때 하나님의 필요하신 사업이 무엇인지 먼저 간절히 묻는다. 그리곤 더 이상 걱정하지 않는다.

이렇듯 재정이 짜여지면 각 부서별로 필요한 예산을 분배하여 운영하도록 하는데 각 부서별로 재정을 운영할 권한을 동등하게 주었다. 한 사람에게 모든 재정을 분배할 권한이 생기면 화가 생기기 마련, 재무부장은 세우되 각 부서별로 제직들이 재무를 골고루 나눠 독립적으로 운영하게끔 만들고 2년에 한 번씩 교체 하도록 하니 힘의 균형도 잡히고 더욱 많은 사람들이 사명감을 가지고 일하는 교회가 되었다. 또한 장로들과 목사로 구성된 기획위원회는 1년 계획을 세우기 위해 기획위원수련회도 하고 매달 만나 세부사항도 논의하는 등 끈끈하고 친밀한 연합체가 되었다. 특히 이 모임은 철저히 자비로 운영하여 교회 재정과 분리시키는 등 재정에 대한 신뢰를 보여주고 있다.

그러니 교회에서 제직을 세우는 일은 더욱 중요한 일이 되었다. 일하는 일꾼들을 잘 뽑아야 곳간이 낭비되지 않고 시험당하는 일이 없다. 인사가 만사라는 말처럼 교회에서도 제직을 세우는 일은 많은 기도를 필요로 했다. 실제 다른 교회에서는 이 일로 인해 다툼이 많이도 생기기에 특히 기도를 많이 했던 것 같다. 그래서인지 하나님도 제직을 세우는 민주적이면서 객관적인 좋은 방법에 대한 지혜를 허락하셨다.

우선 전 성도 가운데 장로로 세워질 만한 대상자들의 신앙생활의 전 부분의 데이터를 뽑아 이를 분석한다. 그 안엔 예배의 참석 여부와 헌금, 봉사활동 등 다양한 정보가 들어 있는데, 담임목사를 비롯한 목사, 장로들로 구성된 공천위원이 그 자료를 모두 검토한 뒤 무기명 투표로 필요한 인원수만큼 우선 선출한다. 그 뒤엔 전교인들로 구성된 당회에서 무기명 찬반투표를 하도록 하여 최종적으로 결정을 내리는 방식이다.

물론 공천을 받은 분이 당회 투표에 가기 전 담임목사와 개인 면담을 통해 의사를 타진하고 교회에서 원하는 제직이 맞는지 검

증하는 단계가 있다. 그 단계가 까다로울 수도 있지만 두 가지 질문 – 장로가 되면 1년에 1주는 기획위원연수를 위해 비울 수 있는지? 기획위원으로서 교회 돈이 아닌 자비량으로 위원 활동을 할 수 있는지? -에만 승낙을 하면 된다.

사실 사람 한 명을 세우기 위해 공을 들이는 노력에 비하면 오히려 덜 까다로울 수도 있다. 어쨌든 이렇게 공천받은 후보는 성도들의 선택을 최종적으로 받아야 하는데, 그 점에 있어서는 사전에 충분히 성도들과 교감하는 장을 마련한 덕분에 지금껏 단 한번도 반대가 없었다.

나는 목회 사역 30년을 훌쩍 넘기면서 지켜온 원칙으로 교회를 반석 위에 세웠다. 성령충만한 성도로 인도하는 것, 하나님의 재산에 대해 청지기 사명을 감당하는 것, 사람을 잘 세우는 것은 처음부터 내게 주신 마음이었다. 그 원칙이 흔들림없이 35년을 이어온 것은 은혜라고 밖에 할 수 없을 것이다.

MISSION

4
밟는 곳은
모두 주시는 하나님

캄보디아에 건축한 교회

30주년기념교회 중국복건성

베트남 선교지 방문

캄보디아 선교단

중국 선교단

교회 성장의 좋은 본

누구에게나 슬럼프가 있다. 신앙이나 영적 생활에서도 슬럼프가 있기 마련이다. 목사라고 비켜가는 법은 없다.

교회를 개척하고 한 10여년 지났을 때였다. 교회는 계속적인 성장세에 놓여 있었으나 어느 정도 궤도에 오르고 나니 더 이상 부흥의 속도가 붙지 않았다. 재정적인 문제도 정상적으로 돌아오고 있었지만 왠일인지 예전의 열정이 마음 속에서 들끓지 않는다는 사실을 깨닫게 되었다.

'주님, 제가 왜 이럽니까. 왜 이럴까요?'

몸과 마음은 천근같이 무거웠고 열정은 사라졌으며 마음은 조급해졌다. 늘상 적극적인 자세와 자신감 넘치는 목소리로 성도를 대하는 목사였기에 혹시라도 사그라든 목소리와 소극적 자세로 성도들을 대하게 될까 고민스러웠다.

그러던 차에 먼저 장로님들에게 고민을 털어놓았다.

"제가 너무 힘들어서 쉬었으면 좋겠습니다. 한달 간 휴가를 주시면 미국에 가서 쉬면서 부흥하는 교회도 돌아보고 오겠습니다."

솔직한 심정을 말하니 장로님들께서 흔쾌히 허락하셨다.

"목사님, 그간 개척도 하시고 교회 건축하시면서 쉬지 않고 달려오셨으니 이젠 재충전 하시고 오십시오. 교회는 저희들이 잘 지킬테니 걱정말고 다녀오세요."

기쁜 마음으로 모든 비용 일체를 넉넉히 챙겨주셨다. 사실 미국으로 가는 비행기에 오르면서도 마음은 가시방석이었다. 오랫동안 교회를 비워본 적이 한 번도 없었는데 한 달이란 부재 기간에 부담스러움이 컸던 것 같다. 하지만 한편으론 이번 기회에 마음을 다시 다져보자는 생각도 있었다.

그렇게 미국에 도착했다.

처음으로 가 본 교회는 새들백 교회였다.

〈목적이 이끄는 삶〉의 저자 릭 워렌 목사님이 세운 새들백 교회는 입구부터 성도들을 친근하게 맞이하고 있었다. 텐트 안에 꾸며진 성전과 메인 성전 등에는 예수님의 말씀을 듣고자 모인 성도들로 가득했다.

한국에서는 강단에 서는 목사로서 있었지만 그곳에서는 달랐다. 평범한 성도로 돌아가 목사님의 설교를 듣고 성도들과 어울려 소그룹 모임을 하다 보니 마음이 조금씩 열려갔다.

릭 워렌 목사님은 1980년도에 개척한 이 교회를 미국 4대 교회로 성장시켰는데 그 속엔 교회 성장의 나름의 원칙이 있었다. 가장 우선적으로 생각하는 설교와 기도, 전도와 선교, 예배와 교제와 평신도의 리더십 등 교회를 성장시키기 위한 원리들을 기준으로 세우고 교회가 움직이고 있었다.

목사님을 세계적으로 유명하게 만든 〈목적이 이끄는 삶〉에도 나왔듯이 새들백 교회에는 하나님의 목적이 분명하게 살아 있음을 느꼈고 성장하는 교회는 무조건 신앙의 성숙과 선교에 사명을 다하고 있다는 사실을 다시금 깨달을 수 있었다. 그들의 예배는 생동감이 넘쳤고 활기찼다.

새들백교회를 시작으로 교회 투어에 나섰다. 수정교회, 갈보리교회, 온더웨이교회, 윌로우크릭교회 등 복음주의 성향이 강한 교회를 다녔다.

90년대 중반으로 들어서면서 미국은 복음의 부흥기를 지났다는 평이 있지만 내가 경험한 것은 조금 달랐다. 부흥의 속도는 우리나라에 비해 조금 무뎌졌다 해도 그래도 복음의 거점인 미국의 성령 충만함은 부피와 질량이 달랐다. 아마 하나님께서 자극을 받게 하시려고 그렇게 느끼게끔 하셨는지도 모르겠지만.

척 스미스 목사님이 세운 갈보리교회는 반전반문화 운동의 일환인 히피 문화에 대한 대안으로 시작된 지저스 무브먼트, 즉 예수 운동을 바탕으로 세워진 교회로 젊은이들에게 큰 비전을 심어 주었다. 특히 히피들 특유의 감성으로 반전을 노래하는 대신 예수 그리스도를 찬양하게 한 덕분인지 그곳에서 부르는 찬양에 큰 감동을 받았다. 실제 예수운동으로 매달 천 명 가까운 히피들이 세례를 받았다고 하니 그 폭발적인 성장은 큰 도전임에 틀림없었다. 천막에서 예배 드리는 것을 시작으로 오늘날 25만이 모이는 갈보리교회가 세워졌음을 눈으로 확인하면서 눈부신 성장과 젊은이들이 예수운동으로 비전을 찾아가는 모습이 나를 많이 자극했다.

밴 너이스 지역에 위치한 온더웨이교회(Church on the way)에서는 살아있는 예배에서 도전을 더욱 많이 받았다. 잭 헤이포드 목사님은 세계가 알아주는 설교가요 존경받는 목회자로, 강단에 서 뵈었을 때 울림이 있었다. 성령이 강하게 임재하심을 기대하며 말씀을 전하셨고 미국 신자들에게서 보기 드문 간절하고 성령 충만한 기도로 이끌기 때문이다. 또한 잘 정돈된 주일학교와 다양하고 효율적인 전도 프로그램으로 지역 주민들에게 다가가는 모습이 한국교회가 가장 접근하기 편안한 스타일이란 생각이 들었다.

특히 변두리 작은 교회가 잭 헤이포드 목사가 부임하게 된 1963년 이후 폭풍적인 성장은 했다는 점은 가장 많은 자극이 되었다. 비결은 대단한 게 아니었다. 그저 말씀으로 충만하고 기도와 예배에 충실한 점, 무엇보다 긍정적인 생각과 도전으로 성장을 이끌고 교회가 할 수 있는 가장 중요하고 필수적인 선교에 충실했다는 것이다. 다시말해 사도행전 1장 8절의 말씀에 입각하여 영혼 구원에 열정이 남달랐다. 한 영혼을 위해 무척이나 애를 쓰고 있었다.

하나님의 당연한 명령을 충실히 수행하는 교회를 돌아보며 나는 점점 달라지고 있었다. 미국의 교회가 마이너스 성장을 하는 가운데에서도 여전히 성장하는 교회들을 경험하며 천근만근 무거웠던 몸이 새털처럼 가벼워졌고 상실된 자신감이 서서히 살아나고 있었다. 상상할 수 없을 정도로 교회를 성장시킨 목회자들과 가까이에서 만나면서 좋은 기운을 받았다.

그때부터 하나님께선 내게 새로운 마음을 갖게 하셨다. 교회의 성도수가 많아지고 성전이 넓어지는 외형적인 성장에 대한 기대치를 낮추는 대신 교회가 해야 할 사명과 역할을 먼저 생각하게 하신 것이다. 새들백교회, 온더웨이처치, 갈보리교회, 윌로우크릭교회 등의 교회가 미국에서 손꼽히는 교회가 된 것은 외형적인 성장도 있지만 무엇보다 세계 선교에 앞장서면서 그리스도를 알린 이유가 컸다. 우리 교회 역시 주님의 높은 뜻을 진심으로 상기할 필요가 있었다.

'주님, 여기에 오게 하신 이유를 이제 알겠습니다. 이제부터 바꾸겠습니다. 교회와 성도 빼곤 다 바꾸겠습니다. 우리 교회를 세우신 목적, 더 많은 이들에게 복음을 전하라는 높은 뜻을 실천하겠습니다'

한 달 간의 일정을 마치면서 나는 목적이 분명한 기도를 드렸다.

교회성장의 아버지라 불리던 맥가브란 목사는 교회 성장의 핵심을 선교에 두었다. 교회가 성장하는 것은 하나님의 뜻이요, 주님의 지상명령이므로 당연히 땅 끝까지 복음을 전하는 선교가 교회 성장의 핵심이라고 했다. 옳았다. 그동안 성도수에 연연했던 회개하며 방향을 바꾸었다. 하나님께서 원하셨던 목회의 방향은 교회가 성장하는 방법인 선교라는 확신이 왔다. 나는 그 지상명령에 순종하기로 했다.

선포하라! 선교의 해

"성도 여러분, 이제 우리 교회도 새로운 도약을 꿈꿔야하겠습니다. 그간 미국의 교회를 돌아보며 많은 도전을 받았고 여러분과 함께 같은 목표를 향해 전진해 나갔으면 합니다."

미국에서 돌아오는 그 주 주일에 강단에 섰을 때 예전의 내가 아니었다. 목소리 한마디 한마디에 힘이 실렸고 가슴엔 확신이 있었기에 자신감이 넘쳤다. 성도들 역시 달라진 담임 목사의 태도에서 뭔가 새로운 일이 시작되었음을 느끼고 있었다.

"사랑하는 성도 여러분. 우리 부평제일교회는 이제부터 선교에 생명을 건 교회로 거듭나야 합니다. 하나님께서 교회를 세우실 때 목적은 분명하셨습니다. 선교에 힘쓰라는 것이었습니다. 아직도 복음이 전해지지 않은 곳은 너무도 많습니다. 주님의 지상명령인 땅 끝까지 복음을 증거 하라는 말씀에 따라 우리도 이제 선교에 눈을 돌려야 합니다. 아니 이제부터 선교에 생명을 겁시다!"

선교에 생명을 걸자는 선포는 성도들에게 큰 충격이었다. 그동안 교회를 이끌어 오면서 이웃 사랑을 실천하면서 내적으로 성장하는 전도와 양육에 힘을 실었기에 선교는 상대적으로 약했던 부분이었다. 그랬던 이들에게 이제부터 선교에 생명을 걸자고 하니 당황스러울 수도 있었을 것이다. 그럼에도 하나님은 이미 성도들의 마음까지 순종하도록 바꿔놓으셨다.

"목사님, 선교에 대해 잘 알지는 못하지만 그래도 선교에 생명을 걸겠다고 하시니 저희도 그저 순종하겠습니다."

1990년대 중반에 들어서면서 이미 한국 교회는 선교사를 파송하는 강국이 되고 있었다. 불과 100여 년 전만 해도 외국 선교사가 들어와 복음을 전하는 피선교국이었건만 복음으로 거듭나 이제 선교사를 파송하는 국가가 되었으니 하나님이 이 나라를 크게 쓰시는 데에는 선교의 역할도 큰 몫을 했을 것이다.

미국 윌로우크릭교회에 갔을 때 예배당에 세계 국기가 많이 걸려있길래 한 목사님께 물었던 생각이 떠올랐다. 그러자 목사님이 말씀하시길 선교하는 나라들의 국기라고 하셨다. 그 많은 나라의 영혼을 위해 성도가 함께 기도하고 있으며 섬기고 있다는 것은 굉장한 충격이었다. 또한 성도들 역시 너무도 당연시하고 있다는 사실에 부끄러웠다.

한국으로 돌아온 그 다음 주부터 선교에 올인 했다.
"너희는 온 천하에 다니며 만민에게 복음을 전하라"라는 말씀을 입술에 달고 살았다. 말씀은 곧 지표가 되었다.

당장 선교사를 파송하는 일을 서두르기보다 성도들과 함께 기도하며 준비 작업을 하는 것이 중요했다. 한편으론 선교 활동을 할 방안을 마련하고 또 한편으론 성도들과 공감하도록 했다. 매주마다 선교에 관한 설교를 이어갔다. 그 중에는 우리나라에 최초로 복음을 전한 아펜젤러 선교사님을 비롯해서 죽음도 불사하고 복음을 전하신 많은 선교사들의 이야기가 들어 있었다. 또한 반대로 우리나라가 이렇게 부흥한 뒤 거꾸로 선교사를 파송하는 나라가 되어 각 나라에 복음을 전하는 선교사님들의 이야기를 전했다.

예배마다, 조직 활동을 할 때마다 선교는 중심 내용이 되었다. 교회에 모시는 분들 중에는 오지에서 고생하시는 선교사님들이 주류를 이루었고 그에 감동한 성도들의 선교 헌금이 이어졌다. 선교에 생명을 걸겠다는 선포는 성도나 제직들의 귀에 못이 박히도록 들어갔고 성도들 사이에서도 자연스레 "온 천하에 다니며 만민에게 복음을 전하라"는 말씀이 오르내리기 시작했다.

간혹 이렇게 묻는 성도들도 있었다.

"목사님, 선교에 너무 치중하다가 교회가 성장을 멈추면 어떡합니까?"

그럴 때면 내가 하는 대답은 한결같았다.

"여러분, 사실 교회성장학이 시작한 건 일종의 선교 전략이었습니다. 도날드 맥가브란 목사님은 세계 복음화를 위해서 교회와 신자가 교회 성장에 주된 초점을 맞추는 것이라고 보았기 때문에 교회성장학을 내놓은 거에요. 그분이 봤을 때 교회가 성장하는 것이 세계를 복음화시키는 데 가장 효과적인 전략이라고 본 거죠. 물론 이것이 시간이 지날수록 성공학으로 변질되었다는 평가도 받기에 안타깝기도 하지만 어쨌든 처음 시작은, 교회가 성장함으로 세계 복음화를 앞당길 수 있다는 믿음이 있었다는 겁니다. 그렇기에 교회 성장과 선교는 함께 할 수 밖에 없어요. 주님의 몸이 성장하는 건 주님이 뜻이니 당연한 겁니다. 그러니 선교를 위해 생명을 걸듯 노력하면 교회 성장은 당연히 따라옵니다."

1994년부터 시작된 부평제일교회의 선교 열풍은 그렇게 불붙기 시작했다. 성도들은 누구랄 것 없이 선교를 당연하게 생각했고 복음이 열리지 않은 나라에 대해 안타까워했다. 그러다보니 누가 말하지 않아도 복음을 위해 지갑을 여는 일이 생겼다. 돈 천원이 없어 죽어가는 아이들을 위해 눈물 흘렸고, 그들을 위해 빵과 복음을 들고 가는 선교사들의 걸음을 후원하는 손길이 늘어났다.

나 역시 선교에 생명을 걸겠다는 목회의 지향점을 새롭게 확립했던 터라 몸도 마음도 바빠졌다. 교회는 선교활동에 맞게 조직과 운영을 리디자인 해야 했고 당장 시작하지 않더라도 기도하며 하나님의 뜻을 구해야 했다.

기도는 자연스레 바뀌어갔다. 주님의 명령을 더 충실히 이행하기 위해 준비하신 곳을 알려달라고. 우리 교회가 선교에 생명을 걸고 선교를 위해 끝까지 전진할 수 있는 힘을 달라고.

1994년은 부평제일교회가 새롭게 태어난 해였다.

"너희는 가서 모든 족속으로 제자를 삼아 아버지와 아들과 성령의 이름으로 세례를 주고 너희에게 분부한 모든 것을 가르쳐 지키게 하라. 볼찌어다 내가 세상 끝날까지 너희와 함께 있으리라 하시니라."(마태복음 28:20)

예수님의 지상명령을 받아들이자 주님은 세상의 족속으로 제자를 삼는 일에 조금씩 말씀대로 길을 여셨고 그 부르심에 가슴 떨리게 아멘하며 나아갈 수 있었다.

복음이 열리지 않은 곳으로

"이 목사, 우리 교회가 이제 선교를 하려고 하는데 어느 나라에 가는 게 좋을까."

감리교단의 국외 선교를 담당하는 친구 이우헌 목사를 찾아가 단도직입적으로 묻자 이 목사는 이런 답을 주었다.

"앞으로 사회주의국가의 문이 열리는데 베트남에 가서 선교를 시작하면 어떨까요?"

베트남이라, 1990년대 중반 베트남은 우리나라와 정식으로 수교도 맺어지지 않은 상태의 나라였다. 그저 우리가 그 나라에 대해 아는 것이라곤 월남 전쟁 정도에 불과했다.

그 날 이후 나는 베트남에 대해 기도하며 연구하기 시작했다.

적을 알고 나를 알면 백전무패란 말도 있듯이 선교할 나라에 대한 공부는 필수였다. 물론 자료나 정보는 거의 없었다. 종교의 제약이 있는 사회주의 국가다보니 지금껏 비공식 통로를 통한 복음만 들어가고 있었기에 알음알음으로 정보를 아는 게 다였다.

아무런 시도도 하지 못할 즈음 우리 교회 청년이 나를 찾아왔다. 그는 이랜드 그룹 사회사업부에 근무하고 있었다.

"목사님, 우리 이랜드 그룹에서 어려운 나라에 옷을 보내 돕고 있는데 정식으로 요청하시면 도와드리겠습니다."

그것이 계기가 되어 이랜드 사회사업부에 요청을 했고 승낙을 받아 컨테이너 분량의 옷을 받아 배편으로 베트남에 보내게 되었다. 호치민에 도착하면 이랜드그룹 호치민 지사장에게 나누어 주는 것을 확인받도록 하는 조건이었다.

"성도님들 이번에 제가 베트남으로 갑니다. 아직 복음이 열리지 않은 곳에 복음의 밭을 갈기 위한 작업을 하러 가는 겁니다. 성도님들의 기도가 필요합니다. 기도해 주십시오."

뒤에서 중보기도가 무엇보다 필요한 일이었다. 비행기에 오르면서 간절히 기도했다. 선교에 생명을 걸겠다고 서원했던 기도가 그 첫발자국을 떼는 거란 생각에 설레기도 하면서 혹시 일이 잘못될 경우 추방되는 위험한 경우를 생각하니 두려운 마음도 있었다.

드디어 태국을 거쳐 호치민에 도착했다. 입국 비자를 받기 위해

서류를 쓰는데 함께 간 태국의 신광준 선교사님이 곁으로 오더니 속삭이셨다.

"직업란에 목사라고 쓰지 말고 그냥 사업가라고 쓰세요."

그 말씀에 따라 사업차 베트남에 방문했다는 것을 밝히고 입국 비자를 받으니 사회주의 국가에 온 것이 더욱 실감났다.

호치민에 도착해서 제일 먼저 한 일은 이랜드그룹 호치민 지사장을 만나는 것이었다. 호치민시 변두리에 위치한 호텔에서 그를 만나 옷을 나누어 주는 일을 의논하고 다시 숙박할 호텔로 돌아와 하룻밤을 지냈다.

다음날 조식을 마친 뒤 숙소로 올라오는 엘리베이터에 올랐다. 숙소 층을 누르는데 다시 문이 열리며 한 사람이 타는데 언뜻 보기에 우리나라 사람 같기도 하여 간단한 눈인사를 주고 받는데, 갑자기 그가 말을 걸었다.

"동무! 사업은 잘 되십네까?"

"... ?"

북한 말투였다. 크게 당황이 되었다. 나는 '우리를 아는구나' 하는 생각에 마음 끝이 찌릿 거렸다.

"사업은 무슨..."

"에이.. 무슨 사업이라니요? 복음사업 말입네다."

뒤통수를 맞은 기분이었다. 그는 이미 우리 신분을 알고 있었다는 것이다. 이 상황을 어떻게 대처해야 하는지 몰라 우물쭈물하다가 아무런 대꾸도 없이 서둘러 내렸다. 우리의 존재를 알고 있는 그는 더 이상 따라오지 않았지만 충격은 컸다. 그간 꽤나 강심장이라고 생각했는데 막상 철통보안과 삼엄한 경계가 있는 곳에 오니 괜히 긴장이 되었다. 숙소로 돌아와 신광준 선교사님에게 사회주의국가에 대한 이런 저런 이야기를 들었다.

"목사님, 이곳에서 그런 일은 종종 있습니다. 아무리 간접적으로 복음 사역을 돕는다고 해도 다 알지요. 지금 우리가 하는 일은 직접적으로 불법을 하는 일이 아니기 때문에 경계를 하는 정도지만 그들의 법에 어긋난다고 생각하면 그 자리에서 바로 추방할 수 있는 곳이 사회주의 국가입니다."

어쨌든 그런 경험을 한 뒤 7,000만원 어치의 옷을 보내는 일을 무사히 마칠 수 있었다.

베트남에 대한 첫인상은 강렬했다. 그동안 한국에서 편안하게 목회를 했다는 깨달음에 감사를 회복했고, 복음이 필요한 이들에게 하루라도 빨리 복음을 전하는 일이 시급하단 사실에 눈을 떴다. 그렇게 베트남은 우리 교회가 돕는 첫 번째 선교지가 되었다.

베트남 선교사역 중 먼저 시작한 일은 직업학교를 하는 김영관 선교사를 돕는 거였다. 태국에서 활동하는 신광준 선교사님의 안내를 받아 들어간 직업학교는 말 그대로 우리나라 직업학교 같은 곳이었다. 기술을 배워 사회로 진출하려는 청년들이 있는 직업학교였다. 소위 한국인과 베트남 사이에서 태어난 혼혈인을 지칭하는 라이따이한을 위한 학교였다. 그곳을 둘러보며 그 청년들에게 하나님의 복음을 전하는 일이 참 귀한 일이란 생각이 들었다. 하여 선교사님과 이런 저런 이야기를 나누며 복음에 관한 말을 꺼내자 선교사님이 흠칫 놀라며 입을 막았다.

"목사님, 이곳은 사회주의국가입니다. 마음대로 복음을 입에 담을 수 없어요. 제가 직업학교를 운영하게 된 것도 그런 이유에서입니다. 자유롭게 복음을 전할 수 있으면 교회를 세웠지요. 그런데 그것이 모두 불법이고 감시의 대상이기 때문에 학교를 운영하며 간접적으로 하나님의 선한 뜻을 보여주는 느린 선교를 하는 겁니다. 사회주의 국가에서는 한가지 사역밖에 못 합니다. 학교 사역을 하면 학교만 도와야 해요. 학교를 도우면서 복음 사역도 같이 하는 일은 금지됩니다."

이런 설명을 듣고 학교를 돌아보는데 가슴이 답답했다. 우리는 직업학교를 둘러보고 다시 한국으로 돌아와 그 학교와 선교사님을 돕는 일로 선교 사역을 시작했다. 필요한 물질을 후원하고 한국에선 성도들이 라이따이한들을 위해 기도했다. 또한 우리가 잘 알지 못하던 사회주의국가에서의 자유롭지 못한 선교 활동이 열리는 날이 시급히 다가오기를 간절히 구했다.

뜻밖의 여정

하루는 막내 동생인 이철휘 목사가 찾아왔다. 나와는 열세 살

차이가 있는 동생인데 내가 강권하여 목사가 된 동생이었다. 일찍이 선교로 하나님께 헌신하겠다고 서원을 하고 감리교신학대학교의 세계선교대학원에서 선교사 훈련을 받고 준비하고 있었는데, 그가 가족과 함께 아프리카 베넹으로 떠나고 싶다는 것이다.

"꼭 아프리카로 가겠다는 이유가 있어?"

"네, 복음의 미개척지고 선교사들을 많이 필요로 하니까요."

"음.. 그래?"

사실 그 당시 나는 베트남 선교 사역에 대한 또다른 길을 모색하고 있는 중이었다. 현지 선교사님의 활동을 돕는 것도 필요했지만 그것보다 구체적이고 직접적인 복음 사역이 필요하다는 생각을 하고 있을 즈음이었다.

'아무리 사회주의 국가라지만 이렇게 폐쇄적으로 복음을 증거하는 건 효과적이지 않을 수도 있다. 다른 방법은 없을까?'

하나님께 다른 방법을 간구하고 있었다. 복음이 전해지지 않은 불모지에서 소극적으로 복음전하는 것보다는 사회적으로 용인되는 범위에서 교회를 세우는 일이 어떻게 하면 가능할지 지혜를 달라는 기도를 주로 드렸다.

그후 나는 베트남 선교를 기점으로 선교회를 구성하는 일을 진행했다. 일단 선교에 관심을 갖고 있는 목사님들과 접촉해 같은 뜻을 세우는 일에 주력했다. 가깝게 지내는 친구 목사님이 기꺼이 동참했고 나중에는 나와 같이 선교에 생명을 걸겠다는 목사님들도 참여했다. 우리는 인도차이나선교회라는 이름으로 선교 헌금을 마련하여 선교회 차원에서 현지 선교사를 돕는 일을 시작해 나갔다. 훨씬 목사님들의 참여도를 높이는 공신력이 있는 효과적인 방법이었다.

이제 선교회 차원에서 직접적으로 베트남 선교를 맡겨도 될 것 같다는 확신이 들었다. 사회주의 국가에 대해 어느정도 파악이 끝난 상태였고 좀 더 적극적인 방법으로 접근해 보자는 의견을 모았기 때문이다. 그러려면 현지 목사들과의 교류를 하고 교회 차원으로 접근하는 것이 필요했다. 그 일을 해 줄 선교사가 필요했다.

"이철휘 목사, 베트남으로 가서 선교활동 하는 건 어때?"
"네? 베트남이요?"
"응. 지금 인도차이나 선교회에서 선교사를 파송해서 선교활동을 하려고 하는데, 아무리 생각해도 이 선교 사역에 대해 잘 알고 있는 동생같은 선교사가 필요해. 아프리카나 베트남이나 복음 전하는 일은 같을텐데 마음을 바꾸는 건 어려울까?"

동생은 갈등했다. 그도 그럴 것이 처음부터 아프리카 사역을 마음에 두고 기도했으니 당연했다. 하지만 가장 필요로 하는 곳으로 파송되는 것도 방법일 수 있었다. 물론 결정은 본인에게 맡겼지만 우리 선교회는 그를 위해 기도했다. 이미 선교사 훈련을 받고 있던 동생 목사는 생각지도 않았던 제안에 꽤 오랫동안 기도를 이어갔다. 그리고 얼마 뒤 가겠다는 뜻을 전했다.

"이 목사, 잘 생각했어. 어려운 결정이었을텐데 어쨌든 고마워.

쉬운 일은 아니겠지만 하나님이 함께 하시는 사역이니 반드시 천국의 상급이 있을거야."

그리하여 이철휘 목사는 인도차이나선교회에서 파송하는 첫 번째 베트남 선교사가 되었다. 당시 그는 갓 태어난 아이와 세 살 짜리 아이를 둔 가족의 가장이었다.

베트남 1호 선교사인 이철휘 목사가 파송되는 날, 처음으로 선교사를 파송하는 날이었기에 왠지 모를 눈물이 자꾸만 흘러 나왔다. 오히려 담담한 선교사의 표정을 보고 몇 번이나 울컥하는 마음을 진정시켰는지 모른다.

온 성도가 마음을 연합하여 선교사 가정을 위해, 베트남을 위해 간절히 기도했다. 그렇게 동생네 가족은 베트남으로 가는 비행기에 올랐다. 마땅한 비자를 받을 수 없어 일단 관광비자를 받고 들어간 그들을 뒷모습을 한없이 바라보았다.

그렇게 석 달이 흘렀다. 베트남에 간 선교사는 현지 교회를 출석하는 교인으로 들어가 신앙생활을 하며 친교를 맺고 있는 중이었다. 자주 연락을 하며 그들의 지내는 과정을 전해 듣고 있으니 마음에 평안이 왔다. 석 달만 사용할 수 있는 관광비자로 들어갔기에 다시 태국으로 나와 비자를 연장하러 나온다는 말을 전해 듣고 조심하란 말을 했을 때만 해도 앞으로 벌어질 엄청난 일에 대해 알지 못했다.

며칠 뒤 나는 수원서지방 연합성회를 인도하고 있었다.

그런데 집에 있던 아내에게 한통의 전화가 걸려왔다. 이철휘 선교사 가족이 비자 연장을 받으러 태국으로 나왔다가 무단횡단하는 오토바이와 부딪쳐 뇌를 다쳐서 지금 의식을 잃고 방콕 크리스천 병원에 입원해 있다는 소식이었다. 아내는 부흥회를 인도하는 나에게 직접 전화를 할 수 없어 친구인 김철한 목사에게 전화로 이 사실을 알리면서 적당한 시간에 전해 달라고 했다.

김 목사는 둘째 날 오전 집회가 끝난 후 나에게 조심스럽게 이 사실을 말해주었다. 순간 나는 어찌할 바를 몰라 몸을 가눌 수 없었다. 죽었는데 내가 충격을 받을까봐 의식을 잃었다는 말로 대신한 것 같았다. 그 후, 어렵게 집회를 마치고 돌아와 태국에 갈 채비를 끝내고 주일예배를 드렸다.

"성도님들, 베트남에 파송된 이철휘 목사가 며칠 전 교통사고를 당했다고 합니다. 신호등을 무시하고 건너던 오토바이와 정면으로 부딪혔다는데 뇌를 다쳐 깨어나지 못하고 있습니다. 여러분의 기도가 필요합니다. 제가 내일 태국으로 가는데 여러분, 진심으로 기도해 주시기 바랍니다."

"아~~ 어떻게.."

여기저기 탄식이 쏟아져 나오며 너무 안타까워했다. 서둘러 주일예배를 마치고 월요일에 비행기에 올랐고 교회에서는 비상기도회가 뜨겁게 이어졌다. 나 역시 비행시간 내내 기도에만 매달렸다.

'주님, 죽은 자도 살리신 주님이십니다. 사망의 음침한 골짜기로 다닐지라도 해를 두려워하지 않을 것은 주께서 너를 지키시리로 다 말씀하신 주님, 이철휘 선교사가 얼마나 다쳤는지 어떤 상태인 지는 잘 모릅니다. 하지만 어떤 상태가 됐건 주님이 치료자가 되시니 고쳐주시옵소서. 주여, 무조건 고쳐 주옵소서.'

인간의 생사가 달린 기로에서 나는 그렇게 주님만 매달릴 수 밖에 없었다. 아마도 생애 최고의 위급한 상황을 맞았던 것 같다.

죽으면 죽으리이다

"이 목사, 철휘야. 형이다. 못 알아보겠니?"
".... 형.."
"어? 형을 알아보겠어?"
" ... "

사고 후 일주일 동안이나 의식을 잃고 누워있는 방콕 크리스천 병원에 가자마자 이철휘 선교사는 나를 단 한번 알아보더니 다시 의식을 잃었다.

그리곤 말이 없었다. 병실에 있는 사람들 모두 환자의 의식이 돌아왔는줄 알고 기뻐했지만 그는 '형'이란 말 한마디를 남기고 다시 의식을 잃었다.

상황은 너무도 절망적이었다. 병원에 누워있는 이철휘 선교사는 거의 죽어있는 것처럼 보였다. 한국에서 연락을 받고 올 때만 해도 한가닥 희망이 남아 있는 줄 알았건만 환자의 시커먼 얼굴을 보는 순간 말도 나오지 않았다.

"일단 병원 올 때 머리가 심하게 다쳤구요. 오토바이가 다리를 지나가면서 다리 뼈도 심하게 어그러졌대요. 그래서 병원에 오자마자 수술을 했는데 이렇게 정신도 못 차리고 수술한 곳도 문제가 있어 보여요."

아무리 비전문가라 하지만 동생의 상태는 심각해 보였다. 수술한 부위엔 계속 염증이 생기는데도 담당 의사란 사람은 "No problem"이라며 문제없다는 말만 계속 말하였다. 더욱 큰 문제는 다친 이후 의식이 돌아오지 않는다는 사실이었다. 그나마 내가 들어갔을 때 잠깐 눈을 떠서 '형'이라고 말한 게 전부였다.

일단 담당 의사를 만나 동생의 상태부터 자세히 물어봐야 했다. 담당 의사는 우리와는 달리 심각하지 않았다. 의식이 왜 돌아오지 않느냐는 물음에 본인은 수술을 잘 했다고만 동문서답을 했고, 수술 부위에 염증이 계속되는 건 어떻게 생각하느냐 질문엔 문제 없다는 말만 되풀이했다. 아무리 생각해도 태국 병원에 있다간 이대로 큰일을 치루겠단 생각이 강하게 들었다.

"안되겠어요. 동생을 한국으로 옮기는게 좋겠습니다. 이곳 의료진 믿고 있다가는 큰일 나겠어요. 어서 한국으로 옮깁시다."

아이 둘을 데리고 있던 제수씨도 정신이 반쯤 나가 있었다. 나는 태국에서 사역하고 있는 오세관 선교사의 도움으로 한국으로 가는 수속을 밟기 시작했다.

그런데 환자의 '한국 후송'은 대단히 까다로웠다. 외국에서 수술을 받은 환자였기에 후송에는 위험이 뒤따랐다. 그렇기에 대한의사협회에서 환자를 한국으로 후송가능하다는 허락을 받아야 하고, 그 뒤엔 항공사의 허락을 받은 뒤 환자를 돌볼 의사가 대동해야 하는 절차를 거쳐야 했다. 국내에서 일어난 일이 아니기에 여간 절차가 복잡한 게 아니었다. 게다가 모든 과정마다 돈이 들어가야 하는 일이기에 경제적인 문제도 컸다. 그럼에도 결단을 내려야했다.

"이철휘 선교사는 한국으로 데려갑니다. 반드시 한국에서 치료받게 합니다."

한국 후송의 절차를 밟아 나갔다. 대한의사협회에 공문을 보내고 긴급하게 연락을 취해 어렵게 후송 결정을 받았다. 이젠 항공사를 섭외해야 했다. 환자를 후송해야 하는 것이기에 좌석이 확보되어야 했고 응급상황에 맞는 약품이 반입되도록 하는 절차가 필요했다. 항공사와 수십번 연락을 취하여 그것도 어렵게 좌석을 마련할 수 있었다.

그런데 문제는 공항에서의 환자의 상태였다. 환자가 다른 나라로 후송될 때는 의식이 있는 상태에서 옮겨져야 한다는 원칙이 있었다. 하지만 동생은 의식이 없으니 난감했다.

'어쩐담.. 그래도 한번 해보자. 한번 부딪혀보자'

하나님께 간절히 기도했다. 피할 곳을 주시는 하나님께, 이 난감하고 절박한 상황을 아시는 하나님께 맡기며 동생의 후송 작전을 시작했다. 일단 누워있는 동생을 일으켜 휠체어에 앉혀 단단히 고정시켰다. 그리고 모자를 깊숙이 눌러 씌워 얼굴빛이 잘 보이지 않도록 했다. 대신 수술한 부위는 최대한 노출시켜 긴급함을 알게 해 주었다. 그렇게 앉으니 의식 있는 사람처럼 보였다. 하지만 출국 심사대를 통과하는 문제가 있었다. 긴장되는 순간이 이어졌다.

'주여.. 제발...'

그냥 지나쳐줄 것을 간절히 원하며 휠체어를 밀고 빠져 나가는데 이게 왠일인가. 그동안 한번도 의식을 찾지 못한 동생이 갑자기 뭐라고 웅얼거리며 몸을 조금씩 움직이기 시작했다. 갑자기 의식을 찾았다는 게 너무 신기해 얼른 휠체어를 밀고 들어갔다. 치료차 한국에 간다고 당당히 대답을 하니 직원이 휠체어에 있는 동생을 힐끔 보더니 고개를 끄덕이며 통과를 명했다. 할렐루야였다.

"철휘야. 이제 기억이 좀 드니?"

" ... "

동생은 다시 의식을 잃었다. 정말 기적적인 일이었다. 한국으로 가는 길을 열어놓으신 하나님의 뜻임에 분명했다. 한국으로 돌아오는 비행기 속에서 우리는 모두 한마음으로 기도했다. 동생의 다리를, 그리고 의식을 찾게 해 줄 좋은 의료진을 만나게 해달라고.

한국에 도착하자마자 국내 유수한 의료기관인 S 병원 응급실로 달려갔다. 한편으론 그 의료재단이 감리 교단 베이스이기도 하기에 감리교 선교사의 일에 적극적이길 바라는 마음도 있었다. 그러나 기대는 형편없이 어긋났다. 태국에서 동행한 의사는 응급실에 환자를 인계하고 방콕으로 다시 돌아갔고, 환자를 받은 병원은 치료는커녕 응급실 복도에 환자를 뉘어놓고 거들떠보지도 않았다. 다급한 마음에 항의를 했다.

"응급실에 베드가 없습니다. 좀 기다리셔야겠어요."

그러고는 응급 환자를 그대로 방치해 두고 있었다. 한시가 다급한 환자를 방치해두는 것을 용납할 수 없어 항의도 했지만 막무가내였다. 그렇게 몇 시간을 방치된 끝에 한 성도님이 순천향대학병원으로 옮기자고 제안을 했다. 연락해 보니 그쪽은 치료할 의사가 있었던터라 더 이상 지체할 수 없었다. 환자를 살펴본 의사는 표정이 심각했다.

"흠.. 일단 한국으로 모시고 온 건 잘 하셨습니다만... 다리 상태가 좋지 않습니다."

더 이상 질문도 생각나지 않았다. 좋지 않은 말을 할 것 같은 걱정이 되었기 때문이다. 의사는 아무 말 없이 수술한 다리를 이리저리 살펴보더니 길게 한숨을 쉬며 말을 이었다.

"지금 수술한 부위 염증이 너무 심해서 그대로 치료하는 건 불가능합니다. 아무래도.. 다리를 절단해야겠습니다."

"네?"

절단한다는 말에 가족들은 이미 제정신이 아니었다. 아내는 그 자리에 주저앉았고 제수씨 역시 울기만 했다. 나마저 이성을 잃으면 곤란했다. 억지로 정신을 차리는데 마음 한편에서 이상한 확신이 들기 시작했다.

'절단하지 않아도 된다. 하나님이 반드시 고쳐주신다'

마음에 소원을 두고 행하시는 주님께서 동생을 고쳐주신다는 확신이 더욱 커졌다. 우리는 얼른 결단을 내려야했다. 의사의 말대로 다리를 절단하려면 조금이라도 상태가 나을 때 하는 게 낫기 때문이다. 그때 내가 나섰다.

"선생님, 동생 다리를 절단하는 건 원치 않습니다."

"그 심정은 압니다만, 지금 하지 않으면 더 위험할 수 있습니다."

"하지만 저희가 원치 않습니다. 대신 선생님은 최선을 다해 치료해 주십시오. 우리가 기도하겠습니다."

더 이상 의사도 권하지 않았다. 그때부터 동생 선교사를 위한 특별기도가 시작되었다.

온 교인들이 똘똘 뭉쳐서 기도를 이어갔다. 나와 아내는 금식하며 매달렸다. 내가 확신을 얻고 우겨가며 절단이 아닌 치료를 선택했으니 더욱 절박했다.

'주님, 반드시 고쳐주십시오. 치료자 되신 주님께서 동생의 다리를 만져 주십시오. 에스더가 죽으면 죽으리다의 심정으로 기도했던 것을 아시지요? 저 역시 죽으면 죽으리라는 심정으로 기도합니다. 동생을 살릴 수 있다면 제가 무엇을 못하겠습니까? 복음을 전하러 간 당신의 종입니다. 살려주셔야 합니다'

매일 매일 기도를 이어갔다. 누워있는 동생이 불쌍하고 그 남겨진 가족이 가여웠고 복음을 기다리는 이들에게 미안했다. 동생은 병원 중환자실에서 석 달을 지내며 큰 수술을 다섯 번이나 해야 했다. 염증을 제거하고 으스러진 뼈를 이어 맞추는 등 대수술을 잘 이겨내면서 다행히 의식이 돌아왔다.

그런데 또다른 문제가 생겼다.
어느 날 의식을 되찾았다는 소식에 기쁜 마음으로 병실로 뛰어 들어갔더니 오랜만에 동생이 눈을 뜨고 나를 맞았다.
"어? 형님~ ...?**$%@#*$%^&~!#$%… "
나와 형수의 얼굴만 알아보더니 그 뒤부터는 이상한 말들이 튀어 나왔다. 한번도 들어보지 못한 욕설들이 동생 입에서 튀어 나오자 나도 모르게 다리에 힘이 탁 풀렸다.
"그래도 아주버니랑 형님은 얼굴을 알아보세요. 가족은 얼굴도 못 알아봐요. 거기다 대고 욕을 하니까 애들도 너무 놀라고.."
참으로 기가 막힌 일이었지만 실망하지 않았다.
아직 동생은 다리를 절단하지 않았고 치료를 견디고 있지 않은가 아직 온전히 돌아온 상태가 아닐 거란 믿음을 갖고 기도했다. 온 교회 성도가 릴레이로 기도를 이어갔다. 그날 이후 동생은 정형외과 치료와 함께 정신과 치료도 함께 병행했다. 다리에 철심을 박는 수술장에 들어가면서도 상스런 욕을 해대는 동생을 지켜보는 마음은 암담했지만 끝까지 손을 놓지 않으시는 하나님을 믿었다.

병원에 입원해 있는 동안 제수씨는 어린 자녀들 때문에 병원을 지키지 못했다. 대신 아내가 시동생의 대소변을 받아내며 병실을 지켰다. 천사같은 아내의 수고가 하나님을 감동시키는 데 일조했다고 생각한다.

그렇게 몇 달이 흐른 어느날, 담당 의사가 내 앞에 섰다.
"동생분, 다리를 절단하지 않으셔도 되겠습니다. 다행히 수술 부위 염증 생기는 것도 치료되었구요 다리에 철심을 박고 으스러진 뼈도 잘 맞추었습니다. 물론 조금 불편하기는 하겠지만 그래도 대단하십니다. 역시 기도하는 분들이라 다른 것 같습니다."
의사의 말에 그제야 안도의 한숨을 내쉬었다. 다행히 정신이 오락가락하던 동생도 정신과 치료를 받으면서 제정신을 찾아갔다. 얼마나 감사한지 모른다.

그러나 더욱 감사한 일은 따로 있었다. 동생이 근 1년 여 간을 병원에 지내며 온갖 고초를 겪었지만 정신이상과 함께 사고와 치료의 고통스런 과정을 흔적도 없이 잊게 하셨다는 것이다. 그는 악몽 같은 일을 기억하지 못했다. 다만 다른 가족들을 통해 이야기를 들어 알 뿐이었다. 참으로 고통 스러웠을텐데 기억을 지움으로 하나님의 영광만 듣게 하셨으니 얼마나 감사한가?
마지막 수술을 받으러 수술장에 들어가는 날 동생 이철휘 목사가 내 손을 잡고 말했다.

"형님, 형님이 절 살렸습니다. 평생 잊지 않겠습니다."

"아니다. 우리 교인과 내가 한 건 그저 죽으리라 기도한 것 밖에 없다. 하나님이 널 살리셨다. 이제 널 살려주신 하나님 위해 평생 헌신해라."

우리 형제는 수술장 앞에서 뜨겁게 눈물 흘리며 하나님께 영광을 돌렸다. 동생 선교사가 정상으로 돌아오는 과정을 지켜보게 된 1년이란 시간은 더욱 낮아지고 부서지는 시간이었다. 선교에 생명을 걸겠다는 서원이 얼마나 위력을 지닌 것인지 동생을 통해 알게 하셨고, 복음이 전해지지 못한 곳에 복음을 들고 가는 일이 얼마나 준비와 기도가 필요한 지도 깨닫게 하셨다. 또한 선교지에서 뜻하지 않게 위험을 당하게 될 때 취할 수 있는 방법이 까다롭고 소극적인 대처를 할 수 밖에 없다는 열악한 상황도 알게 하셨다. 그렇기에 선교사, 특히 사회주의 국가에서 활동하는 선교사들의 걸음이 얼마나 위험한 도전이며 위대한 발걸음인지 가슴 뭉클하게 느끼게 하셨다. 그럼에도 선교란 쓰시고자 하는 사람을 통해 필요한 곳에 보내는 주님의 아름다운 계획이요 발걸음이란 진리를 알게 하셨다. 그래서 택함받은 사람으로서 더욱 겸손해질 수 밖에 없었다.

사회주의 사회에 복음 뿌리기

베트남에서 전화가 걸려왔다. 이철휘 선교사였다. 목소리가 한껏 들떠있는 걸 보니 왠지 일이 잘 진행되고 있는 느낌이었다.

"목사님, 아무래도 지금 제가 섬기는 교회 목사님을 통해 알게 된 목사님께서 교회 짓는 걸 부탁할 것 같습니다."

"그래? 그거 참 잘 됐네. 우리가 뭘 도와주면 될까?"

"이곳 성도가 바친 땅이 있는데 그곳에 교회를 지을 것 같아요, 그러면 건축비용이나 설계 등에 우리 도움이 필요할 겁니다."

좋은 소식이었다. 사회주의 국가에서 선교 사역을 하는 것은 상당한 한계가 있었다. 베트남은 우리 교회가 처음 진출한 사회주의 국가로 그간 기독교에 대한 박해도 많았던 나라였다. 그러니 이곳에 들어가는 한국 선교사님들은 지극히 제한된 선교 활동 외에는 할 수 없는 실정이었다. 앞서 우리 교회가 후원했던 선교사님이 운영하는 직업학교를 돕는다거나 병원을 돕는 등의 일 뿐이었다. 대놓고 복음 사역을 하다가는 그대로 추방되어 쫓겨오는 나라가 사회주의국가였기에 다시 이철휘 선교사를 보내면서도 고심을 했다.

한번 호된 채찍이 있었던 덕분일까, 인도차이나선교회와 우리 교회는 이철휘 목사를 베트남에 재파송 하면서 더 많이 준비하고 기도했다. 더욱 조심스런 발걸음을 떼는 동생네 가족을 향해 짠한 마음과 함께 대견한 마음이 함께 했다.

"형님, 감사합니다. 보내주셔서…"

"그래. 괜찮겠어?"

"그럼요. 덤으로 얻은 삶인데요 복음 위해 살아야지요."

형으로서 동생을 말리고 싶었다. 몸이 성한 것도 아니고 다친 다리는 아직 치료를 더 요했다. 그럼에도 이만한 게 다행이라며 서둘러 사역지로 떠나려는 그들을 보며 마음이 아팠다.

"이 선교사, 이제 베트남도 한국과 수교를 맺고 기독교에 대한 생각도 조금씩 바뀌고 있으니 인내하며 기다려 보자구. 중요한 건 복음을 전할 수 있는 방법을 가능한 많이 만드는 게 중요해. 내가 볼 땐 위법하지 않고 사회가 요구하는 질서 안에서 합법적으로 선교할 수 있는 방법을 찾는 게 가장 좋을 것 같아."

"네, 이번에 가면 그렇게 해 보려구요. 그러려면 현지 교회에 들어가서 그들과 좋은 인연을 맺고 차차 선교 사역을 해 나가는 게 좋겠어요."

"그래 좋은 생각이야. 아무리 민주주의 사회주의 해도 다들 사람 사는 곳의 일이니까 좋은 관계를 맺다보면 방법이 생기겠지. 한 번 기도하면서 노력해 보자구."

그렇게 다시 가게 된 베트남이었다.

우선 현지에 허락된 베트남 교회로 출석하면서 상황을 살펴보겠다던 이 선교사는 베트남어를 공부하는 사람이 되었다. 자국의 언어를 배우러 왔다는 학생 부부에 대해 현지인이나 목회자들은 친절했다. 그래도 베트남에 복음이 전해진 것이 100년 가까이 되다보니 역사는 꽤 있는 편이다. 하지만 나라가 공산화 되면서 종교를 박해하는 일이 그때까지도 이어져 한때는 종교박해지수가 세계 3위에 이를 정도로 아주 폐쇄적인 나라이기도 했다. 그러니 섣불리 자신이 목사라는 것을 밝혔다간 강제 추방은 물론 무슨 일을 당할지 몰랐다. 실제로 한국에서 온 선교사들 중에 이런 현실을 체감하지 못한 채 선교 활동을 하다가 쫓겨나는 일이 종종 있었다. 그래서 늘 조심해야 했고 한국에서도 늘 가슴 졸이는 부분이기도 했다.

언제나 하나님의 지혜를 구하며 선교 활동을 지원했다. 이 선교사는 그간 교회와 현지 목사들과 좋은 관계를 맺으며 교회 활동에 헌신적으로 임했다. 결국 모두 사람 사는 사회의 일이고 하나님의 일 역시 사람이 함께 하는 것이다 보니 경계심은 모호해졌고 서로 가까운 관계로 바뀌어 갔다.

때가 되었다고 생각한 선교사는 가장 좋은 관계를 맺고 있던 목사님에게 사실을 털어놓았다. 목사님은 매우 당황하셨다고 한다.

"아니.. 어떻게.. 더 이상 우리 교회에 오지 마세요."

"목사님, 제가 선교사라는 걸 밝히는 건 엄연히 목사님과 베트남 교회에게 조금이라도 도움이 되고자 하는 마음 때문입니다. 계속 숨긴 채 일할 수도 있지만 저는 이 교회가 인정하는 범위에서 일을 하고 싶어요. 물론 제가 드러나는 것이 아닌 현지 목사님들의 손을 빌려서 말입니다. 어떻게든 베트남이 복음화 되는데 도움을 드리고 싶습니다."

간곡한 설득이 이어졌고 그 진심을 목사님도 받아들였다. 대외적으로 엄연히 외국 선교사의 활동은 불법이었기에 교인들에게는 철저히 선교사라는 사실을 비밀에 부쳤다. 대신 목회자들과 관계만 잘 맺어진다면 합법적으로 활동을 할 수 있었다.

나 역시 이 선교사가 있는 호치민에 가서 현지 목회자들과 만남을 가졌다. 사회주의 국가에서 종교 활동을 한다는 것은 한국처럼 자유롭지 않았다. 그들 특유의 질서와 규칙이 엄연히 존재했지만 넓게 보면 모두 하나님의 일을 하는 사람들이었다. 그렇게 접근했고 최대한 그들의 상황을 이해해 주도록 했다.

"목사님, 저희는 곤란하게 하려고 오는 것이 아닙니다. 더 많은 이들에게 복음이 전해질 수 있도록 도움을 드릴 수 있다면 됩니다. 그러니 노여워 마시고 도울 수 있는 일은 서로 돕도록 하시죠."

이런 태도에 그들은 누그러지며 경계를 풀었다. 우리는 현지 목사님을 통해 여러 베트남 목회자와 관계를 맺을 수 있었고 그들이 사역하는 데 부족한 부분을 돕기 시작했다. 이철휘 선교사는 현지 교회가 지어지는 과정을 총괄하며 한국에서 온 후원을 바탕으로 교회를 세우는 일을 도왔고, 교육관을 지어달라는 다른 교회의 부탁을 받아 우리 장모님의 후원과 연결하여 교육관을 지어 봉헌했다. 다시 말해 공인된 교단과 협력하여 교회를 짓고 교육관

짓는 일을 돕는 등 협력 사역을 이어간 것이다.

교통 사고로 인해 생사를 넘나들던 동생 이철휘 선교사는 베트남이란 사역지를 선택한 뒤 사회주의 국가의 복음 사역의 물꼬를 틔워 주었다. 아직 낫지 않은 불편한 다리를 이끌고 사역지로 향한 그에게 하나님은 6년 8개월이란 선교지에서의 귀중한 사역을 감당케 하셨고 한국으로 돌아와 우리 교회 부목사로 지금껏 섬기게 하셨다.

우리 교회로서도 베트남 선교는 상당한 모험이었다.

물론 처음에 하던대로 소극적인 후원 차원이었다면 그리 어려운 일도 아니었을 것이다. 하지만 하나님은 그것보다 더 적극적이고 합법적인 선교를 원하셨다. 동생과 우리 교인 모두 고난의 터널을 함께 지나게 하시며 그 뜻을 분명히 하셨고 사회주의 국가에서 선교하는 방법을 경험하게 하셨다. 그 과정은 교회를 일으키고 성장시키는 일과는 또다른 경험이었다. 아예 체제가 다른 나라에서 복음 사역을 감당하는 일이란 하나님의 함께 하심이 없고는 불가능한 일이었다. 오로지 주님만 붙잡고 가야 하는 복음 사역임을 온전히 깨닫게 하셨다.

사실 그때까지도 알지 못했다. 베트남으로 끝날 줄 알았던 선교였건만 주님은 이제 시작이라는 것을 분명히 하셨다. 한편으론 두렵기도 했지만 설렘과 기대도 있었다. 그러니 미리 걱정할 필요는 없었다. 주님께서 부족한 나를 종으로 세우신 거나, 선교의 사명을 일깨워주신 거나, 베트남이란 생소한 나라를 선교 사역지로 선택하신 거나 모두 주님의 계획이었기 때문이다. 그저 그 놀라운 계획을 신나게 따라가 보기로 했다.

기꺼이 따르겠나이다

베트남에 선교사를 파송하게 되면서 우리 교회는 확실히 바뀌었다. 그저 현지 선교사를 기도로 물질로 후원하는 차원이 아닌 실제로 파송한 선교사가 있다는 것은 교인들로 하여금 선교의 열정을 일으키는 발화점이 되었다. 때때로 전해오는 베트남 사역의 소식은 교인들에게 자유주의 국가에서 신앙생활을 하는 것이 얼마나 행운이며 축복인지 깨닫게 해 주었고, 현지에 교회가 지어지고 교육관 등이 지어지는 소식을 들으면서 복음이 전해지는 일에 자기 일처럼 기뻐했다. 그러다보니 우리 교인들에게 점점 변화의 바람이 불기 시작했다.

특별히 우리 교회 강미영 전도사는 우리 교회 심방 전도사로 올 때만 해도 젊고 가냘픈 사역자였다. 한창 성령에 충만할 때 교회 심방 전도사로 온 뒤로 교인들을 관리하며 심방을 도맡아 사역을 도우면서 서서히 변화받기 시작했다. 한창 우리 교회가 베트남 선교에 헌신하면서 은혜에 충만해 있을 때 강 전도사 역시 선교에 비전을 갖게 된 것이다. 교회에서 밤낮없이 선교를 부르짖다 보니 자기도 모르는 새 선교사를 꿈꾸게 되었던 것 같단다.

하루는 오랜 생각 끝에 왔다며 내게 면담을 요청했다.

"목사님, 저도 선교사로 나가고 싶습니다."

"아니.. 시집은 가야지.."

전도사의 나이가 있던터라 우선 만류를 했다. 그런데도 워낙 뜻이 확고했다.

"주님의 뜻이 어디에 계신지 함께 기도합시다."

강 전도사는 교회 심방 전도사 사역도 하면서 저녁에는 선교사 훈련원에 들어가 본격적으로 준비해 나갔다. 당시 우리 교회는 베트남 선교 뿐 아니라 캄보디아, 인도차이나 반도 선교에 열정을 쏟고 있었다. 그때 헌신하겠다고 나선 이가 강 전도사였다. 이미 주님은 쓰실 만한 인재를 적재적소에 준비하고 계셨던 것이다.

처음에 강 전도사는 선교사 훈련원에서 만난 김현곤 목사와 교제를 나누며 부부의 연을 맺고 함께 마음에 두고 있던 캄보디아 선교사로 떠날 생각을 하고 있었다.

하지만 하나님이 기도하게 하심으로 중국으로 선교지를 정하게 되었다. 강미영 전도사는 남편되는 김현곤 목사와 함께 선교사 부부가 되어 중국 선교를 시작했다. 우리 교회가 중국 선교를 1996년부터 시작했는데 이들 부부가 이 사역의 주역이 되었다.

우리교회 교육 전도사로 섬기던 김신애 전도사 역시 선교사로 동역자가 된 사람이다. 똑똑하고 리더십이 있던 그녀는 우리 교회에 부임한 뒤 아동부 사역을 훌륭히 해냈다. 아버지가 일찍 돌아가시고 어머니와 동생과 함께 살고 있었는데, 믿었던 어머니는 경인교회 심방전도사로 사역하던 중 자궁암 진단을 받고 1년 만에 하늘나라로 가셨다. 워낙 전도사로 아꼈던터라 장례식장에 가서 그녀를 위로했지만 쉽게 마음을 잡지 못했다.

"하나님이 살아계시면 우리 어머니를 왜 데려 가셨겠어요."

방황하는 그녀에게 나는 아버지를 자처했다. 그럼에도 그녀는 방황하는 마음을 잡지 못한 채 이스라엘로 떠났다. 아버지 겸 선배 사역자로서 그녀의 방황을 이해 못하는 것도 아니기에 6개월 동안 교회에서 사례비를 지급하며 그녀를 기다렸다. 그렇게 6개월이 흐른 뒤 김신애 전도사가 이스라엘에서 돌아왔다. 이제 마음을 잡았나 싶었는데 대뜸 그녀는 이스라엘에서 하나님을 새롭게 만났고 그곳에 선교사로 가겠다고 했다. 물론 그 성급한 선택에 서운한 마음도 들었지만 결국 김신애 전도사는 이스라엘 선교사로 떠났고 현재 그곳에서 박사과정을 밟으며 선교사역을 감당하고 있다.

함께 동역하던 사역자가 선교사로 나간 경우도 많지만 평신도였다가 선교의 비전을 품은 경우도 많다.

교회 성가대 지휘자 박락수 집사는 선교에 목숨 걸자는 우리 교회 분위에 젖어들더니 어느 날 선교에 대한 비전을 품기 시작했고 선교사가 되겠다고 했다. 그분의 마음과 결단이 고마워 간절히 기도했는데, 그 후 다른 교회 찬양대 지휘자로 섬기다가 결국 선교사 과정을 밟고 파송 받을 준비를 했다. 이에 우리 교회는 창립 제25주년 기념 사역으로 박락수 선교사를 인도에 파송했다.

또한 지휘자로 섬기던 또 한 명이 변화되었다. 시온찬양대 지휘자로 섬기고 있던 김은수 선생은 연세대학교 음대 성악과를 졸업하고 우리 교회에 왔다. 어느 날 그가 나를 찾아와선 목사가 되겠다고 했다. 솔직히 말해 당시 목사의 눈으로 볼 때 그는 신앙적으로 성숙하지 않은 사람이었다. 어떻게 사람을 평가할 수 있을까마는 그간 행위나 가치관으로 볼 때 교회는 그저 자신이 전공하는 성악을 종교적으로 활용하는 쪽에 더 가까웠다. 그런 그가 갑자기 목사가 되겠다는 것이다.

"그런데 목사님, 한 가지 문제가 있습니다. 저희 아버님을 좀 설득해 주세요. 교회에서 지휘하는 것도 못마땅하게 생각하시는데 신학을 공부해서 목사가 되겠다고 말씀드렸더니 반대가 이만저만이 아닙니다."

주님을 영접하지 못했다는 아버지는 연세대 음대 성악과에서 촉망받던 인재인 아들이 목사가 되겠다는 사실을 받아들이지 못할 게 뻔했다. 알았다며 며칠 뒤 그의 집으로 심방을 갔다. 과연 예상대로 아버지의 반대는 완강했다. 어떻게 시작한 성악인데 그

재능을 썩히느냐며 극심한 반대를 했다. 그 이야기를 잠자코 듣다가 진정이 되었을 때 이야기를 시작했다.

"아버님, 반대하시는 이유도 충분히 알겠고 아버지로서 아들의 성공을 바라는 것도 알겠습니다. 그런데 아드님에게 재능을 주신 분도 하나님이고 그것을 사용하실 분도 하나님이세요. 그걸 깨달아서 하나님의 자녀로서 더 온전하게 살고 싶다는 겁니다. 얼마나 감사한 일입니까. 목사가 되는 것이 성악가보다 못합니까? 음악의 재능을 가지고 목사가 되면 더 훌륭하게 쓰임을 받을 수 있습니다. 교회에서도 음악의 재능을 가진 지도자가 많이 필요합니다."

처음에는 완강히 반대하던 아버지도 성령의 역사하심으로 굴복하고 말았다. 뿐만 아니라 아들이 목사가 되면 아버지도 좋은 신앙인이 되어 아들을 위해 기도해 달라고 했더니 쉽게 순종하며 약속을 하셨다. 그의 아버지는 한국은행 부장으로 정년퇴직을 한 뒤 그 당시 암으로 투병하며 마음이 많이 약해지셨기에 쉽게 받아들였고, 그것이 아버지로서 아들에게 해줄 수 있는 마지막 선물이라고 생각했던 것 같다. 그 후 그의 아버지는 일산에 있는 교회에 나가 세례를 받고 소천하셨다. 한 사람의 사역자를 세우기 위한 성령의 강권적인 역사인 것을 믿는다.

김은수 전도사는 우리 교회를 통해 자발적으로 목회자가 되었고 지금도 우리 교회의 중국 순회집회 때에는 지휘로 헌신하는 선교사이기도 하다. 얼마나 귀한 인재인지 모른다.

그 이후 선교에 헌신하는 청년들은 나날이 늘었다. 또 한사람의 지휘자인 심종섭 선생 역시 연세대 성악과 출신으로 선교에 비전을 품고 중국에 음악 선교사로 나갔다. 뿐만 아니라 청년 교회의 한 여성은 우리 교회에서 파송하는 캄보디아 선교사의 아내가 되어 우리교회 선교에 훌륭한 조력자로 활동하고 있다.

또한 곽인석 목사는 모 교회인 갈월교회 장로님의 아들로 연세대 법학과를 나온 수재였다. 그런 그가 세상 가운데 돌아다니다가 진심으로 하나님을 만나 변화되었고 부르심을 받았다. 그렇게 신학생이 된 그는 사명에 불탔다. 그 소식이 너무 반갑고 고마워 그를 교회에 데려와 전도사로서 훈련을 시켰다. 우리 교회가 한참 선교의 사명에 불타고 있을 때였기에 그 역시 전도에 열정을 품었고 전도 훈련하는 목회자로 쓰임 받다가 지금은 중국 평도시 한인교회의 목회자로 사역을 하고 있으며 북한 선교사로 갈 것을 꿈꾸며 준비하고 있다.

지금도 우리 교회의 청년들 중에는 선교의 열정으로 타오르는 이들이 많다. 교인들이 선교지를 다니며 선교활동을 하면 자비량으로라도 따라가 아낌없는 봉사와 헌신을 하고, 현지 사람들과 함께 부둥켜안고 기도하며 그들을 축복하는 과정 속에서 진정한 선교사의 비전을 품는 것이다. 얼마나 귀하고 아름다운 헌신인지 모르겠다.

복음이 전해지는 과정엔 이처럼 하나님이 세우신 사람들의 헌신이 있었다. 기꺼이 따르겠노라 순종하는 순종의 믿음이 있었다.

우리 교회가 선교에 생명을 걸고 지금껏 이어올 수 있었던 것 역시 순종의 사람이 세워졌기 때문일 것이다. 그들의 자발적인 헌신과 선교에 대한 열정이 식지 않는 한 땅 끝까지 복음을 전하는 선교 비전은 멈추지 않을 것이다.

더 넓은 이방으로의 Calling

한겨울이었던 것 같다. 정말 오랜만에 가족끼리 시간을 맞추어 설악산 쪽으로 하루 휴가를 갔다. 아이들은 나름대로 공부하느라, 나는 나름대로 대외 활동까지 겹친 목회를 하느라 각자 바쁜 일상이었으나 모든 것을 뒤로 한 채 휴가를 떠나니 어찌나 마음이 즐거웠는지 모른다. 여행을 마치고 돌아오면서 그렇게 기도했다. '주님 감사합니다. 그간 열심히 일했던 거 아시고 오랜만에 가족여행 잘 하고 돌아가게 하시니 감사합니다'

조카까지 여섯이 한 차에 타고 강원도 고개를 넘어가고 있었다. 평소 운전에는 웬만큼 자신이 있던 나였기에 한겨울 눈길이 군데군데 보여도 안전운전을 할 수 있었다.

그런데 홍천강을 옆에 끼고 고갯길을 도는데 순간적으로 운전대가 맘대로 돌더니 차가 멋대로 움직이기 시작했다. 살얼음 낀 빙판길이었는데 미처 발견하지 못하고 정속도 대로 간 것이 화근이었다. 아무리 운전대를 제대로 돌리려고 해도, 사이드 브레이크를 내리려고 해도 차는 제어되지 않았다. '어어어~~' 하는 비명과 함께 한 2-3초쯤 정신을 잃었다.

정신을 차려보니 우리 차는 절벽을 들이받은 체 다행히 정차되었다. 너무도 순식간에 벌어진 일이라 어찌된 상황인지도 몰라 멍하게 있는데 요란한 사이렌 소리와 함께 견인차가 다가왔다.

"선생님 괜찮으십니까?"
"네. 다행히 고개 아래로 떨어지지 않았으니 감사한 일이지요."
"그나저나 차가 몇 바퀴나 돌았는지 아세요?"
"그건 잘.. 정신을 잠깐 잃었던 것 같네요."
"제가 저 위에서 보고 있었는데요 정확히 두 바퀴 반 돌았습니다. 정말 다행이에요. 조금만 더 돌았으면 떨어질 뻔 했어요."

워낙 그 구간이 빙판길이라 사고가 잦았기에 견인차가 대기하고 있었나보다. 어쨌든 우리는 그 견인차 덕분에 사고 처리를 빨리 할 수 있었고 아내와 나 모두 병원 신세를 지며 치료를 받았다. 그 일로 아내는 디스크에 고장이 생겨 지금껏 고생하고 있는데, 그 사고를 겪으며 우리 가족은 다시 한 번 생명의 주관자이신 하나님께 더욱 의지하는 계기가 되었다.

언제나 하나님의 뜻이 사람의 뜻을 앞서야 하는데 가끔 바쁘다는 이유로 사람이 하나님의 뜻을 앞설 때가 많다. 그땐 문제가 발생하여 회개하게 되고 시간을 소모한다. 그게 바로 사람이 가진 한계이기도 하다.

베트남 선교를 하면서도 그런 경험을 하게 되었다. 선교가 한창 활기를 띠면서 우리 교회는 인근의 캄보디아까지 선교의 지경을 넓혔다. 베트남 선교를 안내하셨던 신광준 선교사님이 캄보디아로 인도하셨기에 그곳에서의 선교는 훨씬 수월하게 진행했다. 그 당시 캄보디아는 기독교를 인정하게 되면서 출입이 좀 쉬워진 상태였다. 아직까지 기독교에 대한 반감과 직접적인 선교 행위는 불법으로 간주하고 있지만 그래도 종교의 자유를 인정하고 있으니 장족의 발전인 셈이다. 이런 저런 관계를 맺다보니 복음 사역에 함께 동참할 기회가 생겼다.

"목사님, 저희가 예배당을 짓고 싶습니다. 정부에서는 종교의 자유를 인정하기 때문에 예배당을 짓는 것은 반대하지 않지만 경제적인 문제가 제일 큰 문제입니다."

"그래서 저희가 왔잖습니까. 이곳을 복음화하기 위해서는 교회가 지어지는 게 당연한 일입니다. 저희가 온 것도 그 사역을 함께 하고자 하는 것이구요. 함께 기도하십시다. 하나님의 뜻이라면 반드시 이루어주실 겁니다."

그리곤 바로 한국으로 돌아가 인도차이나선교회와 함께 캄보디아 예배당 건축을 위해 기도하기 시작했다. 이미 선교에 헌신할 마음의 준비가 되어 있는 성도들의 헌금으로 선교 헌금이 마련되었고 바로 캄보디아 뉴라이프처치를 짓는 일에 착수했다. 1100평되는 땅에 120평짜리 교회가 지어지는 과정은 우리 성도들에게도 큰 감동이었다. 불교가 점령한 나라, 기독교에 대한 박해가 극심했던 나라에 하나님의 복음이 전해질 예배당이 세워지는 것 자체가 믿음의 불꽃을 키웠다.

우리 교회의 선교 지역은 베트남에 이어 캄보디아까지 확장시키신 것은 사회주의 국가를 향한 하나님의 뜻이 우리에게 있음이었다. 나는 캄보디아가 선교의 종착지라고 생각했다. 이제 막 선교가 시작하는 시점이고 두 나라에서 기독교가 제대로 서기 위해서는 많은 이들의 헌신과 시간이 필요했기 때문이다. 그런데 하나님의 뜻은 따로 있었다. 어느 날부터인가 중국을 계속 떠올리게 하셨다. 중국은 선교 활동이 더욱 척박한 곳이었다. 같은 사회주의 국가라 해도 워낙 땅이 넓고 한국 선교사들도 선교 활동을 하지만 대부분 지하교회(비공인교회) 등을 통해 어렵게 활동하고 있다는 사실을 알고 있었기에 내키지 않았다.

'주님, 저는 베트남 캄보디아 두 나라만 먼저 신경 쓰겠습니다. 그러니 중국은 나중에 아니 다른 분을 시키시면 어떻겠습니까?'

이런 기도가 나왔다. 또다시 새로운 나라에 들어가 선교 활동을 한다는 건 상당한 부담감이며 신경 쓰이는 일이다. 여러 환경과 정황상 보았을 때, 아니 내 생각에 좋지 않은 일이라 판단하여 하나님의 생각을 맞추려고 했던 것이다.

그런데도 하나님은 뜻을 분명히 하셨다.

빌립보서 2장 13절의 "너희 안에서 행하시는 이는 하나님이시니 자기의 기쁘신 뜻을 위하여 너희로 소원을 두고 행하게 하시나니" 말씀이 기도 중에 계속 떠오르게 하셨고, 중국에 갈 기회도 만드셨다.

하나님은 자신의 뜻을 여러 차례에 걸쳐 보이셔서 강권하신다. 우리로 하여금 의심치 않게 하시려는 배려다. 그것을 깨닫게 되면 지체없이 행해야 한다.

중국을 향한 하나님의 뜻을 몇 차례 확신했을 때 결국 중국으로 눈을 돌렸다. 그동안 베트남 캄보디아라는 사회주의 국가를 경험하게 하면서 그곳에서의 선교하는 노하우가 중국에서도 통할 거란 믿음이 있었다. 또한 중국 선교에 뜻을 확실히 하자 우리 교회 전도사님이 선교사로 헌신하시겠단 의지도 보였다. 사람까지 예비하신 것이다.

1996년, 하나님은 더 넓은 이방으로 보내셨다. 더 이상 지체 없이, 더 이상 고집부리지 않고 순종하게 하심에 감사드린다. 사실 중국에 대해 아는 건 거의 없었다. 그동안 해외 선교에 비전을 두고 도움을 주신 교단의 목사님 역시 쉽지 않을 중국 선교에 조심스럽게 조언을 해 주셨다.

특히 비밀리에 하는 선교가 아닌 합법적인 범위에서 선교 활동을 펼치겠다는 뜻에 더욱 조심스러워하셨다. 잘못하면 어용노조와 같이 좋은 뜻의 선교를 곡해할 수도 있음에 걱정하신 것이다. 하지만 하나님의 부르심에 대해 확실한 소원이 생겼기에 확신이 있었다.

먼저 몸으로 중국을 부딪혀보자는 생각에 중국땅을 밟았을 때 그 땅을 밟으며 기도했다.

"주님, 여기까지 이끄신 분도 주님이시니 이제 모든 걸 맡기고 가겠습니다. 웨슬리 목사가 '세계는 나의 교구'라고 외치며 전도의 사명을 감당했던 것을 본받아 저 역시 중국이 나의 교구라 여기며 사역을 하겠습니다. 다만 이 사회를 수용하며 사역할 수 있는 지혜를 주시되 중국 민족을 누구보다 사랑하고 이해할 수 있는 마음을 주옵소서."

사명과 확신

1996년 가게 된 중국의 교회는 우리나라의 6-70년대 교회를 보는 듯 했다. 중국에서 공식적으로 인정한 교회의 풍경은 아날로그적 감성이랄까? 한국의 잘 지어진 교회에 비하면 굉장히 소박한 교회의 풍경을 담고 있었지만 나 역시 한국 교회의 어려운 상황 속에서 신앙을 키워 왔던터라 오히려 친근한 기분이 들었다.

중국인 목사는 한국의 목사에 비해 많이 노령화 되었다. 한 80세는 족히 됐음직한 목사가 교회를 담임하고 있었고 아직도 설교를 하고 계신 모습에서 중국이 그간 기독교에 얼마나 폐쇄적인지 짐작할 만 했다. 중국에서 교회는 근 20여 년간 폐쇄되어 있었다. 문화대혁명과 함께 종교 박해가 이어졌고 그 박해는 교회를 폐쇄

하는 것으로 나타났기에 십 수 년 간 닫혀있던 교회는 발전할 수 없었다. 그러다보니 대부분 기독교인들이 지하교회라 통칭하는 가정교회로(비공인교회) 숨어 들었고 등소평의 개혁 개방 이후 다시 열린 교회엔 남아 있는 교인들은 많이 사라졌고 목회자도 사라졌고 그나마 남아 있는 목회자들의 세대교체도 이루어지지 않았다. 폐쇄된 신학교로 인해 목회자가 배출되지 않았다.

현재 중국정부에서 인정하는 기독교를 우리는 통칭 삼자교회라고 말한다. 한국의 선교사들이 사역하는 대부분의 지하교회는 중국 공안의 감시를 받는 불법 교회로 삼자교회와는 대립된 입장에서 회자되고 있다.

삼자교회는 삼자(三自), 즉 자치 (自治), 자전(自傳), 자양 (自養)하는 교회라는 의미다. 즉 중국인 스스로 교회를 다스리고, 스스로 전도하며, 스스로 양육하는 교회를 지향한다는 것이다.

중국은 우리나라보다 훨씬 더 먼저 복음이 전해진 나라다. 그럼에도 사회주의 국가로 바뀌면서 종교의 제한이 있었기에 복음화가 크게 되지 못했다. 대신 나라에서 인정하는 교회를 세워 합법적으로 종교 활동을 하게 했는데 자존심이 강한 나라여서 그런지 피선교국으로 취급받는 것 대신 중국 민족이 스스로 교회를 치리하도록 하고 스스로 양육하는 교회만 인정해준 것이다. 말하자면 중국인이 아닌 외국인에게 교회의 치리권을 맡기지 않겠다는 것이다.

이런 중국 기독교의 역사와 배경을 알기 전까지만 해도 나 역시 중국 삼자교회에 대해 좋은 이미지를 갖고 있지 않았다. 왠지 사회주의 국가에서 인정한 기독교라면 자유가 제한되는 것만큼 복음이 퇴색되는 것 아닌가 하는 마음 때문이었다. 게다가 혹시 교회가 체제의 시녀 역할을 하는 건 아닌지 의심이 들기도 했다. 실제로 지금도 그렇게 생각하는 이들이 많으리라 본다.

하지만 삼자교회를 둘러보고 난 뒤 생각이 바뀌었다. 삼자교회 자체가 부르짖는 스스로 치리하고 스스로 전도해서 양육하겠다는 것은 무척 자립적인 신앙이란 생각이 들었다. 교회가 권력에 이용당하는 등의 걱정할 만한 일은 전혀 보이지 않았다.

무엇보다 그간의 폐쇄정책에도 불구하고 중국인들의 복음을 향한 뜨거운 열정은 끓어오르고 있었다. 찬양을 부를 때 눈물을 흘리고 기도할 때 뜨거워지는 믿음의 증거가 있었기 때문이다. 그들에게서 나는 희망을 보았다. 그들도 우리와 같은 복음을 사모하는 자녀들이고 다만 체제가 우리와 다를 뿐 다르다는 것만 인정하면 어차피 복음이란 진리로 하나 될 수 있을거란 확신이 들었다.

그렇게 보내진 분들이 강미영 김현곤 선교사 부부였고 파송된 곳은 중국 청도다. 중국 청도는 선교에 대해 무지한 곳이었다. 감리교단에서도 청도로 파송한다고 했을 때 의아해 했을 정도로 청도는 우리 교회가 처음 발걸음을 한 곳이 되었다.

당시 중국 복음화 사역은 동북 3성 지역과 심천 두 방향으로 이루어지고 있었다. 거의 우리나라나 외국 선교사들의 선교 활동이 없는 곳이었다. 그럼에도 청도를 선택한 것은 청도를 기점으로 산동성, 내륙인 하남성까지 연결지어 선교의 루트를 마련할 수 있다는 생각 때문이었다. 감사하게도 강미영 김현곤 선교사는 중국 선교에 대한 뜻을 함께 나누며 선교의 황무지나 다름 없는 청도에서 선교 활동을 시작했다. "선교사님, 사회주의 국가에서 공식적인 선교를 하려면 우선 현지인들과 좋은 관계를 만드는 게 제일 중요합니다. 그러니 베트남에서도 그랬던 것처럼 신분을 노출하기 보다 좋은 관계 만드는 데에 주력하세요."

코칭에 따라 선교사님들의 활동이 시작되었다. 청도는 중국의 공산화 이전에 독일이 점령한 지역이었다. 서양 선교사에 의해 세워진 국제 예배당이 청도에 있었다. 이곳 역시 문화대혁명으로 폐쇄 되었다가 개혁개방정책으로 문이 열렸고 중국인 목사가 교회를 목회하고 있다. 아무리 강압에 의해 자유가 제한되었다지만 선교의 흔적이 남아 있다는 것은 큰 희망이었다.

선교사 부부는 청도의 삼자교회, 다시 말해 중국인들의 교회를 찾아가 예배에 참석하며 교류를 시작했다. 중국 내에서 선교사라는 말 자체를 사용하지 못하기에 선교하러 왔다는 말은 절대 사용하지 않았다. 그들은 선교라는 목적으로 뭔가 나눠주겠다는 선교국의 태도를 가장 싫어했다. 자신이 피선교국으로 종속관계처럼 되는 것을 거부하겠다는 의지이기도 했다. 그래서 평신도처럼 신앙생활을 하며 현지인과 현지 목회자들과 접촉했다.

교류 사역이란 것은 말 그대로 복음을 전해준다는 의미로 무작정 도와주는 것이 아닌 두 나라간의 관계를 돈독히 하여 서로 필요한 부분을 나누는 활동을 의미한다. 형제 나라로 친교를 나누고 서로 오고가며 필요한 부분에 도움을 주고받는 것이다.

중국에 선교사를 파송한 후 나 역시 중국을 자주 다니게 되었다. 선교활동이 거의 없는 도시에, 그것도 많은 사람들이 조심스러워하는 삼자교회를 통한 교류 사역을 시작하려니 조심스러움도 해야 할 일도 많아졌다. 처음엔 아주 소소한 교류로 시작했다. 아무래도 시설이나 교회 조직, 목회자의 양성 등 교회 시스템이 뒤처지다보니 그 부분에 대한 조언을 해주고 한국의 교회 상황을 자세히 알려주며 정보를 주는 식이었다.

처음에는 외국인이라 경계하던 중국 목회자들도 한국에서 온 신앙의 형제 자매를 조금씩 인정하면서 마음의 문을 열기 시작했다. 상당히 관심을 보였다. 분위기가 무르익고 있다는 확신이 들었다. 아마도 사회주의를 이미 경험했던 전적이 있었기에 그들이 어느 부분을 껄끄럽게 생각하는지, 어떤 부분을 조심스러워 하는지 파악 되었던 것 같다. 이제 우리의 신분도 밝히되 좀 더 큰 그림을 그리며 중국에서의 사역을 펼쳐 나가야 했다.

OBEY

5
어디로 가든지 함께하시는 하나님

중국찬양선교

중국찬양선교단-1

중국찬양선교단-2

(전)중국기독교협회장 조성결 목사

중국찬양선교단-3

석은복 목사와 함께

중국기독교협회장 고봉 목사와

중국찬양선교단-4

합법적 선교의 문을 열다

"목사님, 큰일 났습니다. 우리 쫓겨날 지도 모르겠습니다."

중국에서 걸려온 전화 한 통에 잔뜩 긴장이 되었다. 김현곤 선교사였다. 지금껏 차분히 사역을 해 오던 사람이 이렇게 급박한 목소리로 전화하는 건 처음 있는 일이었다.

"무슨 일인데?"

"아무래도 교류사역차 보낸 초청장에 문제가 생긴 것 같습니다. 어제는 중국 종교국에서 절 찾아와서 몇 가지 조사를 하고 갔습니다."

"조사까지 한 걸 보니.. 이거야 원."

나 역시 할 말이 없었다. 조사한 건 중국 종교국 차원에서 진행한 것이니 우리 측에서 어떤 정보도 얻을 수 없는 일이었다.

일의 발단은 중국 청도시에서 시작되었다. 중국 선교의 문을 열기 위해 백방으로 애쓰며 삼자교회들을 통해 친분을 쌓고 있는 시점이었다. 어느 정도 관계가 무르익게 되자 우리 선교사가 활동하는 청도시에 있는 목회자들과 한국 교회에 대한 이런 저런 이야기를 나누던 끝에 이젠 좀 더 활발한 교류가 필요하지 않겠냐는 말을 했다고 한다. 이에 삼자교회 목사들도 우호적인 입장을 보였다. 하여 한국으로 전화를 걸어와서는 이 소식을 전했고 나 역시 적극적인 교류 사역을 시작하자고 제안했다.

"그럼 교류 사역의 신호탄으로 중국 목사님들을 한국으로 초청합시다. 현재 우리가 형제 국가로 접근하고 있고 한국에 대한 인식도 좋으니 우호적으로 반응할 것 같은데요. 게다가 한국이 중국에 비해 복음사역에 더 뜨겁다는 걸 알고 있으니까요…."

"그럼 목사님, 어떻게 진행을 할까요?"

"일단 우리 교단 선교국에 요청해서 감독회장 초청장을 청도시 기독교협회에 보냅시다."

김 선교사가 한국을 방문했을 때 감독회장 초청장을 들려보냈다.

중국의 기독교계는 수직적인 관계로 조직되어 있다. 먼저 중국 전역에 있는 기독교를 아우르는 대표단체인 중국기독교협회가 있고 그 밑에 각 성별로 조직된 성기독교협회가 있다. 그리고 그 아래는 성 안에 있는 시의 시기독교협회로 구성되기 때문에, 청도시의 일은 산동성으로, 산동성은 중국기독교협회로 올라가 허락을 받아야 했다. 그러니 우선 청도시기독협회부터 교류를 시작하자는 의도였다. 그래야 그들이 한국 교회의 현황과 복음의 열정을 보고 수용할 것은 수용하고 또 자신들이 도움을 줄 것 있으면 돕는 등의 교류가 될테니 말이다. 이런 교류는 그 당시까지만 해도 어느 교회에서도, 어느 선교사도 시도하지 않은 일이었다. 삼자교회에 대한 거부감도 있었고, 공식적으로 인정된 중국 교회와 접촉할 시도조차 않았기 때문이다. 아니 더 정확하게 말하면 공식 루트를 잘 알지 못했다는 말이 더 맞을 것이다. 어쨌든 아무도 시도하지 않은 일을 시도한 채 우리는 답을 기다리고 있었다.

초청장을 보내고 이제나 저제나 답을 기다렸는데 얼마쯤 지난 시점에 추방을 걱정하는 전화가 걸려왔다. 순간 캄캄했다. 많은 선교사들이 중국으로 건너가 지하교회(가정교회) 등 합법적이지 않은 선교 활동을 하면서 심한 경우 추방당하는 일을 숱하게 봐왔던 터였다. 우리가 교회를 하거나 선교사로 활동하고 있지 않다고 해도 청도시기독교협회에 초청장을 보내는 일 자체로도 위험하게 보려면 볼 수 있는 일이었다.

가슴 졸이며 며칠이 흘렀다. 다시 중국으로부터 전화가 걸려왔다. 김 선교사였다. 염려했던 것과 달리 목소리가 밝았다.

"목사님, 기쁜 소식입니다. 산동성기독교협회에서 이번 초청에 응할 것 같습니다. 그런데 청도시기독교협회 아니라 중국기독교협회에서 초청장을 보낼 것 같답니다. 그런데 그들이 오기 전에 한국에서 먼저 들어와 주시길 원하고 있어요. 아마도 검증 차원에서 방문을 원하는 것 같아요."

"그래요? 그런 방문이라면 당연히 들어가야지. 알았어요. 교단 선교국과 연락해서 대표단을 꾸려 들어갈 테니 그리 전해요."

그리하여 얼떨결에 중국으로 들어가게 되었다. 사실 무척 고무되어 있었다. 중국 교회 목사들이 공식적인 루트를 통해, 한국의 초청을 받아 한국을 방문함으로 선교의 교류를 틀 수 있다는 기대감이 있었기 때문이다. 들뜬 마음을 안고 상해를 거쳐 산동성에 도착하자 이미 산동성기독교협회에서 사람들이 나와 있었다. 시작이 좋았다. 역시 믿음의 형제들이 갖는 끈끈함이 있었다. 그때 내 가방을 들어주던 한 젊은 목사가 있었다. 어찌나 친절하게 나를 맞아주는지 참으로 기분 좋은 환영을 해 주었는데, 그분이 훗날 중국기독교를 이끄는 중국기독교협회 회장인 고봉 목사다. 지금도 우리는 그때의 만남처럼 교제를 나누곤 하는데, 하나님은 이미 오래전부터 만남을 예비하시고 사람을 준비하시는 게 분명하다.

어쨌든 산동성기독교협회를 방문하면서 나는 어떤 의미로 초청을 했는지 자세히 설명했다.

"저희가 중국 교회 목사님들을 초청한 건 한국과 중국이 형제 나라로서 복음을 나누고 교류를 하자는 의미였습니다. 그동안 기독교계 지도자들의 교류가 없었는데 예부터 한국과 중국은 친근한 관계를 맺고 있지 않았습니까? 게다가 우리 모두 하나님의 사랑 안에서 형제 자매구요. 그러니 한국 교회도 둘러보시며 서로 도움을 줄 건 주고 받을 건 받으면서 좋은 관계를 유지해서 양국 모두 복음의 강국이 됩시다."

과연 협회 목사들은 이 뜻을 고맙게 받아들였다. 사실 그들이 우리를 먼저 오라고 한 것은 일종의 검증을 해보기 위함이었을 것이다. 그것을 모를리 없음에도 흔쾌히 발걸음을 한 우리 일행을 보고 그들은 진심으로 감동했다. 이야기를 나누며 어떻게 해서 초청장이 6개월이나 걸려 응답을 주게 되었는지 사정을 듣게 되었다.

"그게 너무 의외의 일이 벌어져 다들 당황해서 이렇게 늦어진 겁니다. 중국은 한국과는 달리 기독교의 결집력이 약하고 교계의 힘도 약합니다. 그래도 복음에 대한 열정은 강합니다. 요즘 들어 중국 교회가 각성하자는 붐이 일고 세계와 교류도 넓히자는 목소리가 커진 시점에서 한국의 초청장을 받은 겁니다. 한 번도 이런 일이 없었던터라 우리 청도시기독교협회에서 결정할 수 없어서 산동성기독교협회로 올려 보냈어요. 그런데 그쪽에서도 결정 못해서 결국 상해의 중국기독교협회까지 초청장이 올라간 겁니다. 아마 위에서도 고심을 했던 것 같아요. 결국 허가가 떨어져서 이번에 이렇게 초대를 한 겁니다."

꿈만 같은 일이었다. 몰래 몰래 숨어서 하는 선교가 아닌 중국 교계 지도자들과 정정당당히 복음의 교류를 위해 협의하는 테이블 앞에 있다니 말이다.

얼마 뒤 중국기독교협회 대표단 목사들이 한국을 방문했다. 중국과의 수교 이후 처음 있는 목사단의 방문이었다. 우리는 순수한 마음으로 그들을 환영해주었고 그들이 필요로 하는 것이 무엇인지 잘 알고 있었기에 스케줄을 이어갔다.

일단 중국 교계 목사들이 가장 갈증을 느끼고 있는 부분인 교회 성장에 대해 직접 보여주고 느끼게끔 일정을 잡았다. 복음주의에 의거하여 성장해 성공하고 있는 교회들을 돌아보고 교회의 세련된 시스템이나 세밀한 조직 관리를 경험하게 했다. 물론 우리 교회도 초청하여 의미 있는 시간을 보내며 기쁘게 환영해 주었다.

한국의 6-70년대 교회와 비슷한 시설을 갖춘 중국의 교회였기에 한국 교회의 세련된 시스템에 무척 관심을 가졌다.

"목사님들, 이제 시작에 불과합니다. 물꼬를 텄으니 우리가 자주 교류하며 한국과 중국 교회를 알아가고 배울 것은 배우고 나눌 것은 나누는 형제 나라가 되었으면 좋겠습니다."

"이 목사님, 너무 고맙습니다. 생각지도 않았던 중국 교회에 초청장을 보내주셔서 우리가 정말 원했던 것을 배우게 하셨습니다. 앞으로 자주 교류하며 배우고 싶습니다."

대표단으로 온 목사들은 하나같이 흡족해하며 돌아갔다. 아마 각자 섬기고 있는 교회로 돌아가 한국 교회에서 받은 신선한 자극과 문화적 충격을 반영할 것이다. 얼마나 귀한 일인가.

그때 중국 대표단 단장으로 오셨던 왕스테반 주교(산동성기독교협회장-중국은 성공회를 포함한 모든 개신교단이 연합하여 중국기독교협회라는 한 교단을 만들어 운영하고 있다. 왕주교는 성공회 주교로 산동성기독교협회장이었다.)는 한국에 건강이 좋지 않으셨는데도 오셨다. 고령임에도 불구하고 한국과 중국과의 교류가 꼭 이루어져야 한다는 선견지명을 가지고 계셨기에 기어코 자신이 밀알이 되어 한·중 교류의 장을 여는 데 일조하겠다며 오신 것이었다.

안타깝게도 왕 주교님은 한국을 방문하고 돌아가신 뒤 3일 만에 과로로 쓰러지셨고 2주 동안 입원치료를 받으시던 중 하늘나라로 가셨다. 주교님 소식을 듣고 너무도 가슴이 아팠다. 지금껏 많은 이들이 중국 삼자교회는 공산당과 무관하지 않을 거라는 잘못된 추측으로 그들의 진심을 오해했던 부분이 있었을 것이다. 왕 주교님도 그런 오해를 타파하기 위해 어려운 걸음을 한 건 아니었을까? 지금도 난 왕 주교님의 마지막 생명을 바친 한국의 방문이 한중 기독교 교류의 귀한 밀알이 되었다고 생각한다.

1997년 한국 중국 목회자와의 공식적인 교류는 이렇듯 드라마틱하게 시작되었다. 그것을 기점으로 하나님께선 지금까지 합법적 선교를 이어가고 계신다. 모든 것이 하나님의 은혜다.

되는 것도, 안 되는 것도 없는 나라

중국기독교협회 대표단의 한국 방문이 있고 얼마 뒤의 일이었다. 중국기독교협회 대표단의 한국 방문은 중국 교계에서도 커다란 이슈가 되었다. 비록 청도시기독교협회를 통해 시작한 일이었지만 한 번도 공식적인 교류가 없던 시기에 시작한 일이라 중국 정부 내의 종교사무국이나 중국기독교협회에서도 관심을 갖고 지켜보던 일이다.

　얼마 뒤 다시 중국기독교협회를 방문할 기회가 생겼다. 중국기독교협회란 말하자면 중국 전역의 교계 지도자들의 연합이라고 보면 되었다. 중국에서 공식적으로 인정한 삼자교회 교인만 수천만이 넘어서는데, 공식적으로 인정받지 못한 지하교회 교인들까지 합치면 1억을 넘을거라 예측하고 있었기에 기독교협회는 더욱 막강한 조직이다. 게다가 한국 사정과는 달리 중국은 교단이 나뉘지 않은 하나의 교단이기에 그 결집력이 더 크다고 할 수 있었다. 방문 요청을 받고 담력깨나 세다고 했던 나 역시 긴장이 되었다.

　상해에 위치한 중국기독교협회는 예상보다 훨씬 더 소박했다. 오래전 교회로 사용하던 건물을 협회 건물로 사용하고 있어선지 옛정취가 물씬 풍기고 있었고 특히 아주 오래전 방식으로 운행되는 엘리베이터가 참으로 인상적이었다.
　1980년에 설립된 이 협회는 중국에서 인정한 개신교연합단체로 삼자교회 목회자들 중 임원이 선출되어 세계교단에도 참여하여 활동하는 등 나름 활동을 활발히 하고 있었는데, 1997년 방문할 당시 중국기독교협회의 수장은 조성결 목사님이란 여성분이었다.
　협회로 들어가니 여러 임원들이 우리를 맞아주었다. 중국인들의 특유의 친근함이 배어 있었지만 왠지 모를 거리감이 느껴지는 것도 사실이었다.
　기대반 걱정반 심정을 안고 회의 장소에 앉았다. 그런데 갑자기

협회장인 조성결 목사의 날카로운 목소리가 들려왔다.

"아니, 한국 교회는 왜 그렇게 불법적으로 선교사를 파송하여 활동합니까?"

아마도 지하교회를 통해 선교 활동을 벌이고 있는 선교사들을 향한 일갈 같았다. 난데없는 지적에 순간 등줄기에 땀이 주르륵 흘렀다. 생각지도 못한 말이었고 이런 장소에서 이런 첫 만남에서, 한국에서 공식적으로 들어온 목사에게 호통을 치는 그녀의 모습이 위풍당당하면서도 한편으론 속이 상하기도 했다. 순간적으로 이 상황을 어떻게 대처해야 하는지 몰라 당황하고 있는데, 조성결 목사가 다시 말을 이었다.

"지금 한국에서 온 목회자들이 지하교회 등에서 도와주고 있다고 들었습니다. 알다시피 중국은 그런 도움을 원치 않습니다. 게다가 정부가 공식적으로 인정하고 있지도 않은 교회에서 불법적으로 활동하고 있으니 우리 기독교협회 고민이 얼마나 큰 지 모릅니다. 대체 왜 그러는 겁니까?"

"목사님, 일단 진정을 좀 하세요. 오늘 처음 뵈었는데 뵙자마자 그런 질책을 들으니 제가 많이 당황스럽습니다. 그런데 제가 이렇게 온 건 비공식적으로 여러분이 말씀하시는 불법적인 활동을 하려고 온 게 아닙니다. 그러려면 왜 만나겠습니까? 저 역시 합법적인 방법으로, 함께 하나님의 종으로 교회를 섬기는 입장에서 서로 나누고자 하는 마음이 있어서 온 거 아니겠습니까?"

물러서지 않고 당당히 이야기를 이어갔다. 어디서부터 담대함이 나왔는지 모르겠으나, 그 상황에선 확실하게 서로의 의견을 나누는 게 좋겠다는 생각이 들었기 때문이다. 정색을 하고 답을 건네자 오히려 그쪽에서 목소리를 누그러뜨리기 시작했다. 합법적인 선교에 대한 의지가 전해지자 분위기는 급속도로 화기애애해졌다.

"아, 그렇습니까? 제가 오해했습니다. 그런 마음으로 오셨다면 저희는 환영입니다. 알다시피 중국의 기독교는 억압을 받았던 때도 있었지만 이젠 자치적으로 일어나 복음을 위해 일하려고 합니다."

"알고 있습니다. 물론 중국 자체적으로 복음의 열정이 뜨겁다는 건 이미 눈으로 확인했습니다. 그래도 복음을 위해 일하다보면 교류가 필요할 겁니다. 저흰 그 교류를 하고자 온 겁니다. 그러려면 우리 목회자들이 먼저 나서서 정보를 나눠야 할 것입니다."

"옳은 말씀입니다. 이미 중국은 복음이 전해진 나라입니다. 외국으로부터 선교의 도움은 원치 않지만 교류의 필요성은 알고 있습니다. 형제로서 도움을 나눠주고 받는 그런 교류는 환영입니다."

그들은 선교 활동에 대한 선을 확실히 그었다. 이미 중국 기독교 사정에 대해 알고 있었지만 교계 지도자로부터 공식적인 선교 방향에 대해 들은 셈이다. 그것을 알고 나니 오히려 편해졌다. 할 수 있는 활동, 해서는 안 될 활동에 대해 선이 그어졌다.

그 만남이 있은 후, 우리의 중국 선교 활동은 더욱 활기를 띄었다. 중국기독교협회에서 인정한 한국의 목사가 되었기에 산동성

내의 교회를 방문할 때도 그곳의 목사님들과 교류를 할 때도 문제될 일이 없었다.

"이 목사님, 지난번 한국에 다녀왔을 때 교회학교가 참 인상적이었어요. 원래 교회가 부흥하기 위해서는 어린 아이 때부터 신앙훈련이 되어져야 하는데.."

"그건 맞는 말씀입니다. 그런데 중국은 공식적으로 18세 이하는 종교 활동을 금하고 있기 때문에 고민이 되실 것 같네요. 대신 어린이 교회학교보다 청년모임 먼저 조직하시는 게 어떻겠어요? 젊은층들이 교회에서 움직이면 자연히 더 어린 친구들도 수용할 수 있을 것 같은데요.."

"그거 좋은 생각입니다."

우리 측에서 전해 줄 수 있는 목회의 노하우였다.

직접적으로 청년 모임을 조직해서 이끌 수는 없지만 그것을 할 수 있는 장을 마련해주고 지혜를 보태주는 것이 오히려 그들에게 큰 도움이 되었다. 그 결과 중국의 교회들이 청년 모임을 시작했고 한국 교회를 둘러보면서 접하게 된 CCM이나 복음 성가, 청년 예배 시스템을 도입하여 한층 젊은이들에게 다가서는 예배로 조금씩 바뀌어가기 시작했다. 복음의 갈망이 컸던 청년들은 뜨거웠고 곳곳에서 복음에 대한 헌신과 방언이 터져나오는 등 놀라운 일들이 교회에서 일어났다.

또한 그 청년 예배의 열정은 온 교인에게 전해져 따로 특별한 전도 활동을 벌이지 않는 중국 교회였지만 자연스럽게 전도와 부흥이 일어나는 결과를 가져왔다. 뿐만 아니라 목회자가 그토록 필요로 느꼈던 주일예배도 어린 아이들이 찾아옴에 따라 자연스럽게 형성되었다. 정부가 알면 합법적이지 않기에 중단할 수도 있는 일이었지만 교회가 부흥하고 뜨거워지고 청년들이 일어서는 모습을 지켜본 중국 정부의 종교사무국에서도 그 사실을 모른체 했다.

뿐만 아니라 어느 교회 목사님은 한국의 새벽기도의 열정에 크게 감동을 받았다. 하여 중국으로 돌아간 후 새벽기도에 헌신하기로 하였다. 새벽기도는 우리에겐 너무 당연한 기도회였지만 그들에겐 생소한 것이었다. 물론 중국 교회라 해서 우리와 다를 바 없지만 그때까지만 해도 그들은 모여서 뜨겁게 기도하는 일이 드물었다. 예배 형식도 워낙 간단한데 자기들의 복받기만을 추구하는 어린아이의 신앙이었기에 교회에 모이기를 힘쓰는 일도 기도에 힘쓰는 일도 그리 큰 비중을 두지 않았다. 그러나 교류 이후 변화가 생겼다. 새벽기도를 작정한 뒤 큰 부흥이 일어나게 된 것이다.

"이 목사님, 우리 교회가 부흥한 건 이 목사님 덕이 큽니다. 한국과 교류가 없었다면 어디서 이런 지혜를 얻었겠어요. 너무 감사합니다. 이번에 저희가 목사님을 모시고 집회를 했으면 합니다."

"저를요? 아니 중국 교회에서는 자국 교회 목사님만 강단에 설 수 있지 않습니까."

"그거야 그렇죠. 하지만 그동안 중국 교회에 하신 일도 많으시고 좋은 관계도 많이 맺으셨으니 정부에서도 인정해 주실 겁니다.

와 주세요."

"저야 초청해주시면 언제든 환영입니다."

뭔가 되는 듯 했다. 지금까지 중국 교회 내에선 자국 아닌 타국의 목회자에게 설교를 들을 기회를 주지 않았다. 삼자원칙에 의해 말씀도 자국 교회 목사가 무조건 전하자는 주의였지만 한국과의 교류 이후 나타난 변화였다.

"이천휘 목사님, 드디어 정부에서 허용을 해 주었습니다. 이번 순회집회에 오셔서 성도들에게 좋은 말씀 좀 전해주십시오."

할렐루야였다. 초대교회인 안디옥 교회에서 사도 바울과 바나바를 세워 이방인을 위한 선교를 시작하게 했을 때, 그들은 순종하며 선교지로 향했다. 선교지에서도 그들은 오로지 복음만 전했고 그로 인해 이방이 복음화가 시작되었다. 처음 중국 교회의 순회집회를 하러 떠날 때 심정이 그랬다. 한번도 서지 못했던 단 위에 중국 교인들을 위해 한국 목사가 선다. 그것이 의미하는 바가 무엇이겠는가? 그들도 이제 더 넓은 복음의 세계를 받아들이겠다는 의지 아니겠는가? 대단한 사명이 이루어진 일이었다.

떨리는 가슴을 성령님께 맡기며 중국 삼자교회의 단 위에 섰을 때, 진심을 다해 내가 아는 하나님을 전했다. 처음으로 외국 목사를 통해 설교를 듣는 중국인들의 눈빛을 나는 잊을 수 없다. 아직 채워지지 않았던 신앙의 열정을 채우고 싶은 눈빛, 강하게 임재하시는 성령과 마주하고 싶은 눈빛, 한국 교회가 어떻게 해서 그 어려움을 이겨내고 나라의 발전과 함께 세계 선교대국으로 부흥할 수 있었는지 알고자 하는 눈빛이었다. 그들의 마음이 고스란히 느껴졌기에 그 어느 때보다 더 열정적으로 복음을 증거했다.

중국 교회의 보이지 않던 장벽이 무너져가고 있을 때 나는 더욱 절실히 느낄 수 있었다. 흔히 중국을 이야기할 때 '되는 것도 안 되는 것도 없는 나라' 라고 한다. 그만큼 관시(관계), 즉 인맥 교류에 의해 될 수도 안 될 수도 있는 나라라는 의미를 나타낸다. 그러니 어떤 사람은 관시에 의해 득을 보기도 하지만 말할 수 없는 해를 입기도 한다. 그런 나라가 중국이다. 그런데 우리는 중국 선교를 시작하면서 관시, 즉 교류로서 먼저 다가갔고 그 관계에 의해 조심스럽게 교류 선교를 했기에 서로의 길이 열렸다고 생각한다. 어디 중국뿐이겠는가? 사람 사는 곳에서 관계는 그 무엇보다 중요하다. 교회 내에서도 관계, 교회 밖에서도 관계는 중요하다. 하나님은 중국 선교의 문을 여심으로 그 관시(관계) 선교가 사회주의 국가에서 얼마나 필요한지 깨닫게 하셨고 지금도 깨닫게 하신다.

만남과 계획

나는 지금도 중국어를 못한다. 서당개 삼 년이면 풍월을 읊는다고 하지만 어찌 된 일인지 중국어를 배우는 일이 쉽지만은 않았다. 중국 선교가 본격화 되면서 고민되는 문제도 그것이었다. 현지인들과 교류를 하고 일을 하려면 커뮤니케이션이 가장 중요한 일이다. 우리말에도 '아' 다르고 '어' 다르다는 말이 있듯이 우리의 뜻을 가장 부드럽게 전해야 하는데 가뜩이나 민감한 선교라는 틀 안에서 언어는 해결해야 할 문제이기도 했다.

하루 아침에 중국어를 마스터할 수도 없는 일, 매번 통역사를 찾는 일도 보통 힘든 일이 아니었기에 그 부분을 두고 기도 중에 있었다. 그러던 차에 한국에서 보낸 초청장 사건으로 우여곡절 끝에 중국기독교협회 대표단이 한국에 방문했다. 처음으로 걸음하는 것이기에 그 일의 총책임을 맡은 마음이 급해졌다. 둘러볼 교회를 섭외하는 것부터 접대하는 일과 세미나 회의 등 신경 써야 할 일이 많았다. 그런데 한·중이 교류하려면 가장 중요하게 생각할 것이 커뮤니케이션이었다. 통역할 분도 모시고 마침내 중국교회 대표단과 만나게 되었는데, 그 대표단에 석은복 목사가 눈에 띄었다. 그분이 눈에 띈 건 그동안 중국 교계가 급속하게 노령화된 가운데 패기 있는 젊은 분이 끼어 있어서도 그렇지만, 조선족 목사로서 우리말에 능통하단 점 때문이었다.

석은복 목사와는 그렇게 첫 인연을 맺었다. 주로 내가 그들을 인솔하다보니 나와 계속 붙어있게 되었고 그러면서 그 분의 개인적인 이야기도 함께 듣게 되었다. 대대로 믿음을 지킨 집안에서 자란 석목사는 중국에서도 보기 드물게 엘리트 신학 코스를 밟은 인재였다. 무엇보다 싱가폴의 트리니티 신학교에서 공부도 했고 선교에 대해 개방적인 생각을 가지고 있다는 점이 가장 마음에 들었다. 게다가 중국 선교를 하기 위해서는 중국 사정에 대해 누구보다 잘 알고 있는 현지인 아니던가.

"석 목사님, 그동안 통역하시느라 수고 많으셨습니다. 그나저나 한국어에도 능통한 조선족 목사님을 뵙게 되어 얼마나 든든한지 몰라요. 마치 제 동생 같습니다."

"동생같이 생각해 주시니 감사합니다. 저도 한국에 와서 교회를 돌아볼 수 있어서 너무 좋았습니다. 참 많이 도전이 됩니다."

"이제 앞으로 중국과 좋은 관계를 유지해 나가야 할텐데 목사님 같은 분이 곁에서 도움을 주시면 참 좋을텐데요.."

"저도 그렇지요. 한국이 중국에 비해 선교나 복음 전파에 더 열심이고 앞섰다는 건 저희도 잘 알고 있어요. 이곳에서 일할 수 있다면 저야 너무 감사한 일이죠. 신학을 공부하긴 했지만 더 연구해 보고 싶은 마음도 큽니다."

"아... 그렇습니까? 방법을 한번 생각해봅시다."

그렇게 첫 만남이 끝났다. 그런데도 계속 석목사가 생각났다. 나로서는 참 필요한 분이지만 어떻게 기회를 만들어야 할 지 방법이 생각나지 않았다.

그렇게 1년쯤 흘렀을 때 감신대 염필형 총장님께서 연락을 해오셨다. 그동안 우리 교회와 내가 주도해온 삼자교회 선교 활동을 직접 보고 싶다는 내용이었다. 마침 중국 교회의 방문 계획도 있었던 터라 좋은 기회란 생각에 우리 일행은 중국을 방문했다.

총장님은 중국 교인들 앞에서 설교를 하며 함께 울고 웃는 모습에 감동하셨고, 중국 전역에 흩어져 있는 삼자 교회 몇몇을 돌아보시며 그들의 믿음의 결단과 신앙의 열정을 눈으로 확인하시며 많은 감동을 받으셨다.

"이 목사님, 직접 중국을 와 보니 목사님 하시는 사역이 얼마나 귀한지 잘 알겠습니다. 삼자교회에 대한 편견도 사라졌구요. 남들이 미처 시작도 못한 일을 결단하시고 하나님의 일을 하고 계시니 제가 참 고맙습니다. 그래서 말씀인데요, 제가 뭐 도울 일이 있으시면 말씀하세요. 돕고 싶습니다."

말씀만으로도 감사했다. 하나님만 아시면 될 일이었지만 그래도 교계의 어른에게 인정을 받는다는 건 분명 대단한 격려였다. 그런데 그때 한 사람이 떠올랐다. 석은복 목사였다. 그분과 마지막으로 나누던 대화를 떠올렸다.

"아 총장님, 도와주셨으면 하는 일이 있습니다. 지난번 중국에서 오신 조선족 목사님이 계신데 한국에 와서 신학 공부를 더 하고 싶어 하셨거든요. 그 일을 해주실 수 있을까요?"

"그럼요. 저희 학교에서 코스를 밟도록 하시죠."

순식간에 일이 진행되었다. 그 길로 중국으로 연락을 취했는데 안타깝게도 목사님이 중국에 계시지 않다는 답변을 들었다. 허탈한 마음이 들었던 것도 같다. 좋은 기회였는데 안타까움이 컸다.

그렇게 또 얼마쯤 시간이 지나고 중국에서 나온 목사님과 만나 이야기를 나누던 중 석 목사 이야기를 하게 되었다. 하나님의 인도였을까… 마침 석 목사가 한국에 나와 있으며 그 날 만나기로 했다는 것이다. 참 신기한 인연이다 싶어 내게 꼭 연락을 달라고 했다.

다음날 나는 석 목사와 만났다. 우리는 신기한 인연도 다 있다며 이 인연엔 하나님의 분명하신 뜻이 있을 거라며 웃었다.

"그나저나 석 목사님, 이미 한국에 나와 계셨다구요."

"네, 기회가 생겨서 신대원에서 공부를 하고 있는데 그게 좀…"

무슨 문제가 있는 듯 보였다. 알고보니 몸담은 학교에 내부적으로 문제가 있었고 한국에서 생활하는 데 어려움을 겪고 있었다.

"목사님, 이번에 저희 감신대학교 총장님께서 도와주실 수 있다고 하시는데 어떠세요?"

마침 문제를 겪고 있던 석 목사는 별다른 갈등없이 제안을 받아들였다. 그 길로 일사천리로 일이 진행되어 감신대 신대원에서 박사 학위를 공부하게 되었고 총장님의 배려로 장학생이 되었다. 뿐만 아니라 우리 부평제일교회 협력 목사로 활동하면서 생활할 수 있도록 배려했다.

그 후 석은복 목사는 한국에서 3년간 지내며 큰 역할을 해 주었다. 우리 교회의 중국인들을 위한 예배를 신설하여 주일 예배를 드릴 때에 설교를 중국어로 통역하여 중국어 서비스를 담당했고 중국어 교실 모임도 만드는 등 활발한 활동을 했다. 또한 나의 좋은 동역자가 되어 중국과의 교류 활동에 오른팔의 역할을 해 주었다. 대부분 가는 곳마다 동행하여 통역을 담당해 주었고, 무엇보다 중국의 현지 사정을 잘 알고 있었기에 중국 기독교의 처한 현실, 교계 사정에 맞는 선교의 방향을 조언해주는 등 완급조절을 할 수 있도록 공헌을 했다.

"이 목사님, 중국은 선교 개념으로 접근하면 안 됩니다. 앞으로 사회주의 국가에 가서도 마찬가지일 겁니다. 예수님께서 땅 끝까지 복음을 전하라는 말씀에 따라 복음을 전하는 건 해야 할 일이지만, 중국과 같이 이미 복음이 전해진 나라에서 '우리가 너희에게 뭔가 해 주러 왔다' 는 식으로 선교를 해서는 안 됩니다.

중국이 아편전쟁 이후 서양과 불평등 조약을 맺게 되며 억압을 받을 때 복음을 위해 들어온 서방 선교사들이 대부분 통역을 담당했기 때문에 본의 아니게 서양과 서양 선교사에 대한 반감이 심합니다. 그러니 선교한다는 말을 거부하는 거에요. 선교가 아닌 교류 차원에서 접근하는 게 좋을 겁니다. 교류는 대등한 위치에서 행해지는 활동이잖아요. 중국을 돕더라도 배우러 왔다는 마음을 보여야 해요. 적어도 중국은 그런 형제국으로 접근하는 것에 반감을 가지고 있지 않습니다. 다만 피선교국으로 다가서는 건 거부하겠다는 것이죠. 그러니 목사님, 지금까지 하시는 것처럼 중국 정부가 허용하는 범위에서 일하시되 형제국으로 목사님들의 교류, 교회간의 교류를 하시면서 좋은 관계를 맺으시면 반드시 성공적인 선교를 하실 수 있을 겁니다. 사회주의 국가가 무척 폐쇄적이라고 생각되겠지만 중국은 좀 달라요. 경제 개방에 대한 염원이 크기 때문에 종교적인 면에서도 점점 더 개방적이 되어가고 있습니다. 관계를 어떻게 맺느냐에 따라 모든 것이 가능할 수도 있는 특이한 구조입니다. 그 점을 잘 알고 일하시면 지금보다 더 큰 일을 하실 수 있을 겁니다."

그는 선교에 대한 조언과 함께 중국의 기독교 역사 등을 가르쳐 주며 다양한 방면으로 중국 사회에 접근할 수 있도록 도와주었다. 중국과의 교류 사역이 있을 때는 가능한 나를 도왔다. 그의 조언대로 중국 선교를 이어가면서 한번도 '가르쳐 주겠다'는 마음으로 접근하지 않고 다만 '이런 기회가 있으니 와서 보시오. 우리 함께 공부합시다'란 자세로 다가서니 좋은 인연을 맺을 수 있었다. 덕분에 그가 한국에 머무는 3년간 중국 교회 집회를 다녔고 그처럼 합한 통역자를 만난 적이 없다. 하나님이 다윗에게 마음에 합한 자라고 하셨는데 나 역시 그런 기분을 십분 이해할 수 있게 해준 분이었다.

한국에서 학업을 마치고 중국으로 돌아간 석목사는 지금도 중국 선교 활동의 가교 역할을 해주고 있다. 그를 통해 많은 교계 지도자들과 관계를 가질 수 있었고, 중국 현지의 사정을 자세히 알 수 있게 되었으며 조언도 들을 수 있었다.

하나님은 반드시 필요한 사람과는 어떻게든 만나게 하신다. 십수년 전 우연히 보낸 초청장 하나로 그와 만나게 하셨고, 우여곡절 끝에 다시 만나게 하셨다. 또한 그가 가교 역할을 할 수 있는 장을 마련하셨고 그로인해 중국 교계의 문을 쉽게 열게 하셨으니 과연 하나님은 사람을 통해 일하시고 만남을 통해 뜻을 보이신다.

부딪힘 속에서

"어떻게 삼자교회를 통해 선교를 하십니까? 그게 무슨 선교입니까?"

한때 이런 이야기가 들려올 때면 마치 가슴을 도려내는 아픔이 있었다. 골방으로 들어가 하나님께 기도하며 수차례 묻기도 했다.

'주님, 과연 이게 맞는 방법입니까? 이렇게 핍박 받는 게 하나님의 영광을 위한 일입니까? 그렇다면 더한 핍박을 받아도 상관없습니다만 아니면 저로 하여금 신속히 바로잡게 하옵소서'

나의 중국 선교를 바라보는 교계의 시선은 곱지 않았다. 지금껏 선교사들이 취했던 선교 활동이 아닌 어찌보면 정면으로 승부하는 방법을 선택했으니 당황할 수 있었다. 1997년도만 해도 중국 선교는 선교지라 밝힐 수 없을 정도로 척박한 곳이라고 여겼다.

1807년 한국보다 100년 더 일찍 복음이 전해진 나라였음에도 워낙 선교 활동이 금지된 나라라는 인식 때문에 모두 신흥가정교회로 들어가 복음을 전하고 있었다. 여기서 말하는 신흥가정교회는 중국 내에 기존에 있는 지하교회와는 좀 다르다.

사실 지하교회라는 것이 생기게 된 것은 중국의 문화대혁명으로 인해 종교가 제한되고 교회가 폐쇄되면서 복음을 버릴 수 없던 이들이 숨어서 신앙생활을 이어가 지하교회가 생겼는데 다시 종교 자유가 허용되면서 삼자교회로 흡수하려 했을 때 복음이 변질될 것을 걱정한 이들이나 기존의 목사들 중에 이를 거부한 이들이 아직도 지하교회에서 종교 활동을 이어가고 있었다.

한국 선교사들이 활동하는 신흥가정교회는 기존의 지하교회와는 다른 소규모 그룹의 교회를 만들어 복음 활동을 벌이는 것을 의미한다. 물론 지하교회로 들어가서 선교활동을 하시는 분들도 계시지만 어쨌든 지하교회나 신흥가정교회 모두 중국 정부가 인정하고 있지 않다. 중국 정부가 공식적으로 집계한 기독교인이 1천 6백만 명에 이르지만 비공식 교인까지 모두 합치면 1억 명은 훨씬 웃돌 것이라고 하니 중국 정부에서도 인정되지 않은 교회 활동에 대해서는 철저하다.

그러니 한국에서 보기에 삼자교회는 별다른 제제를 받지 않는 것 같이 느껴지고, 오랜 반공교육에 익숙한 우리네 정서로서도 어용같이 느껴질 수 있다. 실제 중국 사회에서 추방 명령을 받고 돌아온 선교사들 대부분 지하교회나 가정교회에서 사역하다가 뭔가 문제가 생긴 경우였다. 그런 모습을 지켜보려니 삼자교회를 통해 합법적 선교를 하겠다는 우리 교회의 선교를 달갑지 않게 보는 건 당연했다.

어떤 목사는 대놓고 선교 방향에 대해 지적하기도 했고, 어떤 경우 면전에서 비방을 받기도 했다. 요지는 같았다. 왜 어째서 어용 교회를 돕고 있느냐는 것. 그때마다 답답했다. 그게 아닌데 아무리 설명해도 그 상황을 모르니 가슴만 뜯을 뿐이었다.
"목사님, 그러지 마시고 저와 함께 중국에 다녀오시죠."
가장 좋은 방법은 직접 눈으로 보고 체험하는 거였다. 백 마디 말보다 한번 돌아보는 게 낫겠다 싶어 삼자교회를 통한 중국 선교에 의아해하는 분들은 일단 모시고 갔다. 그들과 지역마다 있는 삼자교회들을 돌아보고 그들 쪽에서 요청한 예배에 참석했다.
내게 허락된 설교 시간이 다가오자 긴장이 몰려왔다. 그간 숱하게 단 위에 서서 하나님 말씀을 전했지만 중국인들의 복음을 갈구하는 눈빛과 중국 선교에 대해 오해하는 이들을 뒤에 두고 설교한다는 건 상당한 담대함을 필요로 했다. 단 위로 가기 전까지 간절히 기도했다. 담대함을 달라고, 두려움을 떨칠 용기를 주시되 이 시간에 성령의 은혜가 강물처럼 흘러 넘치게 해 달라고.
"여러분 반갑습니다. 저는 한국에서 온 이천휘 목사입니다."

드디어 단 위에 서서 말씀을 전했다.
"이곳에 오니까 제가 어렸을 때 다녔던 교회의 풍경이 보입니다.

지금 이 교회 지붕이 양철 슬레이트로 되어 있는데요 저도 이 지붕 잘 압니다. 어렸을 때 우리 한국도 이런 지붕이 있는 집에서 살았거든요. 비가 오면 지붕에서 나는 음악 소리가 장난 아니에요. 그쵸? 그래도 이 지붕 아래에서 여러분과 만나 하나님 말씀을 나눌 수 있다는 게 얼마나 감사한 지 모릅니다. 어렸을 때 동네 교회 다니며 부흥회 참석했던 기분도 나구요."

중국과 한국은 정서적으로 공통적인 면이 있었다. 특히 6-70년대 한창 성장의 일로를 걸으면서 겪었던 고생담과 여정을 이야기 할 땐 중국인들은 마치 자신들의 일인양 공감대를 느꼈다. 부평제일교회를 개척하면서 경험한 고생담은 그들의 눈물을 자아냈고, 나의 아버지가 유교 집안에서 신앙을 선택함으로 결단한 스토리에 감동했으며, 내가 경험한 하나님의 은혜와 기적에 함께 아멘을 외쳤다. 설교자가 성도와 하나됨을 느낄 때 그 은혜로운 짜릿함은 무엇과도 비견할 바가 못 되었다.

설교가 끝났을 때 중국 성도들은 뜨거운 눈물을 흘리며 함께 박수를 쳤고, 예배를 마치면서 내게 낡은 공책을 내밀며 사인을 부탁하는(?) 예상치 못한 일도 일어났다. 나와 함께 동행한 분들도 그 광경을 직접 목격했다. 그들은 처음으로 가 본 삼자교회를 보면서 놀랐고, 두 번째 한국에서 온 목사의 설교를 듣고 열정적으로 반응하는 교인들에게 놀랐으며, 복음의 뜨거운 열정과 한국 목회의 노하우를 배우려는 목회자들의 생각에 놀라워했다. 무엇보다 중국 정부의 허가를 받아 교회를 다닐 수 있다는 것과 합법적으로 하나님의 사역을 도울 수 있다는 것이 정작 이 사회에 더 필요하다는 것을 느꼈다.

"목사님, 제가 오해를 했습니다. 막상 와보니 제가 너무 감동을 받습니다. 말로만 듣던 중국의 교회를 직접 와보고 예배를 함께 드리다니요. 사회주의 국가에서 예배의 자유가 보장되고 비록 선교에는 제한이 있어도 이렇게 양국이 교류하고 한국의 목사가 중국인에게 허가를 받아 설교를 할 수 있다는 데 제가 너무 놀랐습니다. 이제 목사님 사역을 100% 인정합니다. 아니 너무 감동받았습니다."

어떤 목사님은 손을 붙잡고 감동의 눈물을 흘리기도 하셨다. 어차피 선교란 생명을 거는 사역이니 조금의 편견이나 오해는 헤쳐나가면 되는 일이다. 다만 더 큰 일에 방해가 된다면 적극적으로 해명하고 좋은 동역자가 되도록 해야 한다. 바울에게 디모데란 동역자가 있었던 것처럼 우리 중국 선교에 더 많은 디모데와 같은 동역자가 많아야 하기 때문이다.

그렇게 한 명 한 명 설득시켜 나갔다. 내부에서 분열이 일어나지 않기 위해, 돕는 자들로 세우기 위해 함께 중국을 다니며 설득했고 중국을 이해시켰다. 그 결과 지금은 많은 동역자들이 중국 선교를 위해 돕고 있다.

지금도 중국으로 많은 선교사들이 파송되고 있다. 그분들 중에는 우리와 다른 방향에서 선교 활동을 하고 계시는 분들이 더 많다. 모두 귀한 사역을 감당하고 계시다는 것을 알고 있기에 중국 땅을 밟을 때마다 그들을 위해 기도드린다.

다만 조금 다른 방법으로 접근한 경험자로서 안타까운 것은 조금 더 중국 사회에 대한 이해를 했으면 하는 바람이다.

어떤 신학자가 중국 교회에 대한 선교에 대해 이런 말을 했다.

"해외 교회에서 중국 교회에 대한 오해는 신학적인 문제가 아니라 감정적인 문제다."

맞는 말이다. 중국이란 사회에 대한 감정적인 접근이 더 필요하단 사실을 시사한 말일 것이다. 그들 역시 유구한 역사 속에 자부심도 있지만 상처도 안고 있는 사람들이다. 그렇기 때문인지, 복음 자체만으로 접근하는 것이 아닌 민족성에 대한 이해와 함께 감정적인 교류가 이루어질 때 그들 스스로 문을 여는 걸 수차례 경험했다. 그래서 법의 테두리 안에서, 체제를 인정하면서 접근하는 게 용이한 것이다. 특히 훈련이 덜 된 상태에서 편법을 쓴다거나 불법 행위로 선교 활동을 하는 건 더욱 조심해야 할 것이다.

일례로 중국은 자신이 있는 지역을 벗어나면 다른 지역에서 목회활동을 할 수 없다. 산동성 목사가 북경에 가서 집회를 할 수 없는 것이다. 하려면 북경에서 반드시 승인을 받고 초청을 받아야 가능한 시스템을 지니고 있다. 자국 목사에게도 그렇게 철저한 원칙을 행사하는데 타국에서 온 선교사들의 활동은 어떻겠는가? 그런데 그런 시스템을 모르거나 가끔 무시하는 경우 문제가 생긴다.

그것이 많은 이들에게 더 큰 상처를 줄 수 있기에 조심해야 한다.

43년간 무슬림 복음화를 위해 헌신한 그렉 리빙스턴 선교사가 한국에 오셨을 때 무슬림 사역에 대한 이런 말씀을 하셨다.

"그들은 복음을 한 번도 듣지 못한 사람들이 아닙니다. 그러나 누구보다도 복음이 필요한 사람입니다. 선교를 위해서는 성경에 있는 하나님의 방법에 초점을 맞춰야 하며 현장에서 그들과의 관계 형성을 통해 복음을 증거해야 합니다."

지금도 중국 선교는 때때로 부딪힘을 경험한다. 우리와는 체제가 너무 다르기에 십 수년 교류를 이어오면서도 '이 정도면 알겠다' 싶지만 생각지도 않은 부분에서 암초를 만나는 게 사실이다. 그래서 늘 중국에 대해 공부하는 마음으로 다가선다. 가능한 중국 사람들과 자주 만나려고 한다. 선교에 있어 상대방을 잘 아는 것이 중요하고 누차 말하듯 그들과 관계를 잘 맺는 것이 선교의 90% 이상을 차지하기 때문이다. 그 어느 때보다 종교법에 대해 알아보고 연구하고 유연한 자세로 그들과 만나려 한다. 그런 부딪힘 없이는 복음의 스파크가 일어나지 않을 것이기 때문이다.

중국 삼자교회에 임한 은혜

"목사님, 우리 교회에 찬양선교단을 조직해 보는 건 어떨까요?"
아내가 뜬금없이 찬양선교단 이야기를 꺼냈다. 워낙 찬양에 조예가 깊긴 했으나 찬양선교단을 조직한다는 건 의외의 제안이었다. 그동안 아내는 속회나 교회 일을 안팎으로 돕긴 했지만 아이들을 키우는 엄마로서 역할도 소중했기에 뭔가 주도적으로 일을 하진 않았다. 하지만 이젠 아이들도 어느 정도 성장한 뒤였기에 그런 제안을 한 것 같았다.

"성가대가 있는데 찬양선교단이 또 필요할까?"

"성가대랑은 다르죠. 옛날엔 교회가 세상의 문화를 이끌어 갔잖아요. 그런데 이젠 세상 문화를 쫓아가고 있어요. 교회가 문화 쪽에 뒤 떨어져 있으면 안 되잖아요. 그리고 우리 교회가 선교 활동에도 중점을 두고 있는데 찬양선교단이 있으면 훨씬 도움이 될 거에요."

선교란 말에 정신이 번쩍 들었다. 이제 막 중국 선교를 시작하고 있는 시점이었기에 찬양선교단이 중국 교회에 선다는 생각은 아예 하지도 않았다. 다만 음악이 인류 공통의 공감대를 만들듯이 찬양 역시 복음에 빚진 자들을 하나로 모을 수 있는 좋은 도구가 될 거란 기대감이 생겼다.

그 길로 아내가 주축이 되어 찬양선교단이 결성되었다. 본래의 취지에 맞도록 젊은 단원들로 구성했다. 되도록 청년이 주축이 된 찬양선교단을 조직했고 그들은 2년간 모여 연습하고 모임을 이어 갔다. 찬양에 있어서는 어느 교회에도 뒤지지 않을 레파토리와 열정을 갖추었다.

그렇게 2년을 맹훈련하더니 드디어 2004년 교회 창립기념예배에 찬양선교단이 공연을 선보였다. 반주팀도 구성하는 등 제법 갖춰진 찬양단이었고, 기념 행사에서 선보인 찬양은 너무 훌륭하고 감동이 있었다.

"여러분, 오늘은 기쁨이 두 배가 되는 날입니다. 우리 부평제일교회가 태어난 날이라서 기쁘기도 하지만 귀한 찬양선교단이 탄생한 날이기도 합니다. 저는 이들이 앞으로 우리 교회가 해 나가는 사역에 크게 사용 받는 도구가 될 것을 믿습니다."

그 자리에서 찬양선교단에 대한 선포가 나왔다. 성도들도 2년간 준비해서 선보인 선교단에 아낌없는 성원과 격려를 보냈고 조금 더 범위를 넓혀 교회 행사나 집회가 있을 때 서는 등 지경을 넓히기 시작했다.

그러던 중 중국 목사님들이 한국과 교류를 시작하며 우리 교회를 방문하게 되었다. 그들은 한국의 내노라하는 대형 교회를 방문하면서 그 규모와 조직에 놀랐지만 우리 교회에 와서는 찬양선교단의 찬양에 큰 감동을 받았다.

"이 목사님, 찬양에 큰 은혜를 받았습니다. 우리 교회 교인들도 찬양을 참 좋아하는데 이런 좋은 찬양 들려주면 좋을텐데요…"

그들은 성도들에게 찬양을 들려주지 못한 것에 대한 진한 아쉬움을 전했다. 그때부터 새로운 꿈이 생겨났다.

'그래 찬양만큼 세계를 아우를 수 있는 복음의 도구는 없다'

찬양 선교를 통한 교류 사역이었다. 중국 선교에 발을 들여놓은 지 이미 6-7년이 지난 뒤였다. 그간 한·중 간의 목회자들의 교류가 이뤄지면서 목회자들의 방문과 목회 세미나, 초청 강의 등이 진행되고 중국 교회의 초청으로 여러 삼자 교회들을 방문하며 선교의 문을 열었다는 성과도 있었지만 그곳 성도들에게 더욱 가깝게 다가가고픈 열망이 커져 있었다. 그런데 찬양 선교단이라면 그 소망을 해소시켜줄 수 있을 것 같았다. 중국 사역을 돕는 석은복 목사에게 먼저 물었다.

"석은복 목사, 우리 교회 찬양선교단을 통해 중국 교회에 찬양선교를 해 보는 건 어떨까? 중국 쪽에서 어떻게 생각할 것 같아?"

"글쎄요… 워낙 목사님 선교하시는 것이 중국 쪽에서는 한 번도 시도해 본 적이 없는 교류라서요. 그런데 가능할 것 같아요. 일단 중국에 계시는 선교사들을 통해 교계 지도자들과 접촉해 보라고 하시구요, 저도 한번 타당성을 타진해 볼께요."

다행히 석은복 목사가 학업을 마치고 중국으로 돌아간 뒤 우리 교회를 도와 한국과 중국 교회 사이의 중요한 역할을 하고 있었기에 일의 진척이 빨랐다. 물론 찬양선교활동에 대해 아무것도 허가를 받지 못했으나 하나님은 강한 믿음으로 이끌고 나가셨다. 이미 중국을 향한 하나님의 뜻이 열려 있음을 깨달은 뒤였기에 하나님께서 하시겠다는 것에 장애물은 없으리란 확신이 들었다.

가능성의 하나님을 믿고 우리 교회 찬양선교단을 구성하도록 했다. 인원도 훨씬 많이 늘었고 반주팀 무용(워십)팀까지 구성을 갖춰놓도록 했다. 일부에선 우려의 목소리를 내기도 했다. 이렇게 준비해놨는데, 워낙 앞뒤를 알 수 없는 중국 측에서 승낙하지 않으면 어쩌냐는 걱정이었다.

"걱정마세요. 기도했으면 그대로 믿어야 합니다. 기도가 뭡니까? 하나님의 전지전능하심을 믿는다는 건데 기도하고 나서 바로 염려하면 하나님을 믿지 않는다는 것과 같아요. 기도했으면 될 것을 믿고 기다립시다."

중국은 교회 목사의 권위가 한국에 비해 약하다. 그도 그럴 것이 종교가 국가 체제 아래에 있기 때문에 대부분 종교 사무국에 통보를 하고 결정을 내리려면 확인 절차를 먼저 거쳐야 했다.

종교 활동은 내부사역과 외부사역으로 나뉘어지는데, 교회 내에서 일어나는 교무에 대해서는 교회 내의 목사가 재량껏 운영할 수 있지만 교회 밖에서 일어나는 사무는 반드시 종교 사무국의 승낙을 받아야 한다. 그러니 외국 인사를 초청하는 일 역시 정부에서 관리하므로 우리 측에서 뭔가 제안을 할 땐 종교사무국과의 관계가 무척 중요하다. 다행히 중국과 교류 사역을 하면서 관계를 중시 했던터라 정부와도 좋은 관계를 유지하고 있다는 데에 일단 안심이 되었다.

일단 인맥을 동원해 찬양선교단 순회공연에 대한 확신을 요구했다. 물론 쉽지 않았다. 그간 한국을 몇 번 방문하며 유대 관계를 맺었지만 정부 차원에서 수십 명이나 되는 한국 교회의 찬양선교단의 방문을 허락하는 건 부담스러웠던 것 같다.

"중국과 한국의 교회가 공식적으로 문을 열었는데 목회자의 교류로만 끝난다면 의미가 없습니다. 기독교는 목사의 종교가 아니고 성도들의 종교입니다. 중국 교회의 교인들에게 한국의 찬양선교단의 공연을 통해 은혜를 나누고자 합니다. 분명히 양국 교회에 좋은 영향을 끼칠겁니다."

끊임없이 설득을 해 나갔다. 한번도 허락하지 않았던 결정을 내리기까지 꽤 오랜 시간이 걸렸다. 결국 5년쯤 지났을 때 드디어 찬양선교단 사역을 허락한다는 통보를 받았다. 역시 중국은 기다림의 미학을 톡톡히 알려주는 나라임에 틀림없다.

중국 교회 측에서 한국 부평제일교회의 찬양선교단 초청을 허락한다는 통보가 떨어지면서 우리는 바빠지기 시작했다. 찬양으로 사역할 산동성 지역의 삼자교회 리스트가 나왔다. 중국측에서 허가를 받았지만 모든 비용은 자비량으로 해결하는 자비량 선교였다. 그럼에도 우리 교회 찬양선교단 단원들은 기쁨으로 헌신했다. 복음의 빚진 자들로서 찬양으로 영광 돌리고 은혜 나누겠다는 선교 마인드로 철저히 무장하고 있었다. 그 빛나는 헌신들이 감사하여 눈물로 축복을 했다.

드디어 첫 번째 순회 공연길에 올랐다. 산동성으로 향하는 길목에서 나는 단원들과 무릎을 꿇고 앉아 간절히 기도했다.

"하나님 이제 주님께서 중국의 문을 열어 주셨습니다. 찬양 가운데 함께 하시는 하나님께서 우리 교회 찬양선교단의 사역에 놀라운 은혜와 감동으로 채워주셔서, 가는 곳마다 은혜가 넘치게 하시고 찬양을 통해 변화받는 귀한 이적들이 나타나게 도와주옵소서. 우리 찬양선교단을 통해 중국 선교가 더 귀하게 확장되게 하시고, 시간과 물질과 마음을 드려 헌신하는 이들에게 주님의 귀한 축복이 함께 하실 줄 믿습니다."

단원들 모두 간절한 마음으로 기도하며 공연을 올렸다. 산동성은 우리나라와는 생활이나 질적인 면에서 차이가 있었지만 사실 불편하다고 생각하는 것도 우리의 생각일 뿐이었다. 정작 찬양을 듣는 시골 교회 교인들은 잘 접하지 못했던 찬양과 무대를 통해 변화받고 있었다. 한국에서 공수해 간 악기와 혹시 정전이 날까봐 대비하여 발전기까지 준비한 덕분인지 아무 사고없이 찬양 공연을 마쳤을 때, 우린 중국인들의 기쁨의 눈물을 보았다.

"목사님 큰 은혜를 받았습니다. 한번도 불러본 적도, 들어본 적도 없는 찬양인데 나도 모르게 눈물이 났어요."

"찬양하면서 기도하는 시간에 저도 모르게 뜨거운 기운이 올라오는 게 느껴졌어요. 이게 성령의 임재인가요?"

"감사해요. 오늘 이곳에 올 때 너무 절망적인 상황이었어요. 죽고 싶을 정도로요. 그런데 찬양을 듣고 있는데 하나님이 제게 위로를 해 주셨어요. 이제 살 길을 찾은 것 같아요."

온갖 간증이 쏟아져 나왔다. 교회의 크고 작음에 상관없었다. 하나님의 이름으로 모인 이들이 말씀을 듣고 찬양을 부를 때 역사가 시작된 것이다. 일주일 동안 순회공연을 이어가면서 찾아간 여섯 군데 교회 모두 다양한 은혜가 있었다. 중국의 교인들 뿐 아니라 숱한 시간 고된 연습을 이겨내고 헌신한 우리 단원들에게도 은혜가 임했다. 원래 은혜를 받는 자들을 보는 것으로도 은혜가 전달되는 법이다. 우리 찬양선교단원들은 그 전달된 은혜에 감격했고 한국 중국 모두 하나님 이름으로 하나됨을 체험했다.

어렵사리 문을 열게 된 찬양선교, 우리는 지금도 이 사역을 이어가고 있다. 산동성을 넘어 흑룡강성에 이르기까지 중국 지역의 중앙으로 선교의 영역을 넓혀가고 있다. 찬양이라는 귀한 선교 도구를 허락하셨기에 가능한 일이었다.

수금과 비파, 소리나는 악기로 찬양하리니

얼마 전 일이었다. 상해에 일이 있어 아내와 함께 가게 되었다. 그런데 한국에서 아내에게로 전화가 걸려왔다. 딴엔 굉장히 심각한듯 뭔가를 의논했는데 가만 들어보니 찬양사역에 관한 내용이었다.

전화를 끊고 다시 무슨 일인지 물었더니 2013년 1월로 잡힌 중국 흑룡강성 찬양순회공연 악기에 관한 내용이었다. 공연하러 갈 중국 교회 측에서 필요한 악기를 준비할 수 있는지 확인해 달라는 것이었다. 그러면서 덧붙이기를 그 교회 성가대 지휘자가 성악을 전공한 사람이라는데 더 긴장을 해야겠다는 말이었다. 순간 한 소리가 나갔다.

"아니, 지금 경쟁하러 중국에 가는거에요? 그리고 악기만 해도 그래요. 중국 교회가 갖춰놓은 대로 공연을 하면 되는 거지, 사전에 뭐 그것까지 확인에 확인을 해요?"

"그게 아니라 우리 단원들은 더 좋은 공연을 하고 싶은 마음에 그러는거죠. 만약 준비가 안 되면 여기서 다 준비해서 가면 더 좋겠다는 거구요."

"그 뜻은 잘 알겠는데 뭘 그렇게 거창하게 하려고 하냔 말이죠. 우리가 뭐 찬양 잘한다고 자랑하러 가는거에요? 아니에요. 우리가 중국 교회를 가는 건 찬양으로 함께 은혜 나누자는 거지, 우리 잘하는 거 보여주겠다는 게 아니잖아요. 그저 교회의 사정이 되는 대로 거기에 맞춰서 공연을 해야 하는 거에요. 괜히 사전에 이런 저런 협의를 한답시고 부담줘선 안 된단 말이죠."

순간적으로 언성이 높아져 사과를 했지만 그 마음엔 변함이 없었다. 결국 아내도 이런 나의 뜻을 잘 알아주어 조심했고 순회 집회는 또 다시 은혜 가운데 마칠 수 있었다.

찬양단 사역이 햇수를 더해갈수록 입소문이 나고 규모가 커지다보니 이런 일이 발생하곤 한다. 그러나 그런 때일수록 초심을 잃지 않아야 한다는 생각이다. 처음 찬양 사역을 교류 사역과 함께 진행했던 것은 찬양이 주는 강력한 파워, 강력한 유대감을 함께 나누고 그것을 통해 하나님의 사랑을 더 많이 느껴보는 동시에 문화적으로도 조금이나마 보탬을 주고자 함이었다. 실제로 찬양 공연을 봄으로서 중국 교회는 조금씩 변화하고 있었다. 새로운 찬양을 도입해서 불렀으며 찬양 예배의 형식을 들여와 청년들의 부흥을 이뤄냈다.

그러니 승리에 도취되기보다 더욱 겸손해야 한다. 그것이 그들과 교류의 끈을 단단히 이어가는 접착제가 되기 때문이다.

찬양사역을 시작하면서 참 많은 일을 경험했다. 차량이 준비되지 않아 어렵게 버스를 빌려서 몇 시간 길을 달려갔다. 거의 사막 같은 길을 에어컨도 작동되지 않은 차 안에서 찜질하며 가면서도 누구 하나 불평이 없었다. 찌는듯한 아니 살인적인 더위가 이어졌지만 순수한 중국 교인들을 만날 생각에 즐거웠다.

그러다가 갑자기 차량이 고장나는 바람에 황량한 들판에 25명이 버려지기도 했다. 워낙 만만디 중국 사람인지라 차를 고치러 오는 사람도 5시간이나 넘게 걸렸지만, 그 길바닥에서 우리 단원들은 깔깔거리며 웃으며 찬양을 불렀다. 그리고 5시간 후에 우리를 구할(?) 차량이 도착했을 때 기쁨의 기도를 드렸다. 또한 그 경험을 안고 무대에 섰을 땐 더 은혜로운 찬양이 나왔다.

어디 그뿐인가, 또 언젠가는 빡빡한 순회공연 스케쥴로 인해 식사 문제가 나기도 했다. 공연과 공연 사이 그 짧은 시간에 인스턴트 음식으로 해결하면서 탈이 난 것이다.

그때 중국의 김현곤 선교사가 단원들을 챙기며 어느 치킨 가게에서 치킨과 햄버거를 사 왔는데, 무더운 여름철이다보니 음식 재료에 문제가 생긴 듯 했다. 다음 교회에 공연을 하러 가야 하는데 그만 이동하는 차량 안에서 문제가 발생했다.

"목사님, 배가 너무 아파요. 이상해요."

복통을 호소하는 단원을 시작으로 줄줄이 복통을 호소했다. 단원들 절반 가까이 식중독을 일으킨 것이다. 큰일났다 싶어 인근 큰 병원으로 후송하여 18명이나 치료를 받고 링거를 맞은 뒤에 나머지 일정을 수행하기도 했다.

그럼에도 한 사람도 시험에 들거나 이 사역에 대해 회의를 갖지 않았다. 오히려 잔잔한 에피소드를 안고 순회집회에 임하니 더 은혜가 된다며 그들 스스로 간증을 한다.

우리 찬양선교단이 가는 곳은 해마다 다르다. 산동성을 사역지로 시작했지만 점점 우리를 초청하는 교회가 늘어가고 그 범주가 넓어지고 있다. 우리 교회의 교류 사역 역시 범위를 넓혀가면서 다른 지역의 목회자들과도 교류를 맺게 되면서 일어난 현상이기도 하다. 어쨌든 어떤 해는 너무도 더운 곳으로, 어느 해는 가만히 숨만 쉬고 있어도 몸이 돌덩이처럼 얼어버릴 것 같은 곳으로 향한다. 또 어느 해에는 가만히 서 있기만 해도 비지땀이 주르르 흘러내리는 양철지붕으로 된 교회에서 순회공연을 하며 죽도록 고생하기도 했다. 단원들은 땀으로 흠뻑 젖은 성가복을 쥐어짜면서 공연 했지만 그 나름대로 큰 은혜가 임했었다. 눈물인지 땀인지 구분하기도 힘든 상황이었지만 은혜로 눈물을 흘렸고 서로가 부둥켜안고 축복했다.

특히 우리가 중국 찬양을 부를 때면 중국 교인들은 너무 기뻐하며 덩실덩실 춤을 추고 눈물을 흘리고 부둥켜안는다. 모두가 찬양이 가져온 기적이었다. 그들이 자기 교회의 성가복으로 활용하고 싶다며 땀에 절은 성가복을 한 벌을 뺏어가다시피 가져간 것도 그들에게 조금이나마 영향력을 끼칠 수 있다는 기쁨이었다.

찬양선교단의 순회 집회는 중국 선교와 함께 계속 이어지고 있다. 몇 년 전에 방문한 교회를 나중에 다시 갔을 때 우린 깜짝 놀라곤 한다. 그때와는 사뭇 다른 교회 분위기부터 찬양, 예배를 느끼기 때문이다.

"많이 달라졌지요? 이 목사님이 찬양단과 함께 오신 뒤로 우리 교회가 많이 바뀌었습니다. 성도들 스스로 변하려고 하더라구요. 찬양에도 신경을 쓰고 지난번 가져간 성가복을 그대로 본떠서 성가복도 만들어 입는 등 중국 교회가 변하고 있습니다. 내년에도 꼭 또 와주십시오."

이런 고백을 들을 때면 보이지 않는 하나님의 손이 우리를 앞세워 일하고 계신다는 것이 느껴진다. 우리 교회 찬양선교단의 순회 집회는 지금까지 이어지고 있다. 물론 9년째 매년 공연이 이뤄진 건 아니다. 때론 종교사무국의 사정에 따라 허가가 날 때도 있고 그렇지 않을 때도 있지만 그리 연연하지 않는다. 때가 차면 분명히 문이 열릴 것이기 때문이다. 다만 우리는 사람이 할 수 있는 한 최대한의 노력을 기울이면 된다.

우리 찬양선교단은 소리나는 제금과 수금과 비파로 하나님을 찬양하라는 말씀을 실천하며 살아가려고 할 뿐이다. 지금껏 그 말씀을 가슴 속에 품고 나갈 때 하나님이 모든 길을 여시고 아직은 복음의 메마른 땅 중국을 은혜로 채워주셨듯이 앞으로도 찬양을 기뻐 받으실 하나님과의 동행을 기대한다.

겸손하게 주된 약속을 지키는 선교

얼마 전 일 때문에 인도를 다녀왔다. 거의 24시간에 걸쳐 인도에 도착하니 습습한 공기가 제일 먼저 우리를 맞았다. 선교 사역을 위해 인도의 목회자와 만나는데 많은 부담이 느껴졌다. 아무렇지도 않게 뭔가 해 달라고 요구하는 태도에 기가 막혔다. 거리에서 숱하게 만나던 구걸하던 아이들의 모습이 오버랩되면서 이 나라가 복음화 되기까지는 시간이 더 걸리겠다는 생각도 들었다.

그러고보면 중국은 좀 다르다. 처음에 중국 산동성 교계 지도자들을 한국에 초청할 때 모든 비용을 우리 교회에서 담당했을 때 그들은 미안해 했다. 워낙 우리나라를 형제국으로 생각하고 있던터라 그런 배려를 받는다는 것이 부담스러웠던 것 같다.

"이 목사님, 너무 감사합니다. 저희가 비용은 충당해야 하는데.."
"아닙니다. 저희가 초청한 겁니다. 교회 성도들의 마음입니다."
　한국에 머무는 동안 교계 목회자들은 대접을 받으며 연신 감사함을 표시했다. 그분들을 위해 우리 교회 성도들의 헌신과 사랑이 있었기에 가능한 일이었다. 한국에 머물면서 발전한 문명을 접하며 놀라워했고 섬김에 자극을 받았다. 그리고 그 다음부터 좀 더 자유로워진 한국 중국간의 교류 사역에서는 할 수 있는 한 자비로 오려는 노력을 했다. 사실 그건 매우 어려운 일이었다.

　중국 교회의 목회자들은 한국에 비해 처우가 다르다. 한국에서 목회자들은 성도들의 존경과 배려를 받지만 중국은 그렇지 못하다. 마치 직업의 하나로 여기는 듯한, 목회자에 대한 존경은 기대하기 힘든 정서를 지니고 있는데다 중국 교회가 사회주의 체제 하에 있다보니 물질에 대해 무척 인색한 편이다. 우리는 복음의 빚진 자로서 '마음을 드려 물질을 드려 생명을 바쳐' 하나님의 사역을 하겠다는 헌신을 하는 반면, 물론 믿음에 따라 차이가 있겠지만 그들 대부분은 가장 큰 헌신으로 여기는 것이 물질을 드리는 것이었다. 그만큼 생명보다 물질을 더 소중하게 여기는 경향이 있다. 그러다보니 교회 자체에 헌금 시간이 없고 각자 믿음의 분량에 따라 비치된 헌금함에 넣는다. 물론 우리나라에도 그런 교회가 있지만, 어쨌든 교회 자체적으로 운영을 해야 하는 입장에서 목회자들의 생활이 어려운 건 사실이다. 목적 헌금도 거의 없고 있어봤자

신학교 건축헌금 정도다 보니 일상생활도 힘들었을 텐데 한국을 자비로 방문하는 건 무리가 되었을 것이다.

그럼에도 그들은 무조건 받고자 하는 교류는 원치 않았다. 처음에는 우리 측에서 초청했던 것이고 예상치 않았던 방문이었기에 모든 배려를 받았으나, 그 뒤에는 비행기 표 만이라도 본인이 감당하는 모습을 보였다.

"목사님, 저희가 부담해 드리고 싶습니다. 성도들이 교류를 위해 헌신하고 계시니 그렇게 하시지요."

"아닙니다. 우리가 원하는 교류는 형제의 입장에서의 교류입니다. 할 수 있는 한 저희쪽에서도 부담을 하겠습니다."

사실 이런 태도가 참 좋아보였다. 그동안 우리 교회가 다른 동남아 국가와 관계를 맺고 선교 활동을 하면서 보았던 모습과는 사뭇 달랐다. 특히 얼마 전 다녀왔던 인도에서 느꼈던 것과는 완전 다른 중국의 마음가짐이 얼마나 귀하게 보였는지 모른다. 그건 200년 복음의 역사를 지닌 중국의 자존심이기도 했다. 분명히 복음적으로는 뒤떨어진 것을 인정하지만 그럼에도 뭔가 공짜로 얻겠다는 태도는 지양한다. 우리가 중국 측에 복음의 앞선 나라로서 뭔가 보여주고 제공하면, 그들 역시 무엇이 되든 보답하려고 애쓰는 모습을 보여주었다.

워낙 마음을 선물로 표현하는 걸 좋아하는 나였기에 중국을 방문할 때마다 만나는 이들에겐 선물을 제공하곤 한다. 또한 우리 교회에 초청하는 분들은 무조건 식사를 대접하고 교육관 옥상에 올라가 불고기 파티를 열어 정을 나누곤 했는데, 지금까지 그런 교류가 없던 중국 측에서도 처음엔 의아해 하더니 어느샌가 본인들도 선물을 하고 식사를 대접하는 등 마음을 표현했다.

이런 모습을 알면 알수록 중국은 참 매력있는 선교지였다. 그래서지 더욱 신뢰를 지켜야 한다는 마음이 생겼다. 찬양순회집회 뿐 아니라 목회자 교류 사역이 이어지면서 자연히 사역의 범위도 넓어졌다.

한번은 산동성기독교협회의 목사님과 이야기를 나누었다. 그 목사님은 산동성 안에 차량이 한 대도 없으며 산동성기독교협회만이라도 승합차 한 대 있으면 좋겠다고 말했다. 원래 차량이 있었지만 오래돼 더 이상 운행할 수 없는 상황이란다.

그들을 돕고 싶었다. 중국 선교에 있어 물질 후원과 같은 사역은 상당히 조심스러운 것이다. 워낙 삼자 원칙에 의해 자국 스스로 교회를 운영하겠다는 의지를 담고 있기에 후원 이야기는 민감하다. 그러나 이젠 두려움을 갖지 않았다. 그간 그들과 교류하면서 인간관계를 돈독히 쌓았고 무엇보다 우리가 어떤 마음으로 중국 선교에 임하고 있는지 충분히 전달되었기 때문이다.

"목사님, 저희가 버스를 후원하고 싶습니다."

"아.. 글쎄요.."

처음엔 혹시라도 공식적으로 인정되지 않는 것이라 꺼리는 줄

로만 알았다. 그런데 알고보니 그게 아니었다. 그 목사님은 후원에 대해 상처를 입은 바 있었다. 이전에도 다른 루트를 통해 중국 선교를 하려는 분을 알게 되어 다른 후원 약속을 받았다고 했다. 꽤 이름있는 한국의 교회였는데, 그 약속은 지켜지지 않았단다.

"공식 루트가 아니었던터라 꺼려지기도 했지만 그쪽에서 후원을 하겠다고 해서서 그러마 받아들였는데 그 뒤로 소식을 끊더군요. 그런데 다른 목사님들 이야기 들어보면 한국에서 후원 약속을 하고 지키지 않는 경우가 많다고 해요."

얼굴이 좀 화끈거렸다. 물론 사정은 있었겠지만 어쨌든 약속을 지키지 못한 것이었으니 받는 이들에게 상처가 되었을 법 했다. 더 이상 약속은 하지 않고 한국으로 돌아왔다. 그리곤 서둘러 성도들과 의논하여 중국 선교지에 보낼 후원금을 마련했다. 차량 값이 만만치 않았지만 반드시 약속을 지켜야 한다는 마음이 컸다. 결국 차량비가 준비되었고 그 길로 중국 산동성기독교협회에 차량비로 보냈다. 그러자 당시 산동성기독교협회 회장으로 있던 고봉 목사가 바로 연락을 취해왔다. 이렇게 빨리 물질을 후원해 준 것에 대한 감사함이었고 무엇보다 약속을 지켰다는 것에 대한 고마움의 표현이었다.

"목사님, 사역을 하다보면 피치 못하게 약속을 지키지 못할 때도 있습니다. 그 일로 상처 받으셨다면 이해해 주십시오. 대신 저는 가능한, 아니 반드시 제 입으로 한 약속은 지키겠습니다. 하나님께 기도하고 약속을 드리는 것이니 하나님이 지킬 수 있도록 하시리라 믿습니다."

중국 선교를 17년째 이어오다보니 교단의 목회자들이며 언론인들이 중국 선교에 롱런할 수 있는 비결을 묻곤 한다. 그때 반드시 빠지지 않는 말은 '약속과 신뢰'다. 살아오면서 지금껏 약속을 생명처럼 귀하게 여겼던터라 그것이 선교에서도 얼마나 중요한 역할을 하는지 안다. 그동안 중국과 교류하면서 약속한 것은 거의 지켜졌다고 확신한다. 그것이 물질에 대한 후원이 될 수도 있고 방문에 대한 약속이 될 수도 있지만 어찌되었건 그들과 했던 약속은 지키려고 노력했다.

더 많은 이들에게 복음을 전해지도록 돕는 것이 선교지만 그 밑바탕엔 약속과 신뢰가 있어야 한다. 우리가 돕는 입장이라거나 서로 교류하는 입장이 중요한 것이 아니라 약속을 하고 그것을 지키는 자세가 관계 형성의 기본이 되기 때문이다.

중국과 한국을 60여 차례 오가며 사역을 하면서 나는 가능한 겸손한 자세로 주고, 약속은 당당히 지키려고 한다. 중국과 교류를 하면서 중국의 목회자들이 무조건 받는 선교가 아닌 주고 받는 선교의 본을 보여주었기에, 겸손히 나눠주는 자세를 배웠다고 생각한다. 또한 약속을 지킴으로 서로의 관계가 더욱 깊어지고 열려질 것 같지 않던 중국 복음의 문이 열려가고 있음을 느낀다. 그래서 누구든지 받고자 하는 대로 먼저 주라고 했던 기독교의 황금률을 겸허히 실천하는 것, 그것이 생명을 건 선교를 향해 달려가는 자세가 아닐까 싶다.

중국 교회를 향한 마르지 않는 샘

나는 사람을 좋아하고 소중히 여긴다. 한번 믿은 사람은 그쪽에서 멀리하지 않는 한 내 쪽에서 연락을 끊지 않는다. 그것이 아마 지금까지 목회를 평탄히 해 올 수 있도록 도우신 하나님의 은혜가 아닐까 싶다. 그런데다가 하나님은 더 큰 은혜를 부어 주셨다. 정말 필요한 인연은 미리 준비하신다는 것이다.

수년 전, 중국의 기독교협회장 선거가 있었다. 그때만 해도 회장을 지내신 조성결 목사님이 계속 연임하시리라 생각했는데 이변이 벌어졌다. 중국 기독교계가 스스로 세대교체를 하며 완전 신세대 목회자 임원단이 꾸려진 것이다.

그간 중국기독교협회는 이전부터 목회를 해 온 기성세대가 계속 장악하고 있었기에 변화의 바람이 불지 못했던 것도 사실이다. 그런데 교회가 조금씩 개방되면서, 또한 경제 개방과 함께 우리의 종교 문화적 교류를 통해 각성이 시작된 것이다. 하여 완전히 젊은 세대의 목회자들로 구성된 기독교협회가 되었다.

중국에 계신 선교사로부터 세대교체가 되었다는 소식을 듣는데 나도 모르게 박수가 나왔다. 그런데 더더욱 놀라운 소식은 따로 있었다. 회장으로 선출된 분이 바로 고봉 목사라는 사실이었다.

고봉 목사는 그 당시 산동성 지역을 대표하는 산동성기독교협회장이었다. 나보다 한참 10년이나 동생인 그는 1996년 처음으로 중국에 한국의 초청장을 보내고 우여곡절 끝에 먼저 중국을 방문했을 때 공항으로 나를 마중 나온 목사가 바로 그였다. 그때는 선교 동지인 석은복 목사처럼 아주 젊고 패기 넘치는 목사였지만 그토록 영향력을 끼치는 위치에 있지는 않았다. 그런데 몇 년 사이에 그가 산동성기독교협회장이 되더니 나와 손잡고 참 많은 교류를 이어갔으며 부흥에 대한 의지와 복음 증거에 대한 사명을 함께 했다. 그래서 그분과 함께 산동성 지역을 시작으로 찬양순회집회를 지금껏 이어갈 수 있었고 찬양선교가 중요한 선교 사역의 고리가 될 수 있었던 것이다. 뿐만 아니라 평소엔 나를 형님이라 부르며 나의 설교집을 중국어로 번역해 출판하기도 한 고마운 사람이었다.

그런 그가 중국을 대표하는 중국기독교협회장이 되었다니 참으로 크게 쓰시는 하나님의 종이 분명했다. 내심 기뻤다. 이제 교계에 세대교체가 되면서 분명히 그들이 가지고 있는 선교 마인드에 의해 중국의 교회가 더 활짝 열릴 수 있을 거란 희망이 보였기 때문이다.

고봉 목사가 선출됨에 따라 우리는 중국 선교에 더욱 박차를 가했다. 매번 찬양순회집회를 이어가면서 우리 교회 성도들의 헌신은 더 뜨거워진다.

해마다 1월부터 시작하는 부평제일교회의 40일간의 미스바 특별새벽기도회는 세계 선교를 위한 성도들의 헌신의 시간이다. 새벽을 깨우며 기도하려는 성도들의 발걸음은 그 어느 때보다 힘차다. 새해를 시작하는 본인의 기도도 있지만 중국 선교를 위해 물질로 헌신하고자 하는 이들의 자발적인 참여가 이어진다.

매해 한번씩 찬양선교단의 순회공연 및 집회에 드는 총 비용은 5,000만원이다. 이 물질 역시 우리 교회의 미스바 특별새벽기도회를 통해 준비하고 있으며 해마다 차고 넘치는 은혜를 경험한다. 덕분에 그들의 헌신으로 중국선교가 더욱 견고해지고 있다. 그래서 우리는 선교를 떠나기 전부터 이미 은혜와 기도로 무장한다. 그리고 막상 팀을 꾸려 중국으로 향하면 더 큰 감격이 기다린다.

지금껏 9차 찬양순회집회를 이어가는 동안 어떤 때는 독일식 고딕양식으로 지어진, 실제로 독일인들이 다니던 훌륭한 교회에서 공연을 하기도 했고, 또 어떤 땐 산간지방의 허술한 곳에서 현지인들의 뜨겁고 순수한 눈물과 만나기도 했다. 땅이 넓은 만큼 사는 수준도 다르고 교회도 다르다. 중국은 우리나라처럼 교단이 나뉘어져 있지 않다는 가장 큰 장점이 있지만 그렇다고 해서 교회 간의 교류 같은 건 거의 찾아보기 힘들다. 지역 간의 교류는 있을지 몰라도 그것조차 필요성을 느끼지 못하니 다른 환경과의 접촉이 잦지 않았다. 그럼에도 어떤 환경에서든 변하지 않는 진리는 하나다. 언어가 통하지 않고 문화적으로 차이가 있다고 하더라도 하나님 안에서 우리는 모두 형제자매요 하나라는 사실이다.

찬양을 통해 우리는 서로 하나가 된다. 비록 통역을 통하는 설교지만, 복음을 들고 세상을 향해 나가자는 메시지를 전할 땐 뜨거운 열정을 품는다. 예수님이 십자가에 못박혀 돌아가시는 스킷 드라마를 공연할 땐 십자가의 은혜와 사랑에 감격해 모두가 뜨거운 눈물을 흘린다. 이것이 무엇이겠는가? 하나님의 사랑 안에서 누구도 남이 아니라는 것을 보여주는 증거이다. 물론 공연을 보는 이들도 감격하지만 무대에서 공연하는 우리 성도들도 새로워진다. 어떤 청년은 이 공연을 통해 아무것도 아닌 자신을 이토록 선교를 위해 강하게 쓰시는 하나님의 은혜에 감격해 삶의 방향을 바꾸기도 했다.

산둥성이란 작은 지역에서 시작한 선교는 처음 우리가 꿈꾸며 기도했던 대로 이어지고 있다. 처음부터 중국을 품고 기도할 때 하나님은 분명히 넓은 중국 땅을 그려주셨다. 어느 한 지역이 아닌 중국 전역을 복음으로 깨우고 또한 복음으로 깨어진 그들이 일어나 또 다른 곳으로 나아가 복음의 증거자가 되게 하는 비전이었다. 하나님은 짧지 않은 시간이었지만 기다리며 경험하게 하시면서 산둥성을 지나 흑룡강성에 이르기까지 지경을 넓히고 계신다.

16년이 지난 지금도 삼자교회를 통한 중국 선교에 대해 오해의 눈으로 바라보는 시선도 있다. 물론 우리 교단이나 우리 교회의 선교에 대해 한번이라도 관심을 가졌던 분들은 전폭적인 지지를 보내주지만 멀리서 막연히 바라보는 이들은 그렇지 않기도 하다. 그러나 이제 일일이 찾아다니며 설명하는 건 비효율적이다. 그저 찬양을 통해, 메시지를 통해 그들이 어떻게 세상에 헌신하고자 하는지를 또 어떻게 변화했는지 다양한 방법으로 알려주는 것이 더 좋은 방법이라고 생각한다.

그러나 그럼에도 든든한 것은 이런 방식의 중국 선교가 감리교단의 신학자들의 지지를 받고 있다는 것이다.

감리교신학대학교의 장성배 박사, 협성대학교의 황병배 박사는 나의 중국선교에 절대적인 지지를 보내며 신학적 동역자가 되어주고 있다. 그들은 강단에서 선교에 대해 가르치면서 우리 교회가 추구하고 있는 중국선교 방향을 롤모델로 소개하고 있다. 삼자교회를 통한 공식적인 루트로의 중국 선교가 중국이란 나라의 사정을 감안하고 앞으로의 국제 정세로 볼 때 가장 현실적이란 사실에 공감하는 것이다.

특히 중국 선교에 함께 동역하는 석은복 목사가 감신대에서 박사학위를 받을 때 중국 선교의 문을 어떻게 열 것인지에 관한 논문을 쓰면서 그 모델로 나에 대한 사례를 들었는데, 그 논문을 심사한 분이 장성배 박사다. 또한 황병배 박사 역시 중국 선교에 참여하여 그 사례를 가르치고 있으며 현재는 중국을 통해 북한 선교까지 지경을 확장하여 신학적으로, 현실적으로 선교에 동참하고 있다. 이처럼 우리 교회의 삼자교회를 통한 중국 선교는 감리교단 신학자들의 지지와 동참을 받고 있으니 더욱 든든하다.

지금 중국의 기독교인들은 업그레이드되고 있다. 처음엔 기복신앙에 의지한 어린 아이의 신앙이었던 그들이 한국 교회 찬양선교단의 공연을 통해 하나님을 찬양하는 방법을 알고, 땅 끝까지 예수의 증인이 되라는 메시지를 듣곤 잘 알지도 못하는 세상을 향해 나아갈 준비를 하며, 〈부흥〉이란 복음성가를 함께 부르며 열방을 향한 꿈을 꾼다. 뿐만 아니라 노방전도가 금지된 중국 지역이지만 관계전도를 통해 이웃에게 복음을 증거하며 예수님을 닮아가는 제자의 삶을 그리고 있다.

"여러분, 이제 여러분만 복 받으려는 신앙이 아니라 하나님을 모르는 이들에게 복음을 전하는 진짜 부자가 되어야 해요. 그러기 위해서는 헌금을 하고 그 헌금이 복음이 증거 되는 곳에 사용되면 여러분이 선교 후원국이 되는 거에요."

16년 전 헌금에 대한 이야기를 중국 목회자조차 잘 꺼내지 못할 정도로 돈에 벌벌 떨던 중국 교회였지만, 이젠 이런 설교를 듣는 그들의 눈빛이 달라졌다. 자신의 지역을 벗어나 다른 지역 교회에 관심을 갖고 그들과 기꺼이 만나 교류하려고 한다.

뿐만 아니라 은혜에 목말라 하고 그 은혜를 나누려고 한다. 우리 찬양선교단의 스킷 드라마를 유심히 보면서 그들은 순수한 눈물을 흘린다. 우리는 너무도 많이 봐왔던 예수님의 십자가 사건,

그 사건을 스킷 드라마로 꾸며 보여주면 보혈을 흘리신 예수님의 은혜에 자기도 모를 감사의 눈물을 흘린다. 예수님이 못 박히실 때 마치 자신에게 일어난 일인 듯 소리죽여 흐느낀다. 그들의 순수한 믿음을 순간순간 보기 때문에 그 때마다 짜릿한 감동과 함께 하나님이 이 땅에 큰 희망을 갖고 계시다는 확신을 갖는다. 나는 이러한 기쁜 변화의 소식을 다양한 루트를 통해 알리려고 한다.

얼마 전 상해에서 중국기독교협회 고봉 목사를 만났다. 중책을 맡아 동분서주하는 그를 만나니 오랜 형제를 만난 친근함에 기쁨이 밀려왔다. 우린 오랫동안 그간 밀린 이야기를 나누었다. 고봉 목사의 세대가 교회를 이끌면서 굉장히 자유로워진 교류 활동을 치하하자 그 또한 감사의 인사를 전했다.

"이게 다 이 목사님이 애써주신 덕분입니다. 처음 뵌 지가 벌써 십 수 년이 되는데, 목사님의 중국에 대한 열정은 여전하신 것 같습니다. 지금도 그때 산동성에서 한국과 중국 교회가 활발히 교류했던 일이 기억에 남아요. 목사님은 진짜로 국가로부터 환영받는 교류의 장을 열어 주셨잖아요. 그런 까닭에 산동성기독교협회도 더욱 발전할 수 있었고 특히 평신도 훈련에 대한 도움을 주셔서 다른 지역 기독협회에 모범사례가 되었습니다. 저희가 감사한 마음에 비석도 세워 드렸잖아요. 그리고 보면 목사님과 저도 인연이 깊고 중국과는 더 큰 인연이 있는 것 같습니다."

"하나님이 만들어주신 인연이지요."

고봉 목사는 한국 교회와의 교류의 문을 더욱 활짝 열어놓고 있었다. 처음에 우리 교회를 통한 교류로 시작했다면 이젠 대형 교회와도 관계를 맺고 교류 활동의 지경을 넓혀가고 있다. 그럼에도 그는 처음에 이 일이 어떻게 시작되었는지 결코 잊지 않는다며 나를 인정해 주었다. 실제로 내노라 하는 분들과 중국 선교를 위해 중국 교계 지도자들과 만날 때면 나를 먼저 대우해 주고 나를 위한 자리를 먼저 내어주는 등 관시(관계)를 소중히 여기는 그의 태도에 감사할 뿐이다. 그래서 더욱 겸손한 선교를 위해 기도하게 된다.

고봉 목사와 만나며 우리는 앞으로 중국 선교에 대한 깊은 이야기를 나누었다. 그 역시 삼자교회에 대한 오해의 시선이 있다는 것을 알고 있다. 그럼에도 불구하고 이 교류 사역을 오랜 기다림과 큰 도량으로 이해해 준 우리에게 감사하는 것이다. 아쉬움을 뒤로 하고 헤어지는데 그가 이런 말을 덧붙였다.

"이 목사님, 목사님 덕분에 한국 교회를 바라볼 수 있었습니다. 조금은 갑갑했던 중국 목회에 신선한 자극을 주셨지요. 저는 그때 한국 교회의 뜨거운 기도와 놀라운 부흥을 잊지 못합니다. 게다가 목사님 교회가 지역사회 발전을 위해 아낌없이 봉사하는 활동에서도 큰 감동을 받았구요. 그 모습이 중국에서 목회를 하면서 제게 비전이 되었습니다. 지금은 우리 중국 교회가 그 모습을 보았으니 실천해야 할 때라고 생각합니다. 앞으로도 많이 도와주시고 특히 삼자교회에 대한 오해에 대해서도 서로 노력하여 이해가 되도록 했으면 합니다. 저희도 각성하고 노력하고 있습니다. 이제 방향을 바꾸는 움직임이 일고 있으니 지금껏 인내와 도량으로 맞아 주셨던 것처럼 더 부탁드립니다. 지금도 해외에서 우리 교회를 방문하면 삼자 교회에 대놓고 공격을 하기도 합니다. 그땐 솔직히 마음이 많이 아픕니다. 하지만 분명히 이야기 드릴 수 있는 건 우리 삼자교회 목회자들은 척박하고 열악한 중국 환경 속에서 부름 받은 종들이란 거에요. 다른 나라에 비해 더 힘든 조건 속에서 부르심은 받은 사람입니다. 어찌보면 더 힘든 삶을 선택한 것이니 기도해 주셨으면 좋겠습니다. 꼭 부탁드립니다."

고봉 목사의 가슴 절절한 한마디에 나도 모르게 가슴이 찡했다. 그랬다. 하나님은 나라의 처한 환경에 전혀 요동치 않으신다.

중국이 200년이란 기독교 역사를 지니고 있지만, 그럼에도 아직까지 기독교가 서양종교 이방종교로 인식되는 것은 더 인내하며 기도하라는 의미일 수 있다. 그렇지만 고봉 목사와 같이 힘든 상황에서 부름받은 종들이 열악한 상황에서 헌신하며 나아가 세계를 향한 복음 증거의 비전을 품고 있다는 것은 분명히 중국 교회를 향한 아니 중국 땅을 향한 마르지 않는 하나님의 은혜가 넘치고 있다는 의미였다.

그 은혜가 중국을 서서히 변화시키고 있다. 이미 목회자들이 변화되고 있고 교인들의 믿음이 기복신앙에서 한 차원 높은 선교를 향해 눈 뜨는 신앙으로 변화되고 있다. 우리는 하나님이 인도하시는대로 그 변화에 발 맞춰 가면 된다.

중국 말 중에 어느 한 지역을 보았다고 중국 전체를 봤다고 생각하면 큰 오해라는 말이 있다. 그만큼 지역마다 특색이 다르고 환경이 다르기 때문에 지역에 맞는 맞춤형 교류가 필요하단 의미다. 이 모두 하나님이 하실 일이다. 지금까지 하나님은 복음이 가장 필요한 곳에 먼저 사람을 보내셨고 때가 차매 다양한 방법으로 교류를 하게 하셨고 복음을 증거하게 하셨다. 그러니 앞으로 중국의 어느 곳으로 인도하실지 기쁜 마음으로 기다릴 뿐이다.

내려놓기

정신없이 달려온 목회였다.

그동안 교회를 개척하고 부흥과 선교라는 푯대를 향해 달려오다보니 건강은 사실 뒷전이었다. 피로가 쌓이다 보니 갑자기 정신을 잃고 쓰러지는 일도 있고 예전의 강단있는 상태와는 달리 많이 약해졌음이 몸으로 느껴졌다. 그러자 장로님들도 건강을 염려하시며 안식년을 다녀오라고 권했다.

사실 1997년도, 개척 20여년 만에 안식년을 다녀올 기회가 있었지만 고사했었다. 그 당시 IMF 사태로 인해 국가적으로 좋은 상황이 아니었고 그 여파가 우리 성도들에게도 당연히 미쳤기에 목사로서 쉴 수 없었다. 그런데 9년이 다시 흐르고 안식년을 다녀올 기회가 생긴 것이다.

교회에서는 그동안 목회에만 몰두해서 달려왔으니 건강 회복을 위해 충분히 쉬어도 된다고 했지만 공식적으로 갖는 첫 번째 안식년이란 점이 부담스러웠다. 원래 감리교법에는 목회자들이 7년에 한 번씩 안식년을 갖는 것이 공식화되어 있지만 그것을 지키는 이들은 거의 없다. 여러 가지 주변의 상황과 목회에 대한 걱정 때문에 선뜻 결정하지 못한다.

안식년을 갖는 것에 대해 고민을 하고 있으려니 마산에서 합성교회를 담임하고 계신 구동태 감독님께서 그러신다.

"이 목사님, 교회에서 주겠다고 하니 다녀오세요. 교회 걱정 말고 다녀오세요. 목회는 하나님이 하시는 겁니다. 소풍도 수업의 연장이듯이 안식년도 목회의 연장입니다. 목회자가 안식하며 재충전해서 돌아와 목회를 할 때 효과가 더 클 겁니다. 저도 안식년을 다녀왔는데 걱정했던 것과는 달리 교회가 더 잘 되어 있더라구요. 그러니 다녀오세요."

진심으로 내게 위로를 주시며 다녀오도록 격려하셨다. 이에 용기를 얻고 결단을 내렸다. 예전 미국의 복음주의 성향의 교회를 다니며 선교의 비전을 갖게 되었던 때를 떠올리며 미국으로 정했다. 아내와 군대를 다녀온 아들, 미국에서 공부하고 있는 둘째 딸과 함께 모두 네 가족이 미국에서의 안식년을 갖게 되면서 정말 안식을 되찾았다.

그리고 너무도 감사하게 장로님들이 담임목사가 처음으로 갖는 안식년에 많은 배려를 해 주셨다. 생활할 공간부터 이동을 위한 자동차까지 최고의 배려를 해 주셨던터라 덕분에 그 어느 때보다 편히 쉴 수 있었다.

미국에 발을 디딘 후 나는 일체의 연락을 끊었다. 목회는 하나님께 맡기고, 모든 교회 일은 다른 분들께 일임하고 잘 부탁해 둔 터였다. 한편으론 안식년을 떠난 담임 목사가 시시콜콜 교회 일에 간섭하는 것도 취지와 맞지 않기 때문이다.

처음으로 얻은 안식년은 탁월한 경험이었다. 떠나기 전까지만 하더라도 여기저기 몸의 이상신호가 왔다. 들쭉날쭉하던 혈압도 정상으로 돌아왔고 갑자기 정신을 잃게 만든 어지럼도 사라졌다. 아마 그동안 몸에서 계속 쉬라고 신호를 보냈던 것 같다.

안식년은 원래 2006년 3월부터 9월까지 6개월이었다.

우리 가족은 그 6개월의 귀중한 시간을 한 치도 헛되지 않게 보내려 애썼다. 이미 20여 년 전에 다녀온 미국의 교회들을 다니며 다시금 복음을 향한 뜨거운 열정을 되살렸다. 그동안 미국의 교회도 많이 달라져 있었지만 하나님이 세우시고 부흥시키시는 교회를 다니며 복음이 시작된 땅에 임하는 하나님의 은혜와 축복을 체험했다. 그들의 자유로운 신앙을 다시 목도하며 사회주의 국가를 향한 선교도 이처럼 자유롭게 열리는 날을 기대했다.

그렇게 시간이 흐르고 있는데 나와는 달리 아내는 성도들과 가끔 연락을 주고 받았나보다. 그 당시 싸이월드가 한창이었는데 그것을 통해 성도들의 소식을 들려주곤 했다.

"교회 성도들이 굉장히 그리워하고 있어요. 교회와도 목사님 안 계시니까 2% 부족하대요."

가끔 아내가 들려주는 소식을 들을 때면 가슴이 뭉클하곤 했다. 아내 역시 시간이 지날수록 성도들이 그리운지 교회 이야기를 자주 꺼냈다. 결국 우리 가족은 정해진 6개월의 기간을 채우지 못하고 한 달 먼저 한국으로 돌아왔다.

"어머 목사님, 왜 벌써 돌아오셨어요. 좀 더 있다가 오셔도 되는데.. 근데 너무 반갑고 좋아요."

만나는 성도들마다 일찍 돌아온 목사 가족을 환영해 주어 얼마나 가슴이 찡하고 뭉클하던지. 게다가 떠나올 때보다 교회는 100여 명의 성도가 늘어날 정도로 부흥해 있었다. 과연 목회는 목사가 하는 게 아니라 절대적으로 하나님이 하시는 것이라는 사실을 절감했다.

5개월의 안식을 보내고 다시 교회로 돌아오니 새로운 목회자가 된 것 같은 기분이 느껴졌다. 5개월 만에 선 강단은 개척 이후 처음 서는 강단같이 설레고 떨렸다. 반짝거리는 눈으로 목사를 쳐다보는 성도들의 눈빛은 그토록 사랑스러울 수 없었다. 눈물나게 감사한 강단이었다. 안식을 보내고 돌아온 첫 주일 예배는 감동가운데 마쳤다.

지금도 난 그때 안식년을 보내고 돌아온 때를 생각하면 가슴이 뭉클하다. 담임목사를 배려해 준 많은 손길에 감사하고 기도로 기다려준 성도들이 감사하고 무엇보다 목사로 기대와 염려를 내려놓게 해 주신 하나님께 절대적으로 감사하다.

많은 목사님들이 강단에서 죽을 각오로 목회를 하면서 자신의 건강을 돌보지 못한다. 심신이 지칠대로 지쳐 결국 목회에 영향을 미치는 악순환이 되는 경우도 있어 안타깝다. 안식은 필요하다. 조금 뒤에 서서 목회를 바라볼 여유를 갖는 것도 필요하다. 반드시 하나님이 목회와 함께 하시기에 교회가 어떻게 되지는 않을지 염려하는 건 기우에 불과하다.

하나님이 돕는 목회는 하나님이 주권적으로 강권적으로 하신다. 목회자는 그저 종에 불과하기에 주인이 하시는 대로 이끄시는 대로, 또 잠깐 쉬며 재충전하라고 하실 땐 잘 쉬어주는 것도 하나님의 영광에 함께 하는거라 생각한다. 그것이 곧 자신을 내려놓음이다.

닮아 없어지는 사람이 되고 싶습니다

2013년 1월의 첫날이었다.

새해를 알리는 종소리를 들은 많은 이들이 나름 계획을 세우는 등 부산을 떨었다. 그러나 우리 부평제일교회는 부산함은 없었다. 믿음으로 무장한 이들이 고요하지만 우렁찬 발걸음을 교회로 향했다. 아직 별빛이 초롱초롱 빛나는 새벽녘, 잰 발걸음으로 교회에 도착한 그들은 꿇어 엎드려 기도한다. 하루를 시작하고 새해를 시작하는 시간을 온전히 주께 바치는 것이다. 그리고 자신을 맡긴다. 그들과 늘 새해를 함께 맞이하는 나는 말했다.

'하나님, 제가 이렇게 하고 싶습니다. 도와주세요'라고 기도하는 것에서 '하나님, 제게 어떤 것을 원하시는지 알려주십시오. 주님의 뜻이 나를 통해 이루어질 수 있기를 원합니다'로 바꾸라고.

벌써 10년도 넘게 이어진 미스바 특별새벽기도회는 우리 교회만의 아름다운 새벽 풍경이 되었다.

1월 1일부터 40일간 작정하고 드리는 새벽기도회라 부담스럽진 않을까 우려도 되었지만 그건 기우에 불과했다.

성도들은 40일의 기도를 통해 영적으로 성장하고 있었다. 각지에 흩어져있는 교인들은 이른 새벽에 먼 거리도 마다하지 않고 새벽예배를 위해 인천으로 모였다. 스스로 헌신을 다짐했고 더욱 하나님께 친근히 다가서는 성숙한 그리스도인이 되길 기도했다. 본인 또는 자기의 가족만을 위한 기도가 아닌 이웃을 위한 기도, 나라를 위한 기도, 복음을 위한 기도를 했다. 성령으로 거듭난 성도로서 성령충만을 사모하고 성령충만을 추구하는 이들이 되었다. 미스바 기도회를 통해 드려진 선교 헌금은 중국 찬양순회집회를 준비하는 귀중한 바탕이 되어 늘 차고 넘친다. 날마다 우리 교회가 성숙해감을 의미한다.

그런 성도들을 바라볼 때면 눈물나게 감사할 따름이다. 나는 아무것도 없는 평범한 사람에 불과했다. 하나님이 날 목사로 세우시겠다고 했을 때, 선교사역의 비전을 주실 때도 너무 부족한 사람임을 알았기에 모세가 하나님께 '나는 입이 뻣뻣하고 혀가 둔한 자니이다' 라고 자신의 부족함을 인정했던 마음을 백번 이해했다. 그러나 하나님은 나의 인간적인 바탕을 보신 게 아니라 모세에게 아론과 훌을 붙이셨던 것처럼 부평제일교회라는 목회의 바탕과 귀한 성도라는 소중한 동역자들을 붙여주셨다. 돌아보면 그 동역자들이 있었기에 하나님이 주신 비전을 마음에 품고 신나게 달려올 수 있었다. 척박한 땅에, 보잘 것 없는 목사를 믿고 신뢰해 주었기에 35년이란 세월을 행복한 목회로 꾸릴 수 있었다. 목회자가 선교에 생명을 걸겠다고 했지만 성도들이 동참하지 않았다면 절대적으로 가능한 일이 아니었다. 모든 것이 하나님의 은혜가 아닐 수 없다.

많은 분들이 목회나 선교에 있어 거리낌없이 기도하며 나아가는 나를 보면 뭔가 대단한 배경을 가졌다고 생각하기도 한다. 거

침없이 선교를 추진하고 교회 건축 등... 그동안의 목회 사역을 보며 그런 생각을 하는 것 같다. 하지만 사역 초기, 아니 성장할 때에도 오히려 가진 것이 없던 나였다. 그래서 더욱 하나님만 의지하며 하나님의 음성에만 기댈 수 있었다. 또한 하나님이 붙여주신 동역자들과 성도들을 의지할 수 있었다. 그러다보니 기도하고 구한 것마다 하나도 응답받지 못한 게 없다. 뭐든지 천 배는 넘게 응답해 주신 하나님이시다. 천 대에 이르러 복을 주시겠다는 하나님의 넘치는 은혜와 사랑에 감사하고 그 사랑을 확신할 뿐이다.

지금 나는 장기목회를 이어가고 있다.

근 35년이란 긴 시간을 한 교회에서 성도들과 함께 하는데 그것에 대한 부담감도 상당하다. 앞서 10년 목회한 목사에겐 고개를 숙이고 20년 한 교회에서 목회한 분에겐 허리를 굽히며 30년간 한 교회에서 목회한 종에겐 무릎을 꿇라고 했던 말처럼 그만큼 장기 목회는 어려운 일임에 틀림없다. 먼저 하나님께서 들어 쓰셔야 하고 목사의 목회관이 성도와 일치해야 하며 서로가 신뢰 관계를 맺어야 가능하다.

요즘 한국 교단에 세습 운운하며 반대의 목소리를 내기도 하는데, 그 부분에 대해서는 나름 소신을 가지고 있다. 그것을 법적으로 제재하는 것은 질서의 하나님의 권위를 떨어뜨리는 것이란 생각이다. 이미 한국 교회는 교회 자체적으로 자정능력이 우수하다. 인격적으로 부족한 사람이 목회를 하게 되면 자연스럽게 자구책을 찾아 바꾼다는 것이다. 그러니 교회는 자체적인 결정권이 있어야 하고 그 자유 의지를 엄격히 지켜야 한다는 입장이다.

이런 이유로 나 역시 오랜 시간 한 교회에서 목회를 하면서 언제나 조심스럽게 생각했던 것 같다. 교회의 주인은 하나님이시고 나는 오로지 쓰여지는 종에 불과하므로 혹여라도 쓸데없는 권한을 이행하지는 않았는지 나의 욕심으로 일을 행한 건 아닌지 뒤돌아 생각하게 된다.

부모님-이보성/이선분 장로

나는 장로의 아들이었다는 사실에 무척 감사한다. 목사가 되고나니 아버님께서 장로로서 교회를 위해 얼마나 헌신하셨는지 알 수 있었고 장로들의 마음을 이해할 수 있었기 때문이다. 이제 두 딸과 아들이 장로가 되어 목회자를 돕길 바란다. 그래야 목사인 아버지를 기억하며 올곧게 충성할 수 있을테니 말이다.

특히나 아들은 목사님 가정에 아들이 있으면 좋겠다던 성도들의 바람과 자발적인 기도로 얻은 아들이기에 더욱 하나님 앞에 헌신할 것을 바란다. 그 아들 역시 하나님이 키워주신 자녀이기에 감사하다. 딸만 둘 낳은 뒤 얻은 아들은 청소년 시절 두 누나와는 달리 공부에 소홀했다. 그러나 신앙의 토양 위에 자라게 하셨고 책을 통해 세계를 경험하게 하는 넉넉함을 주셨다. 그럼에도 두 누나가 비전과 성공을 펼쳐나가는 데 반해 그렇지 못한 것 같아 인간적으로 걱정도 된 것도 사실이었다. 그런데 어느날 갑자기 누나와 함께 넓은 세상을 보고 온 뒤 무섭게 공부의 열정이 불탔고 그 열정으로 인해 지금은 누구보다 자기 앞길을 잘 개척하는 행복한 청년으로 성숙해가고 있다. 하나님께서 우리에게 주신 두 딸들도 잘 키워주셨다. 지금은 사회에서 영향을 끼치며 활동하는 일꾼들이 되었다. 또 좋은 형제들을 만나 주님안에서 아름다운 가정을 이루게 하신 하나님을 찬양한다.

우리 머리털까지 세신바 되신 하나님께서 목회자 가정들에 조금이나마 본이 되게 하시려고 도움을 주신 게 분명하다.

이천휘 목사 가족들

이제 나와 아내는 자녀들이 믿음의 유산, 신앙의 유산을 물려받아 목회자를 돕고 섬기는 사역을 짊어지길 기도할 뿐이다. 특히 나의 평생 목회 사역의 동역자로 섬겨주고, 아무래도 소홀할 수 밖에 없었던 가정의 든든한 울타리가 되어주며, 때론 소리없이 성도들의 눈물을 닦아주고 때론 성도들의 친구가 되어 교회를 지켜준 아내에겐 고개 숙여 감사한다. 가족이란 선물이 없었다면 아마도 목회 사역이 완성되지 못했을 것이다.

또한 선교에 대해 불같은 열정을 허락하셨기에 과감히 결단했고 발걸음을 옮길 수 있음에 감사하다. 그런 열정이 목회를 계속하는 원동력이 되지 않았을까 싶다. 나와 함께 신앙생활을 해 온 교인들은 그런 나를 불도저 믿음이라고 하기도 하지만 사실 그것조차 하나님께서 때때로 성령충만함으로 때론 고난을 통해 연단하신 결과이다. 그 열정 덕분인지 선교에 생명을 건 이후 한 번도 슬럼프에 빠진 적 없이 더 큰 목회의 로드맵을 짤 수 있었다.

되돌아보면 지나온 모든 시간이 은혜다. 주변을 돌아보면 나는 그리 괜찮은 사람이 아니다. 남들보다 키도 작고 인물이 잘난 것도 아니고 돈이 있는 것도 아니다. 그렇다고 요즘 소위 말하는 스펙이 뛰어난 건 더더욱 아니다. 이렇게 평균 이하인 나를 하나님께서 쓰시겠다는 이유가 무엇일까? 그나마 하나님이 날 좋게 보신 것은 하나님을 진심으로 만난 뒤부터는 뒤돌아보지 않고 후회없이 목숨 걸고 목회를 했던 때문인 것 같다.

한국 교회의 수많은 목회자들을 보면 참으로 훌륭한 분들이 많다. 그럼에도 35년간 한 교회를 섬기며 목숨 걸고 선교를 할 수 있도록 나를 사용하신 건 부족하지만 목숨을 건 신앙 때문이 아니었을까? 흔히 목숨걸고 뭔가 한다고 하지만 사실 목숨 내놓고 하지 못할 때가 많다. 인생을 좀 더 오래 살아 본 경험자로서 말하자면 후배 목회자들에게 그런 치열한 목회철학이 있었으면 좋겠다. 쉽게 포기하고 쉽게 하나님의 생각을 해석하는 것이 아닌, 목숨이 끊어질 때까지 기도하고 간구하는 자세로 하나님의 사역을 하는 것을 그분은 원하시기 때문이다.

나라고 35년간의 목회가 늘 행복하고 사기 충만했겠는가? 결코 그렇지 않다. 나 역시 사람이었기에 주변 사람으로부터 상처를 받기도 하고, 교회를 건축하는 과정에선 더욱 갈등과 번민을 했다. 선교에 목숨걸고 사역을 해 나가면서 수많은 난관에 부딪히면서 '아.. 이제 그만하고 싶다'는 생각도 솔직히 들었다. 그땐 하나님께 기도하며 '하나님 이 정도면 되지 않았습니까? 더해야 합니까?' 투정도 부렸다.

하지만 이내 마음을 다잡을 수 있었던 것은 "하나님을 사랑하는 자, 곧 그 뜻대로 부르심을 입은 자들은 모든 것이 합력하여 선을 이룬다"(로마서8:28)는 말씀을 붙잡고 나갔기 때문이다. 뜻대로 부르심을 입은 자이기에 모든 것이 합력하여 선이 된다는 사실을 믿었다. 그때마다 믿음의 일꾼으로 불리는 조지 휠드 목사님의 가슴치는 고백도 마음에 새겼다.

"나는 녹슬어서 없어지는 사람이 아니라 닳아서 없어지는 사람이 되길 원합니다."

얼마나 하나님이 기뻐하실 고백인가? 나 또한 순간순간 진심을 다해 하나님께 기도한다. 녹슬어서 쓸모없는 사람이 아닌 닳아서 없어지는, 끝까지 쓰임받는 종이 되길 원한다고. 그래서 언제가 될지 모르지만 하나님이 부르시는 그 날까지 나는 겸허히 성도를 섬기되 열정을 다해 땅 끝을 향하는 복음 증거에 앞장서려고 한다.

에필로그

복음이란 풋대를 향해!

어느 날 넓은 중국 지도를 보며 새로운 깨달음이 왔다.

중국을 둘러싼 나라가 14개국이나 되었다. 그들은 대부분 복음을 모르는 종족이다.

그 깨달음은 하나님께서 주신 또 다른 비전이었다. 중국이란 나라를 통해 이웃나라로 복음을 확장하는 것이다. 생각이 짧아 내 역할이 중국선교의 장을 열고 불을 지피는 것인 줄 알았다. 그런데 주님의 뜻은 중국이란 대국을 통해 더 많은 나라들을 꿈꾸게 하신 것이다.

하나님은 이미 동역자들까지 예비해 놓으셨다. 지금 나의 귀한 사역 파트너가 되고 있는 석은복 목사만 해도 그렇다. 그를 만나지 못했더라면 중국과 교류함에 있어 무척 장벽이 컸을 것이다. 언어 부분부터 중국교계의 입장을 조율해주는 역할까지 그는 확실히 교류에 커다란 역할을 감당하고 있으니 앞으로도 그가 해 줄 역할이 클 것이다. 중국 선교의 물꼬를 튼 강미영 김현곤 선교사 역시 불모지를 개척하는 심정으로 동역했기에 앞으로의 중국 선교의 지경을 넓히는 좋은 조력자가 될 것이다.

이젠 그 인력과 중국교회와의 관계를 바탕으로 중국땅 전역에 복음을 증거하는 사명을 다하려 한다. 특히 중국교회의 밝은 미래는 중국 내 조선족 목사에게 있다. 중국 내 조선족 목사는 150여 명 가량이 되는데 그들은 언어적으로 소통이 가능하기 때문에 우리와 함께 중국 소수민족에게 복음을 전할 동역자인 동시에 결국 땅 끝이 될 북한 복음화의 귀한 인재들이 될 것으로 믿는다. 그러고 보면 하나님의 예비하심은 인간의 생각으론 가늠하기 힘들다.

하나님께서 주신 비전의 끝은 북한 복음화가 될 것이다.
북한은 사실상 복음의 땅 끝이 아니겠는가? 사실 하나님은 몇 년 전부터 북한에 대해 기도하게 하셨다. 아마 중국 선교를 시작하면서 많은 조선족과 만나고 조선족 교회를 통해 탈북자들의 이야기를 접했기 때문일 것이다. 그들 중엔 지하교회에서 신앙생활을 하며 선교사님들의 도움을 받는 분들도 꽤 많다. 물론 공안에 발각되는 즉시 되돌아 올 수 없는 강을 건너겠지만 그럼에도 그들은 복음을 받아들이고 하나님의 뜻을 믿으며 살아가고 있다.

얼마 전 신문 기사를 통해 북한 성도들의 아픈 현실을 접했다.
1945년 해방 이후 북한에서 믿음을 지키다가 발각되어 순교된 성도들이 1만 6984명이 된다는 것이다. 그 이유를 보면 숨어서 예배를 드리다가 순교당한 일이 가장 많았고 공개적으로 신앙고백을 하거나 비밀리에 복음을 나누다가 변을 당했고, 또 어떤 경우는 성경을 소유했다는 이유만으로도 순교를 당해야만 했단다. 이렇듯 복음을 받아들였다는 이유만으로 핍박을 받는 곳이 북한임에도 지하교회는 세워지고 활발해지고 있다고 한다.

또 어떤 조선족 목사님의 이야기는 더욱 가슴을 울렸다. 그분은 자신의 신분을 속이고 북한에 들어가게 되었는데 한 초로의 노인이 그에게 그러더란다.

"당신 목사 아니요? 뭐하시오? 어서 빨리 우리 북녘 땅에 들어와서 복음을 전해야 하지 않갔소?"

목사님은 노인의 애절한 마음에 너무 미안한 생각이 들었단다.

이런 이야기를 들을 때마다 하나님은 내 가슴이 뜨겁게 만드신다. 그 뜨거운 마음을 가지고 중국 선교 나아가 북한 선교에 불을 지피게 된다. 아마 중국의 교회가 그 비전을 함께 할 수 있으리란 생각이 든다.

중국의 교회는 현재 커다란 지각변동을 앞두고 있다. 삼자교회를 통한 공식적인 선교의 문을 열게 하신 것도 그 커다란 변화 앞에 좀 더 자유롭게 선교활동을 하도록 계획하신 하나님의 예비하심이라고 생각한다. 앞으로 하나님께서 중국을 크게 사용하실 것이다. 복음의 역사도 깊고 경제적, 국제적인 영향력을 볼 때 복음을 들고 나아간다면 그 파급력이 엄청날 것이기 때문이다.

실제로 우리 교회가 산동성 지역 뿐 아니라 흑룡강성까지 지경을 넓히며 교인들과 만나면 신앙이 많이 성숙하고 있음을 알 수 있다. 다만 아직까지 선교에 눈을 제대로 뜨지 못했기에 돕는 손길이 필요하다. 그래서 하나님께선 우리 한국교회를 사용하고 계신다. 우리 한국교회가 교류하며 선교 마인드만 심어준다면 땅 끝 즉 북한 선교에 최고의 선교사들이 될 것으로 믿는다.

지금, 부평제일교회는 재건축 사업에 포함되면서 주님은 생각지도 못한 넓고 교통적인 요충지에 땅을 허락하셨고 더 큰 비전을 바라보게 하셨다. 교회 내부적으로 볼 때 가장 중대한 프로젝트다. 이렇게 내적인 성장을 허락하신 것은 중국 선교, 나아가 북한 선교에 까지 이르러 더 큰 비전을 위해 준비하신 거라 생각한다. 따라서 앞으로 중국 전역으로 교회와의 교류를 넓히고, 목회자들과의 활발한 교류를 통해 선교의 파트너로 함께 해 나갈 생각이다. 특히 언어의 장벽을 넘어설 조선족 목회자들을 훈련하게 하는 건 북한을 향한 주님의 예비하심이라 믿는다.

전국적으로 가장 최고의 대안학교로 꼽히는 포항의 자유학교, 한동대학교 김운규 교수가 설립한 학교인데 그곳은 전국 대안학교 중 가장 성적이 좋은 곳일 뿐 아니라 비뚤어진 청소년들이 변화되는 학교로도 유명하단다. 주먹깨나 쓰는 학생들이 사고치고 들어오는 학교였지만 이곳에서 변화된다고 한다. 이 학교 설립을 반대했던 주민들도 이젠 두 손 들고 환영한다고 하는데, 이런 학교가 된 이유는 김 교수님이 세운 설립 원칙을 고수했기 때문이다.

"학생 한 명만 있으면 시작한다. 학생 한 명만 있어도 절대 문 닫지 않는다."

성경 갈라디아서 6장 9절 말씀이 떠오른다.

"우리가 선을 행하되 낙심하지 말지니 포기하지 아니하면 때가 이르매 거두리라."

이방을 향한 하나님의 뜻도 바로 이것 아닐까? 복음을 갈급해 하는 단 하나의 영혼이 있는 곳을 향해, 단 하나의 영혼이 기다리고 있어도 복음 전하는 사람을 주님은 원하신다. 나는 결코 낙심하거나 포기하지 않고 복음이란 푯대를 향해 가려고 한다.

'남김없이! 후퇴없이! 후회없이!'

짧은 생애를 살았지만 선교에 온전히 헌신한 윌리엄 보든 선교사의 좌우명처럼!

주님, 감사할 뿐 입니다!
주님의 이름이 높임을 받으며 영광 받으소서…

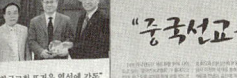

Culture

"워 아이 예쑤~ 워 아이 챠..."
땅에 찬양과 기도 심은 부평제일교회 중국찬양선교단

삼자교회 선교 13년
한·중교회 '가교' 역할
중국선교를 '음지'에서 '양지'로 끌어올리다

"중국선교는 ..."

"한국교회 드리운 영성에 감동"

해발 3천M 백이족마을 교회 자...
남서교회중부연회연합회, 1만5천달러 지...

访韩小记

中国宗教
ZHONG GUO ZONG JIAO

RELIGIONS IN CHINA

중국선교의 새로운 지평 열려

중국교회, 신 감독회장의 '3·21 제안' 적극 수용

중국산동성기독교협회 초청
제8차 중국 순회집회 및 부평제일교회찬양선교단

때 : 2011년 2월 21일(월) - 26일(토)
곳 : 산동신학원, 서단홍부사중심교회, 청주중심교회, 주왕장교회, 청도강소모교회

부평제일교회

내게 복에 복을 더하여 주소서

김장환 목사와 함께 / 경건생활 365일
극동방송 이사장 / 김장환 지음

예화중심·생활 영성 QT집!
매일 5분 묵상으로 삶을 바꿀 수 있습니다.

예수님 마음 품게 하소서

한국독립교회 및 선교단체 협회장 / 송용필목사 지음

공관복음서에서 예수님 마음 찾아 품기
큐티/가정예배/성경공부/새벽기도와 설교용

- 공관복음에서 180개 주제 540개 교훈제시!
- 예수님 마음과 가치관 품고, 성경적 생활 방법 안내!
- 예화 / 배경설명 /교훈 / 생활적용 / 기도… 순서로 된 책!

넉넉히 이기게하시는 하나님

오스왈드 샌더스 지음

모든 문제에서 승리하게 하는 예수님의 방법!
삶속의 크고 작은 문제를 영적인 진리로 해결하는
하나님의 풍성한 은혜!

크딩들이여 화이팅!

편집부 지음

대입을 앞둔 크리스천 학생과 학부모에게!
교회학교 부흥을 원하는 목회자에게!

- 크리스천 학생(크딩)들이 교회생활도 잘하고 입시준비도 잘해서 SKY+대에 입학한 평범한 학생 11명의 신앙생활과 공부비법 소개!
- 다양한 공부 방법을 통해 자신에게 맞는 공부 방법 찾기!
- 대입을 앞둔 학생과 학부모에게!
- 교회학교 부흥을 원하는 목회자에게!

무릎기도문 시리즈

각 주제마다 30일 작정 기도서!

나침반의 영적해결 도서들

크리스티아노스 북1
넉넉히 이기게 하시는 하나님(개정판)
오스왈드 샌더스 지음 | 248쪽 | 국판

모든 문제에서 승리하게 하는 예수님의 방법!
삶 속의 복잡한 문제들에 대한 근본적인 해답은
오직 하나라고 할 수 있는데,
바로 삼위일체 하나님과 올바른 관계를 유지하고
그분에게 온전히 순종하는 것이다.

크리스티아노스 북2
내 안에 계신 그리스도
레스 카터 지음 | 272쪽 | 국판

예수님의 매력 집중탐구!
너무도 사모하는 그분이 우리 안에 오셔서
우리 안에 거처를 정하시고, 우리 안에 사신다.
그분의 성품이, 그분의 행실이, 그분의 혜안이,
그분의 마음이 나의 사상이 되고, 나의 마음이 되고,
나의 사랑이 되고, 나의 인격이 되고, 나의 삶이 된다.

크리스티아노스 북3
목숨 걸고 믿음을 지킨 사람들
작자 미상 지음 | 176쪽 | 국판

아멘, 주 예수여 오시옵소서!
혼란스런 시대를 살아가는 그리스도인들이
이 책이 보여주는 충성과 순교의 정신을 통해
모든 시험을 이길 수 있는 큰 용기를 얻을 것을
믿는다.

크리스티아노스 북4
구원을 열망하라
오스왈드 스미스 지음 | 176쪽 | 국판

구원에 관한 모든 궁금증을
시원하게 풀어 드립니다!!
영생을 향한 열정이 회복됩니다!
천국의 소망이 구체적으로 다가옵니다!"

크리스티아노스 북5
직통기도 직통응답
프란시스 가드너 헌터 지음 | 224쪽 | 국판

당신의 기도가 바로 응답되는 법을 제시한 책!
직접 체험한 직통 기도 응답 간증과 함께
다이렉트 기도의 비결을 알려줍니다!

위대한 모험

지은이 | 이천휘
발행인 | 김용호
발행처 | 나침반출판사

1판 발행 | 2013년 8월 5일

등 록 | 1980년 3월 18일 / 제 2-32호
주 소 | 157-861 서울 강서구 염창동 240-21
　　　　블루나인 비즈니스센터 B동 1607호
전 화 | 본　사(02)2279-6321
　　　　영업부(031)932-3205
팩 스 | 본　사(02)2275-6003
　　　　영업부(031)932-3207

홈페이지 | www.nabook.net
이 메 일 | nabook@korea.com
　　　　　nabook@nabook.net

ISBN 978-89-318-1468-2
책번호 가-9039

값은 뒷표지에 있습니다.